치문

제2권
수행은 중생의 복밭

잠명·서장·기문·서문·원문

치문

원순 풀어씀

도서
출판 법공양

함께 걸어갈 뒷사람들을 위해

볼 수 없는 것을 보고
들을 수 없는 것을 들을 수 있는
능력을 지닌 원력보살처럼
조계산의 송광사 위 쪽 한적한 암자에서
십 수 년을 홀로 정진하며 쉴 틈 없이
경전과 어록을 현대인들이 쉽게 이해할 수 있도록
번역에 매진하고 있는 모습에서
누구보다도 빛나는 내면의 힘을 느낀다면
나 혼자만의 착각일까.

번역에 뜻을 두었다고 해서
누구나 할 수 있는 일이 아님을 잘 알고 있는 나로서는
경외심을 금할 수가 없다.

만날 때마다 키가 더 커져 있는 스님에게
얼마나 컸는지 키 한번 재보자고 한 허물 때문에
이 글을 쓰고 있으니 고소를 금할 수가 없다.

스님들이 절집에 들어와서 계를 받고
강원에 가면 처음 만나는 것이 바로 이 『치문緇門』이다.

한문으로 된 것을 외워 바쳐야
강講을 해주던 시절이 엊그제 같은데
지금은 한글로 번역된 것이 여러 권 되는 것 같다.

그 가운데 원순 스님께서 불교를 알려고 하는
현대인들에게 보다 쉽게 이해할 수 있도록
운율에 맞춰 번역작업을 하고 있는 것을
옆에서 지켜보면서 어지간한 끈기와 노력 없이는
힘든 작업이겠구나 하고 생각한 것이 얼마 전 일인데
어느새 세상 나들이 하는 것이 시간문제란다.

스님께서 『치문緇門』을 번역하는 동안
인월암에서 한 시간 거리에 있는 천자암을
매일같이 오르내리면서 『치문』을 외운다고 하니
어찌 키가 커지지 않을 수 있겠는가.

원순 스님!

오늘도 그 곳의 밤하늘엔
수많은 별들이 밝게 빛나고 있습니까?

부처님의 가르침을 누구에게나
온몸으로 전하려는 스님의 큰 뜻을
조금은 알 것도 같습니다.

우리의 일이란,
결국 신심으로 시작해서 신심으로 마무리되겠지만
오래도록 이 길을 함께 걸어갈 뒷사람들을 위해
더 많은 전설을 만들어 갑시다.

불기 2553년 정월에
향상원向上院에서 수불修弗 합장

『치문경훈』을 한글 풀이하며

『치문경훈緇門警訓』에서 '치緇'는 머리를 깎고 먹물 옷을 입은 검소한 수행자를 뜻하고, '문門'은 올곧은 수행을 통하여 부처님 세상으로 들어가는 문을 말하며, '경훈警訓'은 이러한 수행을 도와줄 수 있는 덕 높은 스승들의 따끔한 가르침을 가리킵니다.

이 『치문경훈』은 현 조계종 불교전통강원에서 처음 배우는 중요한 과목입니다. 험난한 세상에서 올곧은 수행자가 되어 세상의 빛이 되려고 부처님 품안에 들어온 예비 승려들이 처음에 공부하는 것이 바로 이 책입니다.

『치림보훈』에서 『치문경훈』으로

이 책은 중국 북송 때 택현온제擇賢蘊齊선사가 편찬한 『치림보훈緇林寶訓』이라는 좋은 책이 없어졌을 때, 원나라 환주암 지현영중智賢永中 스님께서 흩어지고 없어진 글들을 모으는 가운데 부처님 가르침을 크게 일깨워 줄 수 있는 글을 조금 더 보태어서 『치문경훈緇門警訓』이라는 새로운 이름으로 황경皇慶 2년 1313년에 발간된 것입니다. 영중 스님께서 중국에 불교가 들어온 뒤로 진晉·유송劉

宋·양梁·북주北周·수隨·당唐·송宋·원元·명明에 이르기까지 전해오던 불교에 관한 좋은 글들을 보충하여 아홉 권으로 편집하여 간행한 것입니다.

그 뒤 명나라 여근如卺(1425-?) 스님이 1474년 1권을 증보하여 열 권으로 만들었습니다.

우리나라로 들어온 『치문경훈』

고려말 공민왕 때 왕사였던 태고보우(1301-1382) 스님이 중국 남쪽 지방으로 공부하러 돌아다니다가 이 책을 만났을 때 그 내용을 보고 너무 좋아하셨던 것 같습니다. 장차 본국에 돌아가 널리 알려서 나라와 백성들을 이롭게 해야 되겠다고 뜻을 굳히고 석옥청공 선사의 법을 이어받은 뒤 1348년 귀국할 때 이 책을 가져왔습니다. 이런 인연으로 몇 년이 흘러 1378년 명회 스님과 도암 스님을 만나 책을 찍고 법보시를 하게 되었습니다. 그리하여 이 책이 절에서 널리 읽혀지게 되었습니다.

이 책에는 생활 속에서 가까이 해야 할 간절한 가르침이 들어 있습니다. 도에 들어가는 첫걸음이요, 어리석은 사람들을 이끌어주는 부처님의 자비입니다.

그러나 이 책은 뛰어난 선지식의 안목으로 인용한 글들이 많이 실려 있어 두루 학문을 섭렵하지 못하면 참으로 걸림 없이 알기 어려웠습니다.

이를 안타깝게 생각한 성총 스님이 조선 숙종 1695년에 자비심으로 『치문경훈』을 추려내 원문에 상세하게 주해를 덧붙여 상중하 세 권으로 구성된 『치문경훈주』를 만들어 출간하였습니다. 그 뒤 『치문경훈주』는 불교전통강원에서 반드시 공부해야 할 교재가 되었습니다.

『치문경훈주』 상권은 『치문경훈』 1권부터 3권 뒷부분 '가사袈裟 공능功能'을 보여주는 부분까지이고, 중권은 3권 '대교영단大敎永斷'부터 7권 뒷부분 '고경화상古鏡和尙'까지입니다. 중권은 『치문경훈』에서 분량이 얼마 안 되는 제5권만 모두 삭제하고 대신 '동산양개 화상 편지글'을 새롭게 실었습니다. 하권은 7권 '설두명각 선사'부터 10권 마지막까지 모두 포함되어 있습니다.[1]

1936년부터 현재까지 불교전통강원에서 교재르 사용해 왔던 『정선현토치문』은 진호 스님이 백암성총 스님의 『치문경훈주』가 분

---

1. 열 권에서 세 권으로 줄어들었다고 하지만 생략된 글은 글자 분량으로 따지면 전체 20분의 1도 안 되는 것이며, 처음부터 영중 스님의 『치문경훈』 아홉 권을 전부 주해하고 '동산양개 화상 편지글'을 새롭게 보태서 상중하 세 권으로 편집한 것이 아닌가 싶습니다.

량이 많다고 생각하여 그 안에서 중요한 내용만 간추린 것입니다. 진호 스님은 이 책을 13장으로 나누어서 한문 본문과 한문 주해에 현토를 달고 부록으로 전기傳記와 계고稽考를 덧붙여 한 권으로 편집하여 출판하였습니다.

스님들이 가야 할 길

『치문경훈』의 구성을 살펴보면 1장은 따끔한 훈계를 주는 글을 모아놓은 '경훈警訓'이고, 2장은 열심히 힘이 닿는 대로 부지런히 내전과 외전을 공부하라는 글을 모아놓은 '면학勉學'이며, 3장은 제자나 후학들에게 올바른 가르침을 남겨둔 '유계遺誡'입니다. 저는 이 글들이 스님들이 어떻게 살아야 할지를 가르치는 것으로 보아 1장부터 3장까지를 『치문』 1권으로 묶어 부제를 '스님들이 가야 할 길'로 정하였습니다.

수행은 중생의 복밭

『치문경훈』 4장은 마음에 늘 새겨두고 살아야 할 글을 모아놓은 '잠명箴銘'이고, 5장은 공부에 관한 편지글을 모아놓은 '서장書狀'이며, 6장은 여러 사찰 건축물에 대한 기록을 모아놓은 '기문記文'이고, 7장은 서문이 있는 책들 가운데 훌륭한 서문만 골라 수행자들에게 귀감이 될 만한 글을 모아놓은 '서문序文'이며 8장은 이산혜연 선사와 산곡 거사의 발원문이 있는 '원문願文'입니다. 여기까지 『치문』 2권으로 묶어 부제를 '수행은 중생의 복밭'이라고 정하였습니다. '수행을 완성하여 중생의 복밭이 되어야 한다.'는 내용들이 중심이기 때문입니다.

모두 함께 깨달음을

『치문경훈』의 9장은 선문에 관한 내용을 모아놓은 '선문禪文'이고, 10장은 선사들의 가르침을 모아놓은 '시중示衆'이며, 11장은 백시랑과 사마온공의 게송을 모아놓은 '게찬偈讚'입니다. 12장은 황제들이 불법을 따르고 지키려는 내용을 모아놓은 '호법護法'이고, 13장은 기타 신행에 도움을 줄 수 있는 여러 가지 글을 모아놓은 '잡록雜錄'이며, 마지막 부록은 인과응보를 설파하여 수행자의 마음가짐을 다잡는 내용을 모아놓은 '전기傳記'와 '계고稽考'입니다. 불교에서 말하는 이런 내용들은 모두 자기 수행의 완성을 통하여 그 인연으로 모든 중생이 함께 깨닫고 행복해져 부처님 세상이 완성되기를 바라는 것들입니다. 따라서 『치문』 3권에 해당되는 이 부분의 부제를 '모두 함께 깨달음을'이라고 정하였습니다.

이 글을 정리하면서 성총 스님의 서문에서 마음에 와 닿는 글이 있어 그것으로 이 책을 풀이하는 제 마음을 대신하고자 합니다.

"제가 이 일을 하는 것은 도를 이루려 한 것이요 명예를 얻고자 한 것이 아닙니다. 법을 위하는 일이었지 이 몸의 부귀영화를 위했던 것은 아닙니다. 비유하면 봄에 새가 울고 여름에 천둥이 치며 가을에 풀벌레가 울고 겨울에 차디찬 바람이 부는 것처럼, 모든 게 자연스럽게 우러나오는 것이므로 그만 둘 수 있는 일이 아니었습니다.

어찌 저의 좁은 견문見聞을 감히 세상에 드러내어 잘못된 수많은 견해를 바로잡으려고 했겠습니까. 부족하나마 저 혼자만이 할 수 있는 역할을 보여주고자 했을 뿐입니다.

잘못 풀이하여 깊고 오묘한 뜻을 없애 버린다면 이 또한 풀이를 하여도 풀이를 한 것이 아니니, 어찌 해석을 일삼지 않는 고인의 뜻을 체득했다 하겠습니까.

다만 제가 한 이 일들이 많은 사람의 공부에 '태산을 이루는 한 줌의 흙이나 천리를 가는 첫걸음처럼' 조그마한 도움이 될 수 있기를 바랄 뿐입니다."

2009년 2월 인월행자 원순

치문 _ 제1권

『치문경훈』을 만들면서 _ 비구영중

나라와 백성을 이롭게 하고자 _ 태고보우

『치문경훈』 풀이를 하며 _ 백암성총

근기와 욕망, 성품이 다르므로 _ 설호초우

1장. 경훈 _ 배움이란 본디 성품을 닦는 것

1. 위산경책 _ 위산영우

2. 총림 스님들이 귀감 삼아야 할 글 _ 자각종색

3. 올바른 가르침을 내리고자 _ 영명연수

4. 배움이란 본디 성품을 닦는 것 _ 설두명각

5. 중생계는 끝이 없는 영원한 감옥 _ 천태원 스님

6. 늘 자신을 경책하는 글 _ 자운참주

2장. 면학 _ 학문에 힘써야 한다

1. 학문에 힘써야 한다 _ 고산지원
2. 배움에 힘써야 할 열 가지 길 _ 경덕사 법운
3. 부지런히 학문하라 _ 서학로
4. 경전 보는 법을 가르쳐라 _ 보녕인용
5. 많이 배우기를 싫어하지 말라 _ 우가녕 승록

3장. 유계 _ 도에 책임질 것을 당부하노라

1. 도에 책임질 것을 당부하노라 _ 고산지원
2. 제자에게 남긴 아홉 가지 가르침 _ 대중홍사 도안
3. 어린 스님에게 남기는 가르침 _ 양고승 칭법주
4. 어린 동자에게 주는 가르침 _ 종산철우
5. 어린 행자를 훈계하는 글 _ 월굴혜청

치문 _ 제2권

함께 걸어갈 뒷사람들을 위해 _ 수불 5
『치문경훈』을 한글 풀이하며 _ 원순 9

4장. 잠명 _ 출가란 무엇인가

1. 출가란 무엇인가 _ 자은 스님 23
2. 머리 깎고 법복 입어 _ 규봉종밀 선사 33
3. 마음 쉬기를 _ 망명 스님 37

5장. 서장 _ 부모님을 떠나가며

1. 부모님을 떠나가며 _ 동산양개 스님 47
2. 기다리지 마옵소서 _ 동산양개 스님 57
3. 어머니의 답장 63
4. 영가 스님을 초청하며 _ 낭朗 선사 67
5. 영가 스님의 답장 69

6. 수전守詮 장로를 법제자로 _ 응암화 선사   91
7. 육물을 받아 주시옵소서 _ 대지조 율사   99
8. 도를 깨치는 일은 쉽다 _ 밀암도겸 선사   111
9. 나만 옳다는 주장이 가장 큰 병 _ 안시랑   119
10. 주지 임명을 거두소서 _ 고경 화상   135

6장. 기문 _ 인과를 알고 공부해야

1. 아파도 흔들리는 마음을 챙겨야 _ 초연 거사   141
2. 영안선원 법당을 지으면서 _ 무진 거사   149
3. 새롭게 승당을 건립하며 _ 무진 거사   167
4. 홍주 보봉선원 선불당 _ 승상 장상영   183
5. 수주 대홍산 영봉사 시방선원 _ 무진 거사   199
6. 인과를 알고 공부해야 _ 송대제   225
7. 포선산 혜공선원 윤장기 _ 무위 거사 양걸   233

7장. 서문 _ 탁발을 내보내며

1. 자경록 서문 _ 남곡 스님 241
2. 선림묘기 서문 _ 서명사 현칙 269
3. 탁발을 내보내며 _ 각범홍 선사 297
4. 세월을 낭비하지 말라 309

8장. 원문 _ 발원문

1. 이산혜연 선사 발원문 _ 이산혜연 선사 325
2. 산곡 거사 발원문 _ 산곡 거사 337

찾아보기 _ 347

일러두기

1. 이 책은 대한불교조계종 교육원에서 2008년에 출간한 『신편치문』 한문 원문을 참고하여 '한글풀이' 하되, 안진호 스님의 『정선현토치문』을 예전 그대로 수록하여 그 분량을 『치문』 1권, 2권, 3권으로 나누어 부제를 달았다.
2. 한문 본문의 현토는 풀이내용을 기반으로 하였기에 이 책을 볼 때에만 참고로 볼 일이다.
3. 성총 스님의 『치문경훈주』에서 주해 내용을 풀이하는 과정에서 잘못이 있다고 판단되어 가감할 필요가 있는 곳에서는 첨삭한 내용들이 있기도 하다.
4. 풀이는 한문순서대로 하되 윤문과정에서 우리 말법에 맞추었다. 한문을 따라가는 직역을 원칙으로 하되 이해가 안 되는 부분은 의역을 하기도 하였다.
5. 각주에서 한자 원문이 함께 실려 있는 것은 성총 스님의 주해이다.
6. 한자 독음은 두음법칙에 따라 표기하였다.
7. 이산혜연 선사 발원문은 운허耘虛 스님과 광덕光德 스님 번역본을 참고하였다.

제 4 장
출가란 무엇인가
箴銘

1. 大唐 慈恩法師 出家箴[1]
대당 자은법사 출가잠

捨家出家 何所以오 **稽首[2] 空王求出離**하려
사 가 출 가 하 소 이 계 수 공 왕 구 출 리

---

1. 한문학의 갈래는 크게 율문과 산문으로 나뉜다. 잠명은 율문에 속하는 글로서 잠箴은 경계하는 뜻을 서술한 글로 대개 운문이며, 명銘은 단단한 것에 귀감이 될 만한 좋은 글을 새겨 스스로를 경계하거나 아름다운 공덕을 찬양하는 것이다. 그러므로 잠명은 마음에 깊이 새겨 자신의 삶을 스스로 경계하고 되돌아보게 하는 글이다.
2. 계수稽首란 무엇인가. 기본적인 예를 설명하고 있는 『주례』에 아홉 종류의 절이 있다. 첫 번째 계수稽首는 무릎을 꿇고 머리를 땅에 닿게 조아린 후 몸은 일으키지 않은 채 머리를 들었다가 다시 머리를 땅에 대고 잠깐 공손히 머무른 후에 일어나는 절이다. 두 번째 돈수頓首는 머리를 땅에 닿게 조아린 후 바로 몸을 일으켜 다시 한번 몸을 숙여 이마를 땅에 가만히 두드리며 하는 절이다. 세 번째 공수空首는 무릎을 꿇고 가슴 앞에 두 손을 모은 후 머리를 손 위로 숙이는 절이니 이른바 배수拜手이다. 네 번째 진동振動은 두렵고 황송한 마음에서 다급하게 손을 내리면서 하는 절을 말한다. 다섯 번째 길배吉拜는 온화한 얼굴로 천천히 손을 내리면서 하는 절을 말한다. 여섯 번째는 흉배凶拜이다. 정현이 말하기를 "배수拜手를 한 후 머리를 땅에 닿도록 조아리는 절은 길배吉拜요, 머리를 땅에 닿도록 조아린 후 배수拜手를 하는 절은 흉배凶拜이다."라고 하였다. 일곱 번째 기배奇拜에서 기奇는 짝을 이루지 않는다는 뜻으로 예절을 생략하여 다시 두 번 절을 하지 않는 것이다. 여덟 번째는 포배褒拜이니 답례로 하는 절을 말한다. 옛 문장에서 보報는 또한 포褒로 쓰기도 한다. 아홉 번째는 숙배肅拜이니 몸을 바로 세운 채 무릎을 꿇고 앉으며 숙연한 얼굴로 양손을 내려 살짝 땅에 대었다가 일어나는 절이니 마치 지금 부인들이 하는 절과 같은 것을 말한다.[稽首者 周禮有九拜 一曰 稽首 謂下首至地 稽留乃起 二 頓首 謂下首至地 卽起 又下首叩地 三 空首 謂頭至手 所謂拜手 四 振動 謂恐悚迫蹙而下手 五 吉拜 謂雍容而下手 六 凶拜 鄭玄曰 拜而後稽顙 吉拜 稽顙而後拜 凶拜 七 奇拜 奇不偶也 謂禮簡不再拜 八 褒拜 謂答拜也 古文 報亦作襃 九 肅拜 謂直身肅容而微下手 如今婦人拜也]

1. 출가란 무엇인가 _ 자은[1] 스님

집을 떠나 출가하는 그 까닭이 무엇인가.
부처님께 귀의하여 모든 고통 벗으려고

---

1. 자은慈恩(632-682)은 중국 당나라 스님으로 법상종法相宗의 개조開祖이다. 이름은 규기窺基 성은 위지尉遲 자字는 공도洪道이다. 장안 출생으로 17세에 출가하여 현장의 제자가 되어 역경에 종사하였다. 자은대사 또는 대승기大乘基라고도 하는데 그의 선조는 중앙아시아 출신이다. 현장의 『성유식론』 번역에 참가하고 이를 대성시켜 사실상 법상종의 창시자가 되었다. 그의 저서로는 『성유식론술기』 『대승법원의림장大乘法苑義林章』 등이 있다. 자은 스님은 근위장군 위지경종의 아들이다. 현장법사가 어릴 때 살살 달래 그를 출가시키니 많은 서적들을 한 번 훑어보기만 하면 모두 외워버렸다. 논 100부를 저술하였기에 당시에 '백부논사'라 일컬어졌다. 또한 성품이 호방하여 매번 외출 때마다 반드시 수레 3대에 경서와 음식을 갖추고 다녔기에 '삼거법사三車法師'라 불리기도 하였다. 고종이 세자로 있을 때 어머니 문덕황후를 위하여 무릇 10여 원院 1897칸이나 되는 '자은사'를 지어 스님이 거처하며 온갖 경전을 번역하게 하니 이 인연으로 사람들이 '자은법사'라 부르기도 했다. 한편 남산율사는 계율을 잘 지켜 늘 하늘의 공양을 받고 살았는데, 스님의 '삼거'라는 호의 뜻을 듣고는 남몰래 천하게 여겼다. 하루는 스님이 율사를 방문했는데 정오가 지나도 '하늘의 공양이 오지 않자 스님이 인사만 하고 물러나왔다. '하늘의 공양이 그제야 도착하므로 율사가 공양 때를 넘긴 것을 힐책하자, 천인이 말하기를 "대승보살이 이곳에 계시어 그 호위가 매우 엄하였으므로 들어올 수가 없었습니다." 하므로 율사가 그 말을 듣고는 마침내 크게 놀라며 참회하고 사죄하였다고 한다.[師諱窺基 近衛將軍尉遲敬宗之子也. 玄奘法師給之而令出家 群書過目成誦 著論百部 時稱百部論師. 然性豪俊 每出必治三車 備經書食饌 亦號三車法師. 高宗 在春宮日 爲母文德皇后建慈恩寺凡十餘院千八百九十七間 以師入居 參譯諸經 因居之 人稱曰慈恩法師. 又 南山律師 持律精嚴 常感天供 聞師三車之號 心竊薄之. 一日 師訪律師 過午天供不至 師辭去 天供乃至 律師責以過時 天曰 "大乘菩薩在此 翊衛甚嚴 無自而入." 律師聞之 遂大警而懺謝]

三師七證定初機[1]하며 剃髮染衣發弘誓할새
삼 사 칠 증 정 초 기   체 발 염 의 발 홍 서

去貪嗔除鄙悋이어 十二時中常謹愼하니
거 탐 진 제 비 린   십 이 시 중 상 근 신

鍊磨眞性若虛空이어 自然戰退魔軍陣이라.
연 마 진 성 약 허 공   자 연 전 퇴 마 군 진

---

1. 세 스승은 화상과 갈마와 교수를 말한다. 화상和尙은 근독近讀이라는 뜻인데 스승을 가까이 모시고 살면서 경전의 가르침을 받아 읽고 외우는 것을 말하고, 또 역생力生이라는 뜻으로 스승의 힘으로 법신을 키운다는 것을 말한다. 갈마羯磨는 우리말로 하면 의식을 주관한다는 뜻인데 이분들로 말미암아 비구와 비구니가 되는 일을 마무리할 수 있기 때문이니 곧 수계사受戒師이다. 교수敎授는 계를 받을 때 위의를 가르치는 분이다.『초』에 이르기를 "아사리는 '바른 행'을 뜻하는데 제자의 행실을 바로 잡아 줄 수 있기 때문이다."라고 하였다.『사분율』에는 다섯 종류의 아사리를 밝혀 놓았다. 첫 번째 출가아사리니 의지하여 출가를 하도록 허락을 해주시는 스님을 말한다. 두 번째 수계아사리니 수계 때 의식을 집전해 주시는 스님이다. 세 번째 교수아사리니 수계 때 위의를 가르쳐 주시는 스님이다. 네 번째 수경아사리니 경전이나 게송 하나라도 가르침을 주시는 스님이다. 다섯 번째 의지아사리니 하루 저녁이라도 의지하여 머물게 해주신 스님이다. 다섯 가운데 두 번째는 '갈마사'이고, 세 번째는 '교수사'이며, 네 번째와 다섯 번째는 '화상사'이다. 칠증七證이란 수계 때 여법하게 수계를 증명하는 '증계사證戒師' 일곱 스님을 말한다. 만약 '스님이 많지 않은 나라'라면 오직 세 사람만으로도 '증계사'를 삼는다.[三師 和尙羯磨敎授也. 和尙 此云近讀 謂親近承事 受讀經法 又力生 由師之力 生長法身. 羯磨 此云辦事 由玆能成辦比丘比丘尼事故 卽受戒師. 敎授 卽受戒時敎威儀者. 鈔云 阿闍梨 此云正行 能糾正弟子行故. 四分明五種闍梨 一 出家阿闍梨 所依得出家者 二 受戒阿闍梨 受戒作羯磨者 三 敎授阿闍梨 敎授威儀者 四 受經阿闍梨 所從受經乃至一四句偈 五 依止阿闍梨 乃至依住一宿者. 五中第二 羯磨師 第三 敎授師 四及五 和尙師. 七證者 受戒時 證戒師七人 若邊國則但三人作證]

삼사三師 칠증七證 도움 받아 처음 공부 시작하며
머리 깎고 법복 입어 큰 서원을 내려 할 새

욕심 성냄 다 버리고 인색한 짓 하지 않는
이 마음을 삶¹ 속에서 늘 챙기며 근신하니
참성품을 갈고 닦아 허공처럼 텅 빈 충만
자연스레 마구니들 항복받고 물리치리.

---

1. 십이시十二時는 24시간을 자子·축丑·인寅·묘卯·진辰·사巳·오午·미未·신申·유酉·술戌·해亥 열둘로 나눈 것으로, 우리에게 주어진 모든 시간을 말한다. 십이시는 곧 '이 모든 시간 속에 주어진 우리의 삶'이라 할 수 있다.

勤學習尋師匠하며　說與同人堪倚仗하여
근 학 습 심 사 장　　설 여 동 인 감 의 장

莫敎心地亂如麻하고　百歲光陰等閒喪이어다.
막 교 심 지 란 여 마　　백 세 광 음 등 한 상

踵前賢斅先聖하여　盡仮聞思修得證하니
종 전 현 효 선 성　　　진 가 문 사 수 득 증

行住坐臥要精專이어　念念無差始相應이로다.
행 주 좌 와 요 정 전　　염 념 무 차 시 상 응

佛眞經十二部¹는　　縱橫指示菩提路라
불 진 경 십 이 부　　　종 횡 지 시 보 리 로

不習不聽不依行이면　問君何日心開悟리오.
불 습 불 청 불 의 행　　문 군 하 일 심 개 오

---

1. 십이부경은 부처님의 모든 가르침을 그 내용과 형식에 의하여 열두 가지로 구분한 것이다. ① 수다라修多羅는 산문체의 경전을 말하며 계경契經이나 법본法本이라 번역한다. ② 기야祇夜는 본문의 내용을 게송으로 다시 되풀이하는 것으로서 중송重頌 또는 응송應頌이라고 한다. ③ 수기授記는 부처님께서 미래의 성불을 미리 알려주는 내용을 말한다. ④ 가타伽陀는 게송만으로 가르침을 주는 것으로서 고기송孤起頌이라고 한다. ⑤ 우타나優陀那는 다른 사람의 질문 없이 부처님이 스스로 법문法門하는 것으로서 무문자설無問自說이라고 한다. ⑥ 니타나尼陀那는 가르침이 연기 또는 인연의 형식을 빌린 내용을 말한다. ⑦ 우바타나阿婆陀那는 비유를 말한다. ⑧ 이제왈다가伊帝曰多伽는 부처님과 제자들의 과거 인연을 말한 경전으로서 본사本事라고 한다. ⑨ 니타가尼陀伽는 부처님 과거의 보살행을 말한 경전으로서 본생本生이라 한다. ⑩ 비불락毗佛略은 바르고 반듯한 광대한 진리를 설한 경전으로서 방광方廣 또는 방등方等이라고 한다. ⑪ 아부타달마阿浮陀達磨는 부처님의 부사의한 신통력을 나타낸 경전으로서 미증유법未曾有法 또는 희유법稀有法이라고 번역한다. ⑫ 우바제사優婆提舍는 교법教法을 논의하는 내용으로서 논의論議라고 한다. 수다라와 기야와 가타는 경문의 체제를 말하고, 나머지는 경문에 실린 내용을 구분하여 이름 붙인 것이다.

부지런히 배우면서 참된 스승[1] 찾아가며
우리한테 법을 설할 선지식을 의지하여
마음자리 삼마처럼 어지럽게 하지 말고
실속 없이 백 년 세월 그냥 살지 말지어다.

앞서 가신 성현들의 모든 것을 본받아서
듣고 보고 생각하고 수행하여 증득하니
오고가는 모든 삶을 한 곳으로 모은 마음
생각마다 변함없을 그 시점에 깨달으리.

부처님이 남김없이 말씀하신 모든 경전
깨달음에 가는 길을 걸림 없이 설파한 것
익혀 듣고 의지하여 행하지를 않는다면
그대에게 묻고 싶네, 어느 날에 깨칠 건지.

---

1. 사장師匠은 모범이 될 만한 사람으로서 학문이나 기예를 전문적으로 가르칠 수 있는 스승을 말한다.

速須究似頭燃하여　　莫待明年與後年이니
속 수 구 사 두 연　　　막 대 명 년 여 후 년

一息不來卽後世라　　誰人保得此身堅이오.
일 식 불 래 즉 후 세　　수 인 보 득 차 신 견

不蠶衣不田食이니　　織女耕夫汗血力
부 잠 의 부 전 식　　　직 녀 경 부 한 혈 력

爲成道業施將來라　　道業未成爭消得이리오.
위 성 도 업 시 장 래　　도 업 미 성 쟁 소 득

哀哀夫哀哀母여　　　嚥苦吐甘大辛苦
애 애 부 애 애 모　　　연 고 토 감 대 신 고

就濕回乾養育成은　　要襲門風繼先祖라.
취 습 회 건 양 육 성　　요 습 문 풍 계 선 조

一旦辭親求剃落하니　八十九十無依托이라
일 단 사 친 구 체 락　　팔 십 구 십 무 의 탁

若不超凡越聖流　　　向此因循全大錯이라.
약 불 초 범 월 성 류　　향 차 인 순 전 대 착

서둘러서 치열하게 수행에만 전념하여
내년 후년 다음 공부 기다리지 말 것이니
단 한 차례 숨 멈추면 그대로가 다음 세상
어느 누가 이 내 몸을 견고하게 지켜줄까.

양잠 않고 옷을 입고 밭 안 갈고 밥 먹으니
베를 짜는 아낙네와 농사꾼의 피땀 은혜
도업만을 이루라고 장래 보고 시주한 것
도업마저 못 이루면 이 은혜를 어찌 할꼬.

애달프고 애달프다 고생하신 우리 부모
쓴 것 먹고 단 것 뱉어 어린 자식 키우시고
젖은 자리 마른자리 골라 앉혀 기르심은
가문 잇고 가풍 세워 조상님들 모시란 뜻.

하루아침 머리 깎고 어버이를 이별하니
팔십 구십 다 되어도 의지할 곳 전혀 없네
이 내 몸이 못 깨달아 성불하지 못한 채로
그럭저럭 세월 가면 모든 일이 헛일이라.

福田衣[1] 降龍鉢[2]로　　受用一生求解脫이니
복 전 의　항 룡 발　　　수 용 일 생 구 해 탈

若因小利繫心懷면　　彼岸涅槃爭得達이오.
약 인 소 리 계 심 회　　피 안 열 반 쟁 득 달

善男子汝須知이니　　遭逢難得似今時에
선 남 자 여 수 지　　　조 봉 난 득 사 금 시

旣遇出家披縷褐일새　猶如浮木値盲龜라.
기 우 출 가 피 루 갈　　유 여 부 목 치 맹 구

大丈夫須猛利하여　　緊束身心莫容易하라
대 장 부 수 맹 리　　　긴 속 신 심 막 용 이

儻能行願力相扶이면　決定龍華親授記리라.
당 능 행 원 력 상 부　　결 정 용 화 친 수 기

---

1. 가사는 위없는 큰 복밭이 되는 옷이니 만든 사람이나 받아 지닌 사람들 모두 헤아릴 수 없이 많은 복이 생기기 때문이다. 또 밭두둑의 모양을 본떠 그 형상으로 만들었기 때문에 전의田衣라 한다. '승塍'은 음이 '승升'이니 논과 밭의 두둑을 말한다.[袈裟是無上大福田衣 作者受者 皆生無量福故. 又像彼溝塍畦町 以制條葉 故曰田衣. 塍音升 稻田畦畔也]
2. 가섭 삼형제가 처음에는 불을 뿜는 화룡을 섬겼다. 부처님께서 그들을 제도하려 화룡이 있는 굴로 갔더니 화룡이 부처님을 보고는 성을 내어 먼저 독을 품은 불길을 뿜자 부처님 역시 삼매의 불길을 놓았다. 독룡이 그 열기에 괴로워하다가 도망갈 몸을 숨길 곳이 없자 부처님 발우 가운데 있는 물속으로 뛰어 들었다. 이로써 부처님께서 법을 설하여 가섭 삼형제를 득도시켰던 까닭에 이 발우를 일컬어 '항룡발'이라고 하였다.[迦葉三兄弟 初事火龍 佛欲度之 往火龍窟 火龍見佛而嗔 先放毒火 佛亦放三昧火 毒龍熱惱 竄身無地 投佛鉢水中 佛爲說法得度三迦葉故 謂之降龍鉢-佛本行集經 迦葉三兄第品]

복을 주는 괴색 가사 도업 닦는 바리때로
한 평생을 받아쓰며 해탈열반 구할지니
작은 이익 집착하여 그 마음에 묶인다면
건너편의 열반언덕 어찌 도달할 것이오.

선남자여 그대들은 모름지기 알 것이니
부처님 법 만나기가 지금처럼 어려울 때
출가 인연 만나고서 법복[1]까지 입었기에
떠다니던 나무토막 눈 먼 거북[2] 만남일세.

대장부는 모름지기 용맹스런 마음으로
몸과 마음 잘 챙겨서 쉬운 생각 내지마소
보살행과 그 원력이 서로서로 돕는다면
틀림없이 부처님이 친히 수기 하오리다.

---

1. 누갈縷褐은 남루하지만 검소한 수행자의 복장을 의미하는데 여기서는 법복이나 가사를 의미한다.
2. 수미산 아래 향수해 가운데 눈먼 거북이 있는데 그 수명이 무량겁이고 백 년마다 한 번씩 물 위로 나온다. 그리고 바다에는 구멍 뚫린 나무토막 하나가 파도에 떠다니고 있다. 거북이가 우연히 이 나무를 만나면 그것에 의지하여 숨을 쉴 수 있지만, 만나지 못하면 물속에서 다시 숨을 쉬기 위하여 백 년을 기다려야 한다. 중생도 이와 같다. 오취五趣라는 고통의 바다 속에 빠져 떠다니면서 사람의 몸을 받는 것이 이보다 더 어려운 것이다. 사람의 몸을 받더라도 출가하기가 또한 쉬운 일이겠는가.[須彌山下 香水海中 有一盲龜 其壽無量劫 百年一回出水. 又 有一孔木頭 漂流海浪 若或相值 龜卽休止 不得相遇 卽能沈沒. 衆生亦如是 漂溺五趣之苦海 得人身難 復甚於此. 倘得人身 其易出家乎-涅槃經]

2. 圭峰密禪師 座右銘[1]
규 봉 밀 선 사 좌 우 명

寅起可辦事하고　　省語終寡尤하니
인 기 가 판 사 　　　성 어 종 과 우

身安勤戒定하고　　事簡疎交遊하라.
신 안 근 계 정 　　　사 간 소 교 유

他非不足辨이요　　己過當自修이니
타 비 부 족 판 　　　기 과 당 자 수

百歲旣有限이라　　世事何時休리오.
백 세 기 유 한 　　　세 사 하 시 휴

落髮墮僧數이면　　應須侔上流인데
낙 발 타 승 수 　　　응 수 모 상 류

胡爲逐世變하며　　志慮尙囂浮리오.
호 위 축 세 변 　　　지 려 상 효 부

---

1. 규봉밀圭峰密(780-841)은 사천성泗川省 순경부順慶府 서충현西充縣 사람이다. 규봉圭峰은 호이고 종밀宗密은 이름이며 성은 하何씨이다. 젊어서 유교를 배우고 28세에 과거 보러 가다가 수주도원遂州道圓을 만나 출가하고 선을 닦았다. 뒤에 징관澄觀의『화엄경소석華嚴經疏釋』을 보고 그의 제자가 되어『화엄경』을 연구하여 선禪과 교敎의 일치를 주장하였다. 당唐 회창會昌 일년(841) 1월 6일 흥복선원興福禪院에서 나이 62세로 앉아서 입적하니 당唐 선종宣宗이 정혜선사定慧禪師라 시호를 내렸다. 저서에는『원각경소圓覺經疏』6권,『행원품수소의기行願品隨疏義記』6권,『원인론原人論』1권 등 2백여 권이 있다.

2. 머리 깎고 법복 입어 _ 규봉 스님

새벽같이 일어나야 하루 일을 준비하고[1]
하는 말을 잘 살펴야 짓는 허물 적으리니
몸이 편해 부지런히 계율 선정 닦아가고
조촐하게 살아가니 세상살이 뜻하더라.

다른 사람 잘못들을 따지면서 살기보다
자기 허물 알아차려 스스로가 고쳐가니
일백 년의 긴 세월도 알고 보면 금방이라
세상일을 어느 때나 마음 놓고 쉬겠는가.

머리 깎고 법복 입어 출가 사문 되었으면
모름지기 성현들과 가지런히 될 것인데
어찌하여 정신없이 세상변화 뒤쫓으며
품고 있는 생각들이 시글시글 떠 있는가.

---

1. 공자에게 '삼계도三計圖'가 있었다. 일생을 계획함에 어려서 배우지 않으면 늙어 아는 바가 없고, 일 년을 계획함에 봄에 농사를 짓지 않으면 가을에 추수할 것이 없으며, 하루를 계획함에 새벽에 일어나지 않으면 그날 마무리할 수 있는 일이 없을 것이다.[孔子有三計圖 一生之計 幼而不學 老無所知 一年之計 春而不耕 秋無所穫 一日之計 寅若不起 日無所辦] 인시寅時는 오전 3시부터 오전 5시까지이니 아주 이른 새벽이다.

四恩¹重山岳인데   錙銖²未能酬하고
사 은 중 산 악   치 수 미 능 수

蚩蚩居大厦하며   汲汲³將焉求인가.
치 치 거 대 하   급 급 장 언 구

死生在呼吸⁴이고   起滅若浮漚이니
사 생 재 호 흡   기 멸 약 부 구

無令方服⁵下   飜作阿鼻⁶由라.
무 령 방 복 하   번 작 아 비 유

---

1. 사은四恩은 부모·중생·국왕·삼보의 은혜를 말하거나〔심지관경心地觀經〕, 또는 스승·부모·시주·국가의 은혜를 말하기도 한다.〔석씨요람釋氏要覽〕
2. 여기서 말하는 '치수錙銖'는 저울로 달 수 있는 얼마 안 나가는 무게의 단위를 말한다. 명주실 여덟 올이 1수이고, 8수가 1치가 되며 24수가 1량이 된다.〔八絲爲銖 八銖爲錙 二十四銖爲一兩〕
3. 급급汲汲은 이리저리 분주하고 조급하게 서두르는 모양이다.
4. 『사십이장경』에서 말하였다. "부처님이 한 사문에게 묻기를 '사람의 목숨이 어느 사이에 있는가?' 하니, 대답하기를 '들숨과 날숨 사이입니다.' 하므로, 부처님께서 '훌륭하도다. 그대는 알고 있구나.'라고 말씀하셨다."〔四十二章經云 佛問一沙門 人命在幾間 對曰 呼吸間 佛言 善哉 子知道矣〕
5. 방복方服은 수행자의 반듯한 복장이니 법복을 말한다.
6. 아비阿鼻는 무간無間이란 뜻으로 가장 밑에 있는 지옥을 말하니, 그곳에서 과보로 받는 고통이 조금도 쉴 틈이 없기 때문이다.〔阿鼻 此云無間 卽最下地獄也. 所受苦報 無有間歇故〕

네 종류의 깊은 은혜 무겁기가 태산인데
태산 같은 그 은혜를 한 티끌도 못 갚고서
어리석고 어리석게 크나큰 집 거처하며
이리저리 분주하게 그 무엇을 구하는가.

살고 죽는 그 문제는 들숨날숨 그 사이고
일어나고 사라지는 형상들은 거품이니
법복 입고 수행하며 살아가는 이 자리에
무간지옥 들어가는 나쁜 인연 없게 하라.

3. 周渭濱沙門 亡名法師[1] 息心銘
　　주 위 빈 사 문　망 명 법 사　　식 심 명

法界에 有如意寶人焉이라. 久緘其身하고
법 계　유여의보인언　　구함기신

銘其膺日하되 古之攝心人也라하니 誠之哉아 誠之哉아.
명기응왈　　고지섭심인야　　　계지재　 계지재

無多慮 無多知하라.
무다려 무다지

多知이면 多事이니 不如息意요 多慮이면 多失이니 不如守一이니라.
다지　　다사　　불여식의　　다려　　다실　　불여수일

慮多이면 志散이고 知多이면 心亂이니
여다　　지산　　지다　　심란

心亂이면 生惱이고 志散이면 妨道이니라.
심란　　생뇌　　지산　　방도

勿謂何傷이라. 其苦悠長이리라. 勿言何畏라. 其禍鼎沸이리다.
물위하상　　　기고유장　　　　물언하외　　기화정비

---

1. 주周(557-580)는 남북조시대에 북조北朝의 하나인데 선비족 우문각宇文覺이 서위西魏를 멸하고 세운 나라이다. 5주24년 만에 수나라에게 망하였다. 북주北周 후주後周라고도 한다. 위빈渭濱은 위수渭水의 물가이다. 위수渭水는 감숙성甘肅省 위원현渭源縣에서 발원發源하여 섬서성陝西省 화음현華陰縣을 거쳐 황해로 들어가는 강이다. 망명 스님은 남양사람이다. 양나라 경릉왕이 벗으로 삼고 살았다. 일찍이 결혼을 하지 않고 있다가 양나라가 패망하자 출가하여 호를 망명亡名이라 하였다.[師南陽人 梁竟陵王爲友 曾不婚娶 梁敗 師出家 號亡名]

3. 마음 쉬기를 _ 망명 스님

법계에 자신의 뜻대로 살던 보배로운 사람이 있었다. 오랫동안 움직이지 않은 채 입을 봉하고 글로 가슴에 새겨 말하기를 "옛날에 마음을 잘 챙긴 사람이다."라고 하였으니, 이 말을 명심하고 자신을 잘 챙기고 경책할지어다.

많이 생각하지 말고 많이 알려고 하지 말라.

아는 것이 많으면 일이 많은 법이니 마음을 쉼간 못한 것이요, 생각이 많으면 잃는 것이 많으니 하나를 지킴만 못한 것이다.

생각이 많으면 뜻이 흐트러지고 아는 것이 많으면 마음이 어지러워지니, 마음이 어지러우면 번뇌가 일어나고 뜻이 흐트러지면 도에 장애가 된다.

"무슨 손해가 있을 것인가?" 말하지 말라.
 그 고통은 길고 오래 갈 것이다.
"무엇이 두려운가?" 말하지 말라.
 그 재앙은 가마솥의 끓는 물에 들어갈 것이다.

滴水不停이면 四海將盈이고 纖塵不拂이면 五嶽¹ 將成이라.
적수부정　　　　사해장영　　　섬진불불　　　　오악 장성

防末은 在本이니 雖小라도 不輕하라.
방말　　재본　　수소　　　불경

關爾七竅²하여 閉爾六情³이니 莫窺於色하고 莫聽於聲하라.
관이칠규　　　　폐이육정　　　　막규어색　　　　막청어성

聞聲者 聾이요 見色者 盲일새니라.
문성자 농　　　견색자 맹

一文一藝도 空中小蚋이고 一技一能도 日下孤燈이니 英賢才藝 是
일문일예　　공중소예　　　일기일능　　일하고등　　　영현재예 시

爲愚獒이어 捨其淳樸 耽溺淫麗하여 識馬易奔 心猿難制⁴니라.
위우폐　　　사기순박　탐닉음려　　　식마이분 심원난제

神旣勞役이면 形必損斃라 邪逕終迷라가 修途永泥⁵이니 英賢才
신기로역　　　형필손폐　　사경종미　　　수도영니　　　　영현재

能을 是曰惛懵이니라.
능　　시왈혼몽

---

1. 오악五嶽은 중국에 있는 다섯 개의 산을 합쳐 부르는 이름이다. 동쪽의 태산이 동악이요, 서쪽의 화산이 서악이며, 남쪽의 형산이 남악이고 북쪽의 항산이 북악이며 중앙에 있는 숭산이 중악이다.
2. 칠규七竅는 사람의 얼굴에 있는 일곱 개의 구멍. 귀, 눈, 코에 각 두 개씩 있으며 입에 하나가 있다.
3. 육정六情은 알음알이로 일어나는 희喜·노怒·애哀·락樂·애愛·오惡의 여섯 가지 감정이다.
4. 식마識馬는 의마意馬와 같은 말로서 사람의 마음이 야생마처럼 제멋대로 날뛰어 통제하기 어려운 것을 비유하는 말이다. 심원心猿도 정원情猿과 같은 말인데 이 역시 사람의 마음이 원숭이처럼 통제하기 어려워 제멋대로 날뛰는 것을 비유한 말이다.
5. '도途'는 삼악도이고 '니泥'는 지옥을 말한다. '수修'는 여기서 '길다'는 뜻으로 영원이라는 의미이다.

방울방울 떨어지는 물도 멈추지 않으면 동서남북의 바다에 가득 차고, 작은 티끌도 털어 내지 않고 모으면 오악의 큰 산을 만든다.

사소한 잘못을 막는 것은 근본을 잘 챙기는 데 뜻이 있으니, 비록 작은 잘못이라도 가볍게 여겨서는 안 된다.

눈·귀·코·입을 막아 거기서 생기는 알음알이를 없애야 하니 색을 보지도 말고 소리를 듣지도 말라. 소리를 듣는 사람은 귀머거리요 색을 보는 자는 눈 먼 봉사이기 때문이다.

좋은 글솜씨나 탁월한 예술적 감각도 허공 속에 윙윙거리는 작은 모기의 날갯짓에 불과하고, 기술과 재능이 아주 뛰어난다 해도 태양 아래 있는 아주 희미한 등불과 같으니, 영특하고 현명한 재능과 기예가 도리어 어리석은 폐단이 되어, 순박한 마음을 잃어 음란하고 화려한 생활에 빠지게 된다. 그리하여 마음이 야생마나 원숭이처럼 쉽게 날뛰어 이를 통제하기 어렵게 된다.

마음이 피로하면 반드시 몸이 손상되어 쓰러진다. 삿된 길에서 끝내 헤매다가 삼악도와 지옥에서 영원히 벗어나지 못할 것이니, 이래서 영특하고 현명한 재능을 어리석다고 말한 것이다.

洿拙羨巧이면 其德이 不弘이고 名厚이나 行薄이면 其高速崩이라.
오졸선교　　기덕　불홍　　명후　　행박　　기고속붕

塗舒汗卷[1]이어 其用不恒이니 內懷憍伐이면 外致怨憎이니라.
도서한권　　기용불항　　내회교벌　　외치원증

或談於口 或書於手하여 要人令譽 亦孔之醜니라.
혹담어구 혹서어수　　요인령예 역공지추

凡謂之吉하나 聖謂之咎하니 賞翫은 暫時이나 悲憂는 長久일새니라.
범위지길　　성위지구　　상완　잠시　　비우　장구

畏影畏迹이어 逾走하면 逾劇하나 端坐樹陰하면 迹滅影沈이라.
외영외적　　유주　　유극　　단좌수음　　적멸영침

厭生患老하면 隨思隨造하나 心想若滅하면 生死長絶하리라.
염생환로　　수사수조　　심상약멸　　생사장절

---

1. 『고승전』에는 '도塗'가 '융隆'으로 되어 있고 '한汗'은 '오汚'로 되어 있다. 이름이 드날릴 때 잠시 뜻을 펼치지만 비천해지는 날 다시 그 뜻을 거두어들이게 되는 것을 말하니, 그 쓰임새가 무상하여 영원하지 않다는 것을 말한다.[高僧傳 塗作隆 汗作汚. 言隆盛之時 暫能舒展 汚下之日 卽復卷却 謂其用無常而不恒一也]

서툰 것을 감추고 기교를 부러워하면 덕이 생기지 않고, 명성은 있지만 행실이 없으면 높은 자리라도 금방 무너진다.

허명으로 덧칠할 때는 행동반경이 넓어지나 그 사실이 드러날 때 운신의 폭이 좁아져 그 행세가 영원하지 않으니, 교만한 마음이 있으면 원망하고 증오하는 사람이 생기게 된다.

혹 말을 하고 글을 쓰면서 사람들이 알아주기를 바라는 것 또한 매우 추한 짓이다.

범부는 이를 좋다고 말하지만 성인은 부끄러운 허물이라 하니, 이는 기뻐하는 마음은 잠깐이지만 근심과 슬픔은 더 오래가기 때문이다.

그림자가 두렵다고 도망가면 도망갈수록 자신한테 더욱더 달라붙지만, 나무 그늘 아래 가만히 앉아 있으면 그 그림자는 사라진다.

생로병사를 싫어하고 근심하다 보면 생각 따라 그 마음이 일어나나, 마음에서 그런 생각이 사라지면 생사는 영원히 끊어질 것이다.

不死不生이요 無相無名이니
불사불생　　무상무명

一道虛寂이어 萬物齊平이라.
일도허적　　만물제평

何勝何劣이고 何重何輕이며
하승하열　　하중하경

何貴何賤이고 何辱何榮이리오.
하귀하천　　하욕하영

澄天도 愧淨하고 皦日도 慙明이라.
징천　괴정　　교일　참명

安夫岱嶺[1]이여 固彼金城이로다.
안부대령　　고피금성

敬貽賢哲 斯道利貞하노라.
경이현철 사도리정

---

1. 대령岱嶺은 태산泰山의 다른 이름이다.

죽는 것도 아니며 사는 것도 아니요 모양도 없고 이름도 없으니, 하나의 도 텅 빈 고요한 자리에서 온갖 만물이 다 평등하다.

여기에 무엇이 수승하고 무엇이 열등할 것이며, 여기에 무엇이 소중하고 무엇이 하찮을 것인가.

여기에 무엇이 귀중하고 무엇이 천할 것이며, 여기에 무엇이 욕되고 무엇이 영예로울 것인가.

티가 없이 맑은 하늘도 그 맑음을 부끄러워하고, 환히 빛나는 태양도 그 밝음을 부끄러워한다.

태산처럼 편안하니 참으로 부처님 세상이다.

어질고 현명한 사람들을 공경하며 이 도의 곧고도 이로운 점을 드러내고자 하노라.

제 5 장
부모님을 떠나가며
書狀

1. 洞山良价和尙[1] 辭親書
　　동 산 양 개 화 상　　사 친 서

伏聞하노니 諸佛出世도 皆托父母而受生이요 萬類興生도 盡仮天
복 문　　　　제 불 출 세　 개 탁 부 모 이 수 생　　만 류 흥 생　　진 가 천

地之覆載라. 故로 非父母而不生이고 無天地而不長이니 盡霑養育
지 지 복 재　　고　　비 부 모 이 불 생　　무 천 지 이 부 장　　진 점 양 육

之恩이고 俱受覆載[2]之德이라.
지 은　　구 수 복 재　 지 덕

---

1. 동산양개洞山良价(807-869)는 당나라 스님으로 절강성에서 태어나 어려서 출가하여 『반야심경』을 배우다가 눈, 귀, 코가 없다는 뜻을 파고 물으니 스승이 대답을 못하고 영묵 선사를 소개해 주자, 선사를 찾아가 이때부터 참선을 하기 시작하였다. 여러 스승을 찾아다니다가 운암담성雲巖曇晟(782-841) 스님을 만나 이렇게 물었다. "혜충 국사의 말에 무정無情도 설법한다 했는데, 무정의 설법은 어떤 이가 듣습니까?" 운암 스님이 대답했다. "무정의 설법은 무정이 듣지." "스님도 들으십니까?" "내가 듣는다면 그대는 내 설법을 듣지 못할 거야." 이 말에 동산 스님은 느낀 바가 있다가 운암 스님의 임종 법문을 듣고 강을 건너다 물에 비친 자기 그림자를 보고 비로소 크게 깨쳐 운암 스님의 참뜻을 알게 되었다. 그리고 게송을 짓기를, "그 좇아서 가지 말게 더욱 더욱 멀어지니 / 내가 이제 홀로 가니 간 곳마다 그를 보네 / 그가 지금 바로 난데 나는 이제 그 아닐세 / 이와 같이 알고서야 참 이치에 계합하리.[切忌從他覓 迢迢與我踈 我今獨自性 處處得逢渠 渠今正是我 我今不是渠 應須恁麽會 方得契如如]"

그 후 강서성 고안현에 있는 동산 보리원에서 가르침을 펴, 법을 받은 제자가 26인이나 되었다. 그 중에는 신라의 금장金藏 화상이 있었고, 동산의 제2세 소산 광인疎山匡人에게서는 신라의 명조안明照安과 동진洞眞이 나왔다.

2. 복재覆載는 천복지재天覆地載와 같으니 곧 온갖 만물을 하늘은 덮어주고 땅은 실어 주고 있다는 뜻이다.[天之所覆 地之所載-禮記 中庸]

1. 부모님을 떠나가며 _ 동산양개[1] 스님

가만히 엎드려 제가 보고 들은 것을 정리하여 봅니다.

모든 부처님들께서 이 세상에 나오실 때도 다 부모에게 의탁하여 몸을 받은 것이요, 온갖 만물이 생겨날 때도 하늘이 덮어 주고 땅이 실어 주는 은덕을 받은 것입니다.

그러므로 부모가 아니면 태어나지 못하고 천지가 없으면 자라나지 못하니,

모든 중생들은 빠짐없이 길러 주신 부모님 은혜에 젖어 있고, 온갖 만물은 다함께 하늘과 땅이 덮어 주고 실어 주는 은덕을 받고 있습니다.

---

1. 동산양개 화상은 당나라 함통咸通 10년에 법상에 올라 설법하고 대중과 하직한 후 입적했는데, 대중이 통곡하므로 다시 깨어나 말하기를 "무릇 출가인은 마음에 집착이 없어야 이것이 참수행인데 죽는다고 무슨 슬퍼할 일이 있겠는가."라고 하였다. 대중들이 간곡히 붙들자 다시 이레 동안 법을 설해 마치고 조용히 앉아 입적하였다. 그때 63세였다. 그를 종조를 삼는 조동종은 오늘날 일본에서 융성하고 있다. 그의 저서로는 『보경삼매가寶鏡三昧歌』 『현중명玄中銘』 『동산어록洞山語錄』 등이 있다.

嗟夫라 一切含靈[1] 萬像形儀는 皆屬無常이니 未離生滅이라.
차부   일체함령 만상형의   개속무상   미리생멸

稚則 乳哺情重 養育恩深이니
치즉 유포정중 양육은심

若把賄賂[2] 供資라도 終難報答이요
약파회뢰   공자   종난보답

若作血食侍養이라도 安得久長이리오.
약작혈식시양   안득구장

故로 孝經에 云하되 日用三牲[3]之養이 猶爲不孝也라하니
고   효경   운   일용삼생 지양   유위불효야

相牽沈沒이어 永入輪廻일새니라.
상견침몰   영입윤회

欲報罔極之恩은 未若出家功德이라.
욕보망극지은   미약출가공덕

截生死之愛河하고 越煩惱之苦海[4]하여
절생사지애하   월번뇌지고해

報千生之父母 答萬劫之慈親이라면 三有四恩 無不報矣라.
보천생지부모 답만겁지자친   삼유사은 무불보의

---

1. 함령含靈은 영성靈性을 갖고 있는 모든 중생을 말한다. 함식含識, 함생含生, 유정有情 등과 같은 뜻이다.
2. 회뢰賄賂에서 '회賄'는 재물 또는 선물이며 '뢰賂'는 재물이나 선물을 다른 사람한테 주는 것이다.
3. 삼생三牲은 소와 양과 돼지이다. 짐승을 기르는 것이 '축畜'이라면 그 짐승을 제물로 쓰는 것은 '생牲'이다. [三牲牛羊豕也. 始養謂之畜 將用謂之牲]
4. 고해苦海는 끝없이 중생의 괴로움이 많다는 것을 바다에 비유한 것이다.

아! 그렇지만 모든 중생과 온갖 만물의 형상들은 다 무상無常한 것이니, 아직 생멸을 벗어나지 못합니다.

어릴 적 젖을 먹이고 길러주신 부모님 은혜는 참으로 무겁고도 깊은 것이니, 많은 돈과 좋은 선물로 호강을 시켜 드리더라도 끝내 그 은혜를 보답하기 어려운 것이요, 늘 고기반찬으로 맛있는 음식을 만들어 드린다 해도 부모님이 어찌 오래 건강하게 사실 수가 있겠습니까.

그러므로 『효경』에서 이르기를 "날마다 양이나 소, 돼지를 잡아 음식을 해 드리는 것이 오히려 효도를 하는 것이 아니다."라고 하니, 이는 고기를 먹기 위한 살생으로 원한을 사게 되어 영원히 윤회하게 만들기 때문입니다.

다함이 없는 부모님의 은혜에 보답하자면 출가만한 공덕이 없습니다. 강처럼 흐르는 생사의 애욕을 끊고, 번뇌로 가득 찬 고통의 바다를 뛰어넘어, 천생만겁千生萬劫에 걸친 자애로운 부모님의 은혜에 보답하는 길은, 중생계의 모든 은혜[1]에 보답하는 길밖에 없습니다.

---

1. 삼유三有는 삼계三界와 같다. '유有'는 '중생으로 존재 한다는 뜻이니 선악의 과보로 받게 되는 욕유欲有·색유色有·무색유無色有를 말한다.

故로 云하되 一子出家하면 九族生天[1]이라하니
고　운　　일자출가　　구족생천

良价는 捨今生之身命하고 誓不還家하여
양개　사금생지신명　　서불환가

將永劫之根塵에 頓明般若하리라.
장영겁지근진　돈명반야

伏惟하오니 父母心聞喜捨하여 意莫攀緣하고
복유　　부모심문희사　　의막반연

學淨飯之國王 效摩耶之聖后하소서.
학정반지국왕　효마야지성후

他時 異日에 佛會上相逢하려 此日 今時 且相離別이니
타시 이일　불회상상봉　　차일 금시 차상이별

良价 非拒五逆於甘旨라 盖時不待人이라.
양개 비거오역어감지　　개시부대인

故로 云하되 此身不向今生度면 更待何生度此身이리오.
고　운　　차신불향금생도　갱대하생도차신

---

1. 구족九族은 일반적으로 본인을 중심으로 하여 9대에 걸친 직계直系친족을 말한다. 즉, 고조부모高祖父母·증조부모曾祖父母·조부모·부모·본인·아들·손자·증손·현손玄孫의 9대에 걸친 친족이다. 때로는 방계傍系도 포함하여 고조의 4대손이 되는 형제·종종형제·재종형제·삼종형제까지를 나타내거나, 부계 사친족四親族·모계 삼친족·처족 이친족을 총칭하기도 한다.

그러므로 "한 아들이 출가하면 구족九族이 천상에 난다."라고 합니다.

저는 금생에 이 몸을 버리고 맹세코 집에 돌아가지 않으며 영겁의 어두운 번뇌를 단숨에 반야지혜로 밝힐 것입니다.

가만히 엎드려 곰곰이 생각해 보고 말씀드리옵니다.

부모님께서는 저의 뜻을 받아들여 기쁜 마음으로 인연에 얽매이지 마시고 정반왕과 마야 왕비를 본받으시옵소서.

다른 날 부처님의 회상에서 만나고자 지금 잠시 이별할 뿐이니, 제가 오역죄[1]를 저지르고자 부모님을 모시지 않으려고 하는 것이 아니라, 흘러가는 세월이 사람을 기다려 주지 않기 때문입니다.

그러므로 "이 몸을 금생에 제도하지 않는다면 다시 어느 생에 이 몸을 제도할 수 있겠는가."라고 말하는 것입니다.

---

1. 오역五逆은 오역죄로 무간지옥에 떨어진다고 하는 다섯 가지 죄악을 말한다. 첫 번째는 부처님의 몸에 피를 내는 죄악이요, 두 번째는 아버지를 죽인 죄악이며, 세 번째는 어머니를 죽인 죄악이고, 네 번째는 아라한을 죽인 죄악이며, 다섯 번째는 대중들의 화합을 깨뜨린 죄악이다.

伏冀하건대 尊懷[1] 莫相記憶하소서. 頌曰
복기　　　존회　　막상기억　　　　송왈

未了心源度數春이니　飜嗟浮世謾逡巡[2]이라
미료심원도삭춘　　　번차부세만준순

幾人得道空門[3]裡인데　獨我淹留在世塵이로다.
기인득도공문리　　　　독아엄류재세진

謹具尺書[4]辭眷愛는　欲明大法報慈親이라
근구척서사권애　　　욕명대법보자친

不須灑淚頻相憶하고　比似當初無我身하소서.
불수쇄루빈상억　　　비사당초무아신

林下白雲常作伴하고　門前靑嶂以爲隣하니
임하백운상작반　　　문전청장이위린

免于世上名兼利에　　永別人間愛與親이로다.
면우세상명겸리　　　영별인간애여친

---

1. 존회尊懷는 존경스런 부모님의 마음을 말한다.
2. 준순逡巡은 뒷걸음치며 머뭇거리고 망설이는 것이다.
3. 공문空門은 공 도리로 부처님 세상으로 가는 길을 말하니 불법을 뜻한다.
4. 옛날에는 대쪽에다 쓴 편지의 길이를 8치나 1자로 마름질했기 때문에 편지를 척서尺書라고 한다.[古者 簡牘之長 只裁咫尺故 曰尺書也] 척서尺書는 척독尺牘·척소尺素·척저尺楮·척한尺翰이라고도 한다.

엎드려 바라옵건대 부모님 마음속에 저를 간직하지 마시옵소서.
게송으로 제 뜻을 말씀드리겠습니다.

마음 근원 못 깨친 채 여러 해를 보냈으니
슬프도다! 허망하온 이 세상의 머뭇거림
많은 사람 불법에서 무상도를 얻었는데
나 홀로만 세상 티끌 번뇌 속에 남아 있네.

편지글로 일가친척 모든 사랑 이별함은
큰 법 밝혀 부모님의 은혜 갚자 하는 마음
애달프게 눈물 흘려 자식 생각 마시옵고
애초부터 이 한 몸은 없던 걸로 여기소서.

깊은 숲속 흰 구름이 언제라도 벗이 되고
문 앞에 선 푸른 산들 이웃으로 삼았으니
세상 속의 명예 이익 그 속박을 벗어남에
영원토록 인간들의 애욕 증오 떠난다네.

祖意直教言下曉하려면　玄微須透句中眞이니
조 의 직 교 언 하 효　　현 미 수 투 구 중 진

合門親戚¹ 要相見이라도　直待當來正果因하소서.
합 문 친 척 요 상 견　　직 대 당 래 정 과 인

---

1. 가까운 사람을 '친親'이라 하고 먼 사람을 '척戚'이라 하며, 아버지 및 그 선대로부터 여자 형제 및 그 후손을 '친親'이라 하고 어머니 및 그 선대로부터 형제 및 그 후손을 '척戚'이라 하며, 부친의 일가를 '친親'이라 하고 모친의 일가를 '척戚'이라 한다.[近曰親 遠曰戚 內族曰親 外族曰戚 父黨曰親 母黨曰戚]

조사 스님 가르침을 바로 알고 깨치려면
화두 속의 참진리를 모름지기 뚫을지니
온 집안의 친척들이 만나고자 하더라도
미래 세상 바른 인과 깨달음을 기다리소.

2. 後書
후 서

良价 自離甘旨하여 策杖南遊하며
양개 자리감지   책장남유

星霜[1] 已換於十秋하고 岐路[2] 俄隔於萬里라.
성상 이환어십추   기로 아격어만리

伏惟하노니
복유

慈母는 收心하여 慕道 攝意하여 歸空하소서.
자모   수심   모도 섭의   귀공

休懷離別之情하고 莫作倚門之望하소서.
휴회이별지정   막작의문지망

家中家事는 但且隨緣일뿐 轉有轉多일새 日增煩惱하리라.
가중가사   단차수연   전유전다   일증번뇌

---

1. 성상星霜은 흘러가는 세월을 말한다. 별은 1년에 하늘을 한 번 돌고, 서리는 1년
   에 한 철 내린다는 뜻에서 온 말이다.
2. 기로岐路는 갈림길을 말한다.

2. 기다리지 마옵소서 _ 동산양개 스님

제가 부모님을 떠나 육환장을 짚고 남쪽 지방을 돌아다니며 공부한 세월이 이미 십 년이나 되었고, 집과도 벌써 거리가 만리나 떨어져 있습니다.

가만히 엎드려 곰곰이 생각해 보고 말씀드리오니,

자애로운 어머니께서는 섭섭한 생각을 거두어 도에 마음을 두시고, 뜻을 잘 다스려 부처님 세상으로 귀의하시옵소서.

이별의 안타까움을 품지 마시고 문에 기대어 출가한 자식이 돌아오기를 바라지 마시옵소서.

집안의 일들은 다만 인연에 따를 뿐, 일은 처리하면 할수록 더욱 많아지므로 날로 번거로움만 더해줄 것입니다.

阿兄[1]은 勤行孝順하니 須求氷裡之魚[2]요
아형   근행효순   수구빙리지어

少弟는 竭力奉承하니 亦泣霜中之笋[3]하리라.
소제   갈력봉승   역읍상중지순

夫人居世上은 修己行孝라야 以合天心하고
부인거세상   수기행효   이합천심

僧은 在空門에 慕道參禪해야 而報慈德이라.
승   재공문   모도참선   이보자덕

今則 千山萬水가 杳隔二途일새 一紙八行에 聊書寸懷하노라.
금즉 천산만수   묘격이도   일지팔행   요서촌회

---

1. 아형阿兄은 형兄을 친근하게 부르는 말. 아阿는 발어사發語辭이다.
2. 『유원』에서 말하였다. 왕상은 성품이 지극히 효성스러웠다. 그러나 계모 주씨가 사랑해주지 않고 그를 자주 헐뜯자 아버지의 사랑까지도 잃게 되었다. 계모가 병을 얻어 싱싱한 물고기를 먹고 싶어 하였으나 때는 한겨울 강물이 모두 얼음으로 덮여 있어 물고기를 잡을 수 없었다. 왕상이 옷을 벗고 얼음 위에 누워 얼음이 녹기를 기다리니 얼음이 갑자기 저절로 갈라지면서 잉어 두 마리가 튀어나왔다.[類苑云 王祥 性至孝 繼母朱氏不慈 數譖之 由是失愛於父. 朱嘗病 欲食生魚 時天寒氷凍 魚不可得 祥臥氷求之 氷忽自開 雙鯉躍出]
3. 또 맹종은 자가 '공무恭武'인데 성품이 지극히 효성스러웠다. 어머니가 죽순을 먹기 좋아했지만 추운 겨울이라 죽순이 없었다. 맹종이 대나무 숲에 들어가 슬피 우니 죽순이 그를 위하여 올라왔다.[又孟宗 字恭武 性至孝 母好食竹笋 冬月無竹笋 宗入竹林中哀號 笋爲之生]

형님은 부지런히 효도하시는 분이니 하늘을 감동시켜 얼음 속의 잉어를 구해 올 것이요, 아우는 힘을 다해 모실 것이니 대밭에서 울면서 추운 겨울 찬 서리 속에서라도 죽순을 구해 올 것입니다.

대저 세상에 사는 사람들은 효도를 해야 하늘의 마음에 합치되는 것이요, 승려는 절집에서 도를 흠모하고 참선을 해야 자비로운 부처님의 은덕에 보답하는 것입니다.

지금 높은 산과 깊은 강들이 겹겹이 오고가는 두 길을 한없이 가로막고 있으므로, 간단히 제가 품고 있는 생각만을 글로 써 보냅니다.

頌曰
송 왈

不求名利不求儒요　　　願樂空門捨俗途라
불구명리불구유　　　　원요공문사속도

煩惱盡時愁火滅하고　　恩情斷處愛河枯리라.
번뇌진시수화멸　　　　은정단처애하고

六根空慧香風引이어　　一念才生慧力扶라
육근공혜향풍인　　　　일념재생혜력부

爲報北堂¹休悵望하노니　比如死子比如無하소서.
위보북당 휴창망　　　　비여사자비여무

---

1. 북당北堂은 훤당萱堂이라고도 하는데 어머니를 높여 이르는 말이다.

게송으로 저의 뜻을 말씀드리옵니다.

명예 이익 찾지 않고 높은 자리 원치 않아
원하노니 도를 즐겨 세속 삶을 떠나리라
세상 번뇌 다할 때에 근심걱정 사라지고
은혜 인정 끊어진 곳 애욕 강물 마를지니.

육근에서 반야지혜 향기로운 바람 불어
한 생각이 일어나면 바로 아는 지혜의 힘
어머님께 아뢰노니 슬퍼하지 마시옵고
죽은 자식 없는 자식 그리 생각 하옵소서.

3. 娘廻答
　　낭 회 답

吾與汝 夙有因緣[1]이어 始結母子하여 取愛情注하니
오여여 숙유인연　　시결모자　　취애정주

自從懷孕에 禱神佛天하여 願生男子니라.
자종회잉　도신불천　　원생남자

胞胎月滿에 命若懸絲이나 得遂願心하여 如珠寶惜하며
포태월만　명약현사　　득수원심　　여주보석

糞穢도 不嫌於臭惡하고 乳哺不倦於辛勤하노라.
분예　불혐어취오　　유포불권어신근

稍自成이어 人送令習學에 或暫逾時不歸하면 便作倚門之望하노라.
초자성　　인송령습학　　혹잠유시불귀　　변작의문지망

來書에 堅要出家로다.
내서　견요출가

父亡母老이나
부망모로

兄薄弟寒이니 吾何依賴리오.
형박제한　　오하의뢰

---

1. 숙세夙世는 숙세宿世와 같다. 전생이라는 뜻이다.

3. 어머니의 답장

나는 너와 전생부터 인연이 있어서 모자로 맺어져 애정을 쏟게 되었으니, 너를 품고난 뒤 부처님과 하늘에 기도를 올려 아들 낳기를 원하였다.

임신한 몸이 달이 차자 목숨이 실에 매달린 것처럼 위태로웠지만, 바라던 것을 마침내 얻어 보배처럼 아끼면서, 똥오줌에서 나는 악취도 싫어하지 않았고, 젖도 게으르지 않게 부지런히 먹였다.

조금 자랐을 적 글방에 보내면서 잠시라도 돌아올 시간을 넘기면, 문에 기대어 네가 오기만을 기다렸다.

보내 온 글을 보니 네가 출가에 대한 뜻이 굳건하구나.

아버지는 돌아가셨고 나는 늙었지만, 네 형이나 동생들이 복덕이 없어 춥고 가난하게 사니, 내가 어찌 그들에게 의지해서 살 수 있겠느냐.

子有抛母之意라도 娘無捨子之心이로다.
자 유 포 모 지 의　　낭 무 사 자 지 심

一自汝往他方에 日夕常灑悲淚하니 苦哉苦哉라.
일 자 여 왕 타 방　 일 석 상 쇄 비 루　　고 재 고 재

旣誓不還鄕이니 卽得從汝志리라.
기 서 불 환 향　　 즉 득 종 여 지

我不期汝 如王祥臥氷 丁蘭刻木[1]이니라.
아 불 기 여　여 왕 상 와 빙　정 난 각 목

但望汝 如目連尊者 度我解脫沈淪하여 上登佛果니라.
단 망 여　여 목 련 존 자　도 아 해 탈 침 륜　　 상 등 불 과

如其未然이면 幽怨有在하리니 切須體悉이어다.
여 기 미 연　　유 건 유 재　　　절 수 체 실

---

1. 『유원』에서 말하였다. 정난은 하내 사람이다. 일찍 어머니가 죽어 공양을 올릴 수가 없어 나무로 어머니 형상을 조각하여 살아계신 것처럼 섬기며 아침저녁으로 보살폈다. 이웃 장숙의 처가 정난의 처에게 빌릴 것이 있어 찾아오자, 정난의 처가 목인에게 무릎을 꿇고 이 사실을 알리며 절을 하니, 장숙의 처가 이런 모습을 기꺼워하지 않는지라 정난의 처가 빌려주지 않았다. 이 이야기를 듣고 화가 난 장숙이 술을 먹고 찾아 와 목인을 꾸짖고 욕하며 지팡이로 머리를 두드렸다. 정난이 집에 돌아와 목인의 안색이 안 좋은 것을 보고 처에게 묻자 집에서 일어난 일을 소상하게 일러주었다. 정난은 분을 참지 못하고 칼로 장숙을 살해하였다. 관리가 정난을 체포하자 정난이 목인에게 하직인사를 하니 목인이 눈물을 흘렸다. 현에서 지극한 효심이 신명에 통했음을 가상히 여겨 공당公堂에 그림을 그려 놓았다.[類苑云 蘭 河內人. 少喪考妣 不及供養 乃刻木彷彿親形 事之如生 朝暮定省. 隣人張叔妻 從蘭妻有所借 蘭妻跪拜木人 不悅 不以借之. 叔乘醉來 誶罵木人 以杖叩其頭 蘭還見木人色不悅 問妻 妻以具告 卽奮刃殺叔. 吏捕蘭 蘭辭木人 木人見蘭 爲之垂淚. 縣嘉其至孝通於神明 圖其形於公堂]

자식이 어미 모시기를 포기하더라도 어미는 조금도 아들을 버릴 마음이 없구나.

네가 훌쩍 다른 지방으로 떠난 뒤, 아침저녁 언제나 쉴 새 없이 눈물이 흐르니 괴롭고 괴롭기만 하구나.

이미 고향으로 돌아오지 않겠다고 맹세하였다고 하니 너의 뜻을 따르겠다.

나는 네가 얼음 위에 누워 있는 왕상이나 어머니의 모습을 나무에 새기고 정성껏 모시는 정난처럼 하기를 기대하지 않는다.

다만 네가 목련존자[1] 같이 나를 제도하여, 끝없는 괴로움으로 가득 찬 생사의 바다를 벗어나, 부처님의 세상으로 갈 수 있기를 바랄 뿐이다. 그렇게 하지 못한다면 허물이 있게 될 것이니, 부디 도를 깨달을지어다.

---

1. 목련目連은 마하목건련摩訶目犍連의 약칭으로 신통제일이니 부처님 십대제자十大弟子 가운데 한 사람이다. 목련존자는 죽은 어머니가 지옥에 태어나 음식을 먹지 못하는 것을 보고는 이 일을 부처님께 아뢰니, 부처님께서 "7월 15일 온갖 음식과 과일을 그릇에 담아 시방세계 부처님과 보살님께 공양을 올린 뒤 드시게 하라."고 말씀하셨다. 목련존자가 가르침대로 하니 어머니가 이 음식을 먹고는 하늘나라에 태어났다.[目連見其亡母生地獄中 不得食 以此白佛 佛言 七月十五日 具百味五果着盆中 供養十方佛菩薩然後 得食. 目連如教 母得食生天] 이것이 오늘날 우란분재의 유래가 되었다.

4. 婺州 左溪山[1] 朗禪師 召永嘉大師山居書
무 주 좌 계 산 낭 선 사 소 영 가 대 사 산 거 서

自到靈溪[2]로 泰然心意하니
자 도 영 계　　　태 연 심 의

高低峰頂에 振錫常遊하고 石室巖龕에 拂乎宴坐하니라.
고 저 봉 정　진 석 상 유　　석 실 암 감　　불 호 연 좌

靑松碧沼에 明月自生하고 風掃白雲하니 縱目千里니라.
청 송 벽 소　명 월 자 생　　풍 소 백 운　　종 목 천 리

名花香果에 蜂鳥喞將하고 猿嘯長吟이어 遠近皆聽이라.
명 화 향 과　봉 조 함 장　　원 소 장 음　　원 근 개 청

鋤頭當枕하고 細草爲氈하니 世上崢嶸 競爭人我는 心地未達일새라.
서 두 당 침　세 초 위 전　　세 상 쟁 영　경 쟁 인 아　심 지 미 달

方乃如斯로니 儻有寸陰이면 願垂相訪하소서.
방 내 여 사　당 유 촌 음　　원 수 상 방

---

1. 계산溪山의 낭朗 존자는 동양東陽 부대사 육세손六世孫이다. 거처하던 곳 왼쪽이 푸른 계곡으로 둘려져 있던 까닭에 호를 '좌계'라고 하였다.[溪山朗尊者 東陽傳大士六世孫 所居左縈碧澗故 號曰 左溪]
2. 영계靈溪는 절강성 용유현龍游縣 동남쪽에 있는 지명이다.

4. 영가 스님을 초청하며 _ 낭랑朗 선사

영계靈溪에 도착한 뒤로 마음이 매우 편안하니, 높고 낮은 산봉우리 여기저기로 늘 육환장을 짚고 돌아다니기도 하고 석실이나 바위 동굴에서 모든 것을 떨치고 열심히 좌선을 하기도 합니다.

아름드리 푸른 소나무와 깊고 맑은 계곡 물에 밝은 달이 저절로 생겨나고, 바람이 흰 구름을 쓸어가니 눈앞이 툭 트여 천리 밖을 보기도 합니다.

아름다운 꽃들과 향기로운 과일에 벌과 새들이 모여들고, 원숭이의 휘파람 소리가 길게 이어지니 멀리 있든 가까이 있든 모두 들을 수가 있습니다.

호미 자루를 베개 삼고 얇고 가느다란 마른 풀잎으로 담요를 삼기도 하니, 세상살이에서 모질게 '너'다 '나'다 다투고 사는 것은 마음자리를 통달하지 못했기에 생기는 일입니다.

이처럼 좋은 장소이니 스님께서 잠깐만이라도 시간이 나시면 짬을 내어 이곳을 한번 찾아주시지 않겠습니까.

5. 永嘉答書
영 가 답 서

自別已來로 經今數載 遙心眷想하며 時復成勞라
자별이래　경금수재　요심권상　　시복성로

忽奉來書하니 適然無慮로다.
홀봉래서　　적연무려

不委라 信後에 道體如何오. 法味資神故로 應淸樂也라.
불위　신후　도체여하　법미자신고　응청낙야

粗得延時하여 欽詠德音하니 非言可述이로다.
조득연시　　흠영덕음　　비언가술

承懷節操하고 獨處幽棲하며 泯跡人間하고 潛形山谷이라
승회절조　　독처유서　　민적인간　　잠형산곡

親朋絶往하고 鳥獸時遊하며 竟夜綿綿[1] 終朝寂寂 視聽都息하니
친붕절왕　　조수시유　　경야면면　　종조적적　시청도식

心累闃然이라.
심루격연

獨宿孤峰하고 端居樹下하여 息繁餐道는 誠合如之로다.
독숙고봉　　단거수하　　식번찬도　성합여지

---

1. 면면綿綿은 끊이지 않고 이어지는 모양을 말한다.

5. 영가 스님의 답장

이별한 뒤 몇 해 동안 그리워하며 때로는 잘 지내는지 멀리서 걱정도 많이 했습니다. 그러다 갑자기 보내주신 편지를 받으니 편안해지며 온갖 근심걱정이 사라집니다.

궁금합니다만 그동안 법체法體는 안녕하셨는지요?
공부하는 재미로 마음이 맑고 즐거우셨겠지요. 한가로울 때 시간을 내어 향기가 스며있는 글을 흠모하며 읊조리니, 말로는 그 우러나는 정감을 다 표현할 수가 없습니다.

그대는 절개와 지조를 마음에 품고 홀로 그윽한 곳에 머무르며, 사람들과 교류를 끊고 깊은 산골에 몸을 숨기고 사십니다. 친한 벗조차 왕래를 끊고 날짐승이나 들짐승들과 함께 지내며, 밤낮없이 하루 종일 끊임없이 적적하게 보고 듣는 경계를 모두 쉬어 버리니, 번거로운 마음도 고요해집니다.

우뚝 솟은 외로운 봉우리에서 잠을 자고 호젓한 나무 밑에 단정히 앉아 번거로운 인연을 쉬고 도에 맛 들이는 모습은 참으로 이와 같을 것입니다.

然而 正道寂寥이어 雖有修而難會인데
연 이 정 도 적 요   수 유 수 이 난 회

邪徒는 喧擾 乃無習而易親이라.
사 도   훤 요 내 무 습 이 이 친

若非解契玄宗 行符眞趣者則 未可 幽居抱拙 自謂一生歟라
약 비 해 계 현 종 행 부 진 취 자 즉 미 가 유 거 포 졸 자 위 일 생 여

應當博問善知하여 伏膺誠懇 執掌屈膝하고 整意端容 曉夜忘疲
응 당 박 문 선 지   복 응 성 간 집 장 굴 슬   정 의 단 용 효 야 망 피

始終虔仰 折挫身口하여 蠲矜怠慢이어다.
시 종 건 앙 절 좌 신 구   견 긍 태 만

不顧形骸하고 專精至道者라야 可謂澄神方寸[1] 歟인저.
불 고 형 해   전 정 지 도 자   가 위 징 신 방 촌   여

---

1. 방촌方寸은 마음을 가리킨다. 사람의 마음이 가슴속 한 치 사방의 넓이에 깃들어 있다는 뜻이니, '마음'을 달리 이르는 말이다.

그러나 올바른 도는 '텅 빈 고요한 자리'여서 수행을 하는 사람도 알기 어려운 것인데, 삿된 무리들은 닦을 것도 없이 쉽게 가까이 할 수 있는 것이라고 떠듭니다.

만약 깊은 뜻을 알고 참다운 행을 실천하는 것이 아니라면, 아직 조용한 곳에서 조촐하게 한평생을 보내리라 말할 수 없습니다.

응당 널리 선지식을 찾아뵙고 법을 물어 정성껏 두 손 모아 무릎 꿇고, 단정하고 경건한 모습으로 피로도 잊고 밤낮으로 몸과 입을 단속하여 태만한 마음을 없애야 합니다.

몸뚱이를 아끼지 않고 이렇게 오로지 지극한 도에 몰입하는 사람이라야 마음을 맑힌다고 할 수 있습니다.

夫欲採妙探玄은 實非容易하니
부욕채묘탐현   실비용이

決擇之次 如履輕氷이어다.
결택지차 여리경빙

必須側耳目하여 而奉玄音하고 肅情塵하여 而賞幽致어다.
필수측이목   이봉현음   숙정진   이상유치

忘言宴旨하며 濯累餐微어다.
망언연지   탁루찬미

夕惕朝詢하되 不濫絲髮이어다.
석척조순   불람사발

如是則 乃可潛形山谷이어 寂累絶群哉라
여시즉 내가잠형산곡   적루절군재

其或 心逕未通이어 矚物成壅이라하여
기혹 심경미통   촉물성옹

而欲避喧求靜者라면 盡世 未有其方이라.
이욕피훤구정자   진세 미유기방

현묘한 도리를 탐구하는 것은 실로 쉬운 일이 아니니, 이 도리를 얻고자 마음먹었을 때는 살얼음을 밟듯 조심해야 합니다.

반드시 눈과 귀를 기울여 오묘한 소리를 받들어야 하고, 중생의 알음알이를 제거하여 그윽한 이치를 음미해야 합니다.

겉으로 드러나는 말은 잊고 그 안에 있는 뜻을 즐기며, 마음을 깨끗이 하여 미묘한 도리를 맛보아야 합니다.

밤새도록 공부하다 모르는 것이 있으면, 아침에 선지식을 찾아 여쭙되 조그마한 잘못도 범하지 말아야 합니다.

이와 같이 공부한다면 남모르는 깊은 산골에 은거해서 세속의 번거로운 인연들을 끊고 잠재울 수 있습니다.

혹 당장 마음이 트이지 않아 사물을 볼 때마다 막힌다고 하여 시끄러운 곳을 피해 고요한 곳을 찾아다니려고 한다면, 이 세상이 다하도록 이 공부는 해결할 방법이 없습니다.

況乎鬱鬱長林 峨峨聳峭 鳥獸嗚咽 松竹森梢 水石崢嶸 風枝
황호울울장림 아아용초 조수오열 송죽삼초 수석쟁영 풍지

蕭索 藤蘿縈絆 雲霧氤氳 節物衰榮 晨昏眩晃 斯之種類 豈非
소삭 등라영반 운무인온 절물쇠영 신혼현황 사지종류 기비

喧雜耶오.
훤잡야

故知이니 見惑尙紆이면 觸途成滯耳니라.
고지   견혹상우   촉도성체이

是以로 先須識道하고 後乃居山이라.
시이   선수식도   후내거산

若未識道 而先居山者라면 但見其山이요 必忘其道니라.
약미식도 이선거산자   단견기산   필망기도

若未居山而 先識道者라면 但見其道요 必忘其山이라.
약미거산이 선식도자   단견기도 필망기산

忘山則 道性怡神하고 忘道則 山形眩目하리라.
망산즉 도성이신   망도즉 산형현목

그런데 하물며 큰 나무로 빽빽이 늘어선 숲, 높고 가파른 산봉우리들, 온갖 새소리와 짐승들의 울음소리, 대나무와 소나무들이 울창한 숲, 맑은 물과 기이한 돌로 어우러진 아름다운 경치, 바람에 살랑거리는 나뭇가지와 쓸쓸하게 나부끼는 나뭇잎들, 얼기설기 얽힌 등나무 줄기와 담쟁이넝쿨, 자욱하게 서린 구름과 안개, 절기마다 피고 지는 꽃들, 황홀한 아침저녁의 노을, 이런 것들에 빠져있다면 이들이 어찌 시끄럽고 번잡한 것이 아니겠습니까.

그러므로 아셔야 하니 보는 견해가 잘못되면 하는 일마다 다 막히는 법입니다. 이 때문에 먼저 도를 알고 난 뒤 산에 사셔야 합니다.

만약 먼저 도를 알지 못하고 산에 사는 사람이라면, 이 사람은 단지 산을 볼 뿐이요 틀림없이 도를 잊고 살 것입니다.

아직 산에 살지 않더라도 앞서 도를 아는 사람이라면, 이 사람은 다만 도를 볼 뿐이요 틀림없이 산에 대한 집착을 잊고 살 것입니다.

산을 잊으면 도의 성품이 마음을 기쁘게 하고, 도를 잊으면 산의 형상들이 눈을 현혹시킬 것입니다.

是以로
시 이

見道忘山者 人間亦寂也요
견도망산자 인간역적야

見山忘道者 山中乃喧也라.
견산망도자 산중내훤야

必能了陰無我어니 無我라면 誰住人間이오.
필능요음무아   무아   수주인간

若知陰入如空이라면 空聚이니 何殊山谷이리오.
약지음입여공   공취   하수산곡

如其三毒未袪이어 六塵尙擾라면
여기삼독미거   육진상요

身心自相矛盾인데 何關人山之喧寂耶리오.
신심자상모순   하관인산지훤적야

且夫道性冲虛이니 萬物本非其累요
차부도성충허   만물본비기루

眞慈平等이니 聲色何非道乎리오.
진자평등   성색하비도호

이런 까닭에 도만 보고 산에 대한 집착을 잊고 사는 사람들은 세상 사람들 사이에 있더라도 그 마음이 고요할 것이요, 산만 보고 도를 잊고 사는 사람들은 산중에 살아도 그 마음이 시끄러울 것입니다.

반드시 오음五陰에는 '나'라고 할 것이 없음을 아셔야 하니, '나'라고 할 것이 없으면 시끄러운 인간 세상에서 그 누가 머물지 못하겠습니까.

오음五陰과 육입六入이 허공과 같음을 안다면, 허공이 모여 있으니 중생의 삶이 텅 비어 있는 빈 산골짜기와 어찌 다르겠습니까.

만약에 삼독을 떨치지 못해 세상의 모든 경계가 어지럽다면, 몸과 마음이 원하는 자기 모습과 괴리되어 자기고순에 빠져 있는데, 어떻게 세속의 시끄러움이나 산중의 고요함을 감당할 수 있겠습니까.

또한 도의 성품은 '텅 빈 충만'이니 만물이 본래 도를 장애할 수 있는 것이 아니요, 진정한 자비는 평등이니 소리와 빛깔이 어찌 도가 아니겠습니까.

特因見倒惑生이일새 遂成輪轉耳라.
특인견도혹생　　　수성윤전이

若能了境非有라면 觸目이 無非道場이라.
약능료경비유　　　촉목　무비도량

知了本無이어 所以로 不緣而照하니
지료본무　　　소이　불연이조

圓融法界에 解와 惑이 何殊리오.
원융법계　해　혹　하수

以含靈而辨悲하니 卽想念而明智라.
이함영이변비　　　즉상념이명지

智生則 法應圓照인데 離境이면 何以能觀이오.
지생즉 법응원조　　　이경　　하이능관

悲起則 機合通收인데 乖生이어서야 何以能度리오.
비기즉 기합통수　　　괴생　　　　하이능도

度盡生이어야 而悲大하고 照窮境이어야 而智圓하니라.
도진생　　　이비대　　　조궁경　　　이지원

견해가 전도되어 어리석어졌으므로 마침내 육도에 윤회하는 것입니다.

바깥 경계가 실제 존재하는 것이 아님을 안다면 눈에 보이는 게 모두 부처님의 도량 아닌 것이 없습니다.

그 '아는 것'조차 본디 없음을 알아 그런 까닭에 인연이 없어도 법계를 비추는 것이니 오롯한 법계에 '아는 것'과 '어리석음'이 어찌 다를 수 있겠습니까.

중생이 품고 있는 신령스런 마음으로 부처님의 자비를 아니, 상념想念 그 자체에서 부처님의 지혜를 밝히는 것입니다.

부처님의 지혜가 생기면 법 자체가 오롯하게 비추는 것인데, 경계를 떠난다면 경계를 어떻게 볼 수 있겠습니까.

자비심이 일어나면 모든 근기를 맞아 거두어들일 것인데, 중생과 괴리되어서야 그들을 어떻게 제도할 수 있겠습니까.

중생들을 다 제도해야 자비심이 완성되고 마지막 경계까지 다 비추어야 지혜가 오롯해지는 것입니다.

智圓則 喧寂同觀이요
지 원 즉 훤 적 동 관

悲大則 怨親普救니라.
비 대 즉 원 친 보 구

如是則 何仮長居山谷이리오.
여 시 즉 하 가 장 거 산 곡

隨處任緣哉이리라.
수 처 임 연 재

況乎 法法虛融이요 心心寂滅이어 本自非有인데
황 호 법 법 허 융   심 심 적 멸   본 자 비 유

誰强言無이며 何喧擾之可喧 何寂靜之可寂이리오.
수 강 언 무   하 훤 요 지 가 훤 하 적 정 지 가 적

若知物我冥一이면 彼此無非道場이니
약 지 물 아 명 일   피 차 무 비 도 량

復何徇喧雜於人間하여 散寂寞於山谷이리오.
부 하 순 훤 잡 어 인 간   산 적 막 어 산 곡

是以로 釋動求靜者 憎枷愛杻也요
시 이   석 동 구 정 자 증 가 애 뉴 야

離怨求親者 厭檻忻籠也라.
이 원 구 친 자 염 함 흔 롱 야

지혜가 오롯하면 시끄럽거나 고요한 경계를 똑같이 보는 것이요, 자비심이 완성되면 원수나 친한 이를 가리지 않고 두루 다 구제하는 것입니다.

이렇게 할 수 있다면 어찌 산중에만 오래 살아야 하겠습니까. 가는 곳마다 그저 주어진 인연에 몸과 마음을 맡기고 살 뿐입니다.

하물며 법 하나하나가 모두 '텅 빈 충만'이요, 마음 하나하나가 모두 '적멸寂滅'이어서 본래 '비유非有'인데, 누가 억지로 그 자리를 '없다'고 말할 것이며, 어찌 그 자리를 '시끄럽다'거나 '고요하다'고 말할 수 있겠습니까.

만약 모든 사물과 내가 저 깊은 곳에서 하나임을 알면 여기저기 부처님의 도량 아닌 곳이 없으니, 다시 어찌 시끄러운 세상을 좇아 조용한 산중을 떠났다고 할 수 있겠습니까.

이 때문에 시끄러운 곳을 떠나 조용한 곳을 찾는 사람은 '목에 씌우는 형틀'을 싫어하면서도 '손발 묶는 쇠고랑'을 좋아하는 꼴이요, 원수를 멀리하고 친한 사람만 찾는 사람은 '감옥'을 싫어하면서도 '좁다란 새장'을 좋아하는 꼴입니다.

若能慕寂於喧이면 市廛도 無非宴坐요
약능모적어훤   시전 무비연좌

徵違納順하니 怨債도 由來善友矣라.
징위납순   원채   유래선우의

如是則 劫奪毁辱이 何曾非我本師이며
여시즉 겁탈훼욕   하증비아본사

叫喚喧煩[1]도 無非寂滅이니라.
규환훤번   무비적멸

故知하라 妙道無形일새 萬像不乖其致하고
고지   묘도무형   만상불괴기치

眞如寂滅일새 衆響靡異其源이라
진여적멸   중향미이기원

迷之則 見倒惑生이나 悟之則 違順無地니라.
미지즉 견도혹생   오지즉 위순무지

閴寂非有인데도 緣會而能生이요
격적비유   연회이능생

峨巍非無인데도 緣散而能滅이니라.
아의비무   연산이능멸

---

1. 규환叫喚은 고통을 견디지 못하여 울부짖는 귀신들이 모여 사는 아비규환 지옥
   을 말한다.

만약 시끄러운 곳에서 고요함을 간절히 찾을 수 있다면 저잣거리도 조용한 수행터 아닌 곳이 없을 것이요, 잘못된 일이나 잘한 일도 함께 거두어야 하니 원수나 빚진 이들도 좋은 벗이 있기에 상대적으로 생겨난 것이기 때문입니다.

이렇게 할 수 있다면 욕설, 비방, 겁탈 같은 일들이 어찌 일찍이 저의 본디 스승이 아니었겠으며, 시끄럽고 번거로운 아비규환의 일들도 적멸 아닌 것이 없었을 것입니다.

그러므로 아셔야 합니다. 오묘한 도에는 형체가 없으므로 온갖 형상이 도의 이치에 어긋나지 않고, 진여는 적멸이므로 온갖 소리가 도의 근원과 다르지 않습니다.

이를 모르면 견해가 전도되어 어리석음이 생기지만, 이를 깨달으면 이치를 어긴다거나 따라갈 것이 없습니다.

고요한 자리가 있는 것이 아니면서도 어떤 인연이 모이면 어떤 법이라도 생길 수 있는 것이요, 높은 산이 없는 것이 아니면서도 그 인연이 흩어지면 높은 산도 없어질 수 있는 것입니다.

滅旣非滅인데 以何滅滅이며
멸기비멸　　이하멸멸

生旣非生인데 以何生生이리오.
생기비생　　이하생생

生滅旣虛일새 實相常住矣라.
생멸기허　　실상상주의

是以로 定水滔滔하니 何念塵而不洗이며
시이　정수도도　　하념진이불세

智燈了了하니 何惑霧而不祛리오.
지등료료　　하혹무이불거

乖之則 六趣循環이나 會之則三途逈出하리라.
괴지즉 육취순환　　회지즉삼도형출

如是則 何不乘慧舟而遊法海하고 而欲駕折軸於山谷者哉리오.
여시즉 하불승혜주이유법해　이욕가절축어산곡자재

故知하라. 物類紜紜하나 其性自一이라.
고지　　물류운운　　기성자일

靈源寂寂하며 不照而知하니 實相天眞하여 靈智非造니라.
영원적적　　부조이지　　실상천진　　영지비조

'멸滅'이 이미 '비멸非滅'인데 어떤 멸滅로 멸滅할 것이며, '생生'이 이미 '비생非生'인데 어떤 생生으로 생생할 것입니까.

'생'과 '멸'이 그대로 이미 '텅 빈 충만'이기에 그 자리에 실상實相이 상주하는 것입니다.

이 때문에 선정의 물결이 도도하니 어떤 망념인들 씻기지 않을 것이며, 지혜의 등불이 밝고 밝으니 어떤 미혹의 안개가 걷히지 않겠습니까.

이 도리에 어긋나면 육도에서 윤회하겠지만, 이 도리를 알게 되면 삼악도에서 멀리 벗어나게 됩니다.

이와 같은 것이라면 어찌 반야선을 타고 법의 바다에서 노닐지 않고 깊은 산중에서 부서진 수레를 타려 하십니까.

그러므로 아셔야 합니다. 온갖 사물이 어지러운 모습으로 널려 있지만 그 성품은 본디 하나입니다. 신령스런 근원이 고요하고 고요하면서 비추지 않아도 아니, 실상實相이 천진하여 신령스런 지혜는 만들어지는 것이 아닙니다.

人迷를 謂之失하고 人悟를 謂之得할새
인미   위지실   인오   위지득

得失은 在於人이니 何關動靜者乎리오.
득실   재어인   하관동정자호

譬夫 未解乘舟하고 而欲怨其水曲者哉아.
비부 미해승주   이욕원기수곡자재

若能妙識玄宗하고 虛心冥契하면
약능묘식현종   허심명계

動靜常矩 語默恒規할새 寂爾有歸하여 恬然無間이라.
동정상구 어묵항규   적이유귀   염연무간

如是則 乃可逍遙山谷 放曠郊廛이라.
여시즉 내가소요산곡 방광교전

遊逸形儀하고 寂泊心腑하여 恬澹息於內 蕭散揚於外이니라.
유일형의   적박심부   염담식어내 소산양어외

其身兮 若拘이나 其心兮 若泰이고
기신혜 약구   기심혜 약태

現形容於寰宇이나 潛幽靈於法界니라.
현형용어환우   잠유령어법계

如是則 應機有感이어 適然無準矣라.
여시즉 응기유감   적연무준의

사람들이 어리석은 것을 '지혜를 잃었다' 하고, 사람들이 깨달은 것을 '지혜를 얻었다' 하므로, 그 잃고 얻음이 사람들에게 있으니, 부처님의 지혜가 어찌 시끄럽거나 조용한 장소와 연관이 있겠습니까.
이를 비유하자면 아직 배 타는 법을 알지 못하고 구불구불 굽은 물줄기만 원망하는 것과 같습니다.

만약 깊은 종지를 오묘하게 알고 '텅 빈 충만'으로 부처님의 지혜와 하나가 되면, 어묵동정語默動靜으로 드러나는 모든 생활 속에 언제나 이 법이 있으므로, 고요한 자리로 돌아가 끊임없이 편안하고 행복할 것입니다.

이와 같은 것이라면 산중에서 한가하게 소요할 수 있고 또 저잣거리에서도 행동에 거리낌이 없습니다. 겉모습은 편안하고 속마음은 맑고 고요하여 한가롭기 그지없습니다.

몸이 얽매인 듯하나 그 마음은 태연하기 짝이 없고,
세상에 얼굴을 드러내나 영혼을 법계에 숨겨 놓고 있습니다.

이와 같다면 모든 중생의 근기根機에 감응하여 고정관념이 없이 적절하게 거기에 맞는 방편을 베풀 것입니다.

因信略此이나 餘更何申이오.
인 신 략 차　　여 경 하 신

若非志朋이면 安敢輕觸이리오.
약 비 지 붕　　안 감 경 촉

宴寂之暇에 時暫思量하소서.
연 적 지 가　　시 잠 사 량

予必誑言無當이니라.
여 필 광 언 무 당

看竟廻充紙燼耳하소서. 不宣이로다.
간 경 회 충 지 신 이　　　불 선

　　　　　　　　　　　　　　　同友玄覺和南
　　　　　　　　　　　　　　　동 우 현 각 화 남

서신에 답하여 이렇게 간단히 글을 쓰지만 나머지 무슨 말을 더 보탤 수 있겠습니까. 평소 마음에 둔 벗이 아니라면 어찌 감히 가볍게 이런 글을 쓸 수 있겠습니까.

고요를 즐기시는 여가에 시간이 나시면 잠시 이 글을 생각해 보시기 바랍니다. 절대로 제가 이 글로 스님을 속이고 기만하는 것이 아닙니다.

이 글을 보신 뒤에는 이 편지를 불쏘시개로 쓰십시오.
쓸데없는 소리들을 이만 줄이겠습니다.

                      같은 길을 가는 도반 현각
                      두 손 모아 합장 올립니다

6. 應庵華[1]禪師 答 詮長老法嗣書
응암화 선사 답 전장로법사서

老僧 自幼出家도 正因也요 方袍圓頂도 正因也라.
노승 자유출가 정인야 방포원정 정인야

念生死未明하고 撥草瞻風하며 親近眞善知識도 亦正因也라.
염생사미명 발초첨풍 친근진선지식 역정인야

至於出世하여 領衆 今三十餘年이나
지어출세 영중 금삼십여년

未嘗毫髮厚己也며 方丈之務 未嘗少怠也라.
미상호발후기야 방장지무 미상소태야

晝夜精勤하며 未嘗敢懈也며 念衆之心 未嘗斯須忘也며
주야정근 미상감해야 염중지심 미상사수망야

護惜常住之念 未嘗敢私也라.
호석상주지념 미상감사야

---

1. 응암화應庵華(1103-1163)는 호북성 기주 사람인데 성은 강江씨이고 응암應庵은 자字이며 화華는 담화曇華이니 이름이다. 송宋 숭녕崇寧 2년(1103)에 출생하고 17세 동선사東禪寺에서 출가하여 18세에 구족계를 받았다. 그 뒤 창교사彰教寺에 들어가 호구소융虎丘紹隆의 법을 잇고 명주明州 천동사天童寺에서 크게 임제의 종풍을 선양하였다. 당시 사람들이 대혜종고大慧宗杲와 함께 제하濟下의 이대二大 감로문이라 칭하였다. 송宋 융흥隆興 원년(1163) 6월 13일 나이 60세로 입적하였다. 법을 이은 제자로는 밀암함걸密庵咸傑이 있다. '전詮'은 응암應庵의 법을 이은 수전守詮을 가리키는데 생몰연대 및 전기 미상이다.

6. 수전守詮 장로를 법제자로 _ 응암화 선사

노승이 어려서 출가한 것도 올바른 인연이요, 머리를 깎고 승복을[1] 입은 것도 올바른 인연이다. 생사를 해결하지 못한 것을 생각하고 여기저기 소문을 듣고 참 선지식을 찾아다니면서[2] 그 분들을 가까이한 것도 올바른 인연이다.

세상에 나와 대중들을 지도한 지 어언 삼십여 년이나 되었지만, 이 역할을 맡아 일찍이 털끝만큼도 노승이 덕을 보려고 한 일이 없었으며, 방장의 역할을 조금도 게을리 한 적이 없었다.

밤낮으로 정진하며 게으름을 피운 적이 없었고, 대중 생각하는 마음을 잠시라도[3] 잊은 적이 없었다.

대중이 쓰는 상주물을 아끼고 보호하려는 생각에서 감히 사사로이 내 맘대로 시주물을 써 본 적이 없었다.

---

1. 방포方袍는 비구가 입는 세 가지 가사가 모두 네모진 모양으로 생긴 옷이기 때문에 붙여진 이름이다. 승복이라 보면 된다.
2. 발초첨풍撥草瞻風은 발초참현撥草參玄이라고도 하는데, 험하고 먼 길로 선지식의 가르침을 찾아다니는 것이다.
3. 사수斯須는 잠깐 동안을 말하니 수유須臾와 같은 뜻이다.

行解雖未及古人이라도
행 해 수 미 급 고 인

隨自力量行之일새 亦不負愧也라.
수 자 력 량 행 지   역 불 부 괴 야

痛心佛祖慧命[1] 懸危 甚於割身肉也일새
통 심 불 조 혜 명 현 위 심 어 할 신 육 야

念報佛祖深恩에 寢息不遑安處也라.
염 보 불 조 심 은   침 식 불 황 안 처 야

念方來衲子心地未明하면 不啻倒懸也라
염 방 래 납 자 심 지 미 명   불 시 도 현 야

雖未能盡 古人之萬一이나
수 미 능 진 고 인 지 만 일

然이나 此心不欺也이니라.
연   차 심 불 기 야

長老 隨侍[2] 吾三四載인데도 凜然卓卓하니 可喜로다.
장 로 수 시 오 삼 사 재   늠 연 탁 탁   가 희

去年夏末 命悅衆도 是吾知長老也일새니라.
거 년 하 말 명 열 중   시 오 지 장 로 야

---

1. '혜명慧命'은 지혜로 생명을 삼는다는 뜻이다. 색신色身인 중생의 몸은 음식에 의지해야 그 생명을 유지할 수 있지만 부처님의 몸은 지혜에 의지해야 그 생명이 보장되기 때문이다. 그러므로 지혜를 기르지 않으면 부처님이 될 수 없다.
2. 수시隨侍는 어른들을 뒤따라 다니면서 옆에서 모시고 받드는 것을 말한다.

알고 실천하는 것이 옛 어른을 따라가지는 못했더라도, 내 자신이 최선을 다했으므로 이 또한 세상에 부끄러울 것이 없다.

부처와 조사의 혜명慧命이 위태로운 것이 내 육신의 살을 베어내는 것보다 더 아팠기에, 부처와 조사 스님의 깊은 은혜에 보답하려는 마음에서 굳이 잠을 자거나 쉴 공간으로 안락하고 편안한 곳을 찾지를 않았다.

사방에서 몰려드는 납자衲子들의 마음자리가 아직 밝지 못한 것을 생각하면 분해서 피가 거꾸로 솟았고, 비록 옛 어른들의 만분지일에도 내 역량이 미치지 못했지만 이 마음을 속이지는 않았다.

장로가 나를 시봉하며 따른 지 서너 해나 되었는데도 그가 언제나 의젓하고 늠름하였기에 늘 기뻐할 만하였다.

지난 해 여름 끝 무렵에 장로를 열중悅衆[1]에 임명한 것도 내가 장로를 잘 알고 있기 때문이었다.

---

1. 열중은 대중 스님을 잘 다스리고 화합하여 대중을 기쁘게 해주는 소임으로 유나維那를 말한다. 『십송』에 이르기를 "절에 때를 알아 물 뿌리고 청소하는 사람이 없어 대중살림살이가 어지러울 때 그것을 지적하여 나무라는 사람이 없는 등의 이유로 부처님께서 유나를 세우도록 하였다."고 했다.[十誦云 以僧坊中 無人知時灑掃 衆亂時 無人彈指等 佛令立維那]

吾謝鍾山하여 寓宣城昭亭에 未幾 赴姑蘇光孝라.
오사종산   우선성소정   미기 부고소광효

方兩月에 長老 受鳳山之請하고 道由姑蘇로 首來相見하니
방양월   장로 수봉산지청   도유고소   수래상견

道義不忘이 其如此也라.
도의불망   기여차야

別後 杳不聞耗[1]하여 正思念間에 懷淨上人來 承書並信物이라.
별후 묘불문모   정사념간   회정상인래 승서병신물

方知 入院之初 開堂 爲吾燒香하고는
방지 입원지초 개당 위오소향

乃知 不負之心 昭廓也라.
내지 불부지심 소확야

今旣 爲人天眼目하니 與前來 事體不同也이니라.
금기 위인천안목   여전래 사체부동야

---

1. 중국 전한 때의 유학자 동중서는 일에 대한 방책을 올리는 헌책獻策에서 "천하에서 일어나는 온갖 정황을[息耗] 살핀다." 하고는 풀이하기를 "식息은 생겨나는 것이요 모耗는 텅 비게 하는 것이니 식모息耗는 세상에서 일어나는 온갖 선악善惡이라고도 한다."라고 하였다.[董仲舒策 察天下之息耗 註 息 生也 耗 虛也. 息耗 一云善惡]

나는 종산鍾山을 떠나 선성宣城의 소정昭亭에 얼마 동안 머물다가 고소姑蘇 광효사光孝寺로 부임하였다. 두 달 쯤 되었을 때 장로가 봉산鳳山의 부탁을 받고 길을 가던 중 먼저 고소로 나를 찾아 왔으니, 도의를 잊지 않는 것이 이와 같았다.

그 뒤로 헤어진 뒤 오랫동안 살아가는 소식을 듣지 못해 궁금해 하던 차에 회정 스님이 그대의 서신과 함께 믿음의 증표를 전해 주었다.

이때서야 비로소 그대가 절을 맡자마자 개당[1]설법을 시작하며 나를 스승으로 모시겠다는 증표로써 향을 사른 것을 알고는 나를 저버리지 않겠다는 마음이 분명하다는 것을 알았다.

지금 그대는 인천人天의 앞길을 밝혀주는 스승이 되었으니, 예전과는 모든 일에 있어서 그 바탕이 다르다.

---

1. 역경원에서는 해마다 임금의 생일에 맞추어 새 경전을 번역하여 그 공덕으로 임금이 오래 살도록 축원하였다. 이처럼 역경원에서 여러 사람이 모여 공동 번역 작업을 시작했던 것을 뜻하는 말이 개당開堂이다. 뒤에 와서는 종문의 장로가 새로 주지가 된 절에서 처음으로 법을 설하는 것을 이르게 되었다. 『조정사원祖庭事苑』에서 말하였다. "지금 종문에서 장로나 주지를 명하여 처음 법을 설하는 자리도 모두 개당이라 일컫는 것은, 부처님의 정법안장을 설하여 임금과 모든 중생의 수명과 복덕을 축원하려는 것이다."[祖庭云 今宗門 命長老 住持演法之初 亦皆謂之開堂者 謂演佛祖正法眼藏 上祝天算 又 以祝四海生靈之福 是謂開堂也]

果能如吾自幼出家로 爲僧行脚[1]이어 親近眞善知識하고
과능여오자유출가   위승행각   친근진선지식

以至出世住持에 其正因行藏이라.
이지출세주지   기정인행장

如此行之則 吾不妄付授也라.
여차행지즉 오불망부수야

又 何患宗門寂寥哉이리오.
우 하환종문적요재

至祝하노라.
지축

無以表信일새 付拂子一枝 法衣一領하니 幸收之어다.
무이표신   부불자일지 법의일령   행수지

紹興壬午[2] 七月初七日
소흥임오   칠월초칠일

住平江府光孝 應庵老僧曇華書復
주평강부광효 응암노승담화서복

---

1. 행각行脚은 온갖 곳을 돌아다니면서 선승들이 선지식을 찾아 수행하는 것을 말한다.
2. 소흥임오紹興壬午에서 소흥紹興은 남송南宋 고종高宗의 연호이고 임오壬午는 1162년이다.

참으로 나는 어려서 출가하여 행각승이 되어 참된 선지식을 가까이하고, 세상에 나와 주지를 맡기까지 올바른 인연 속에서 살아온 행장行藏이었다.

이처럼 그대가 수행하였다면 내가 헛되이 법을 전하고 있는 것은 아닐 것이다. 또 어찌 종문宗門에 눈 푸른 납자가 하나도 남아 있지 않을까 근심하겠는가.

참으로 그대의 개당 설법을 진심으로 축하하노라. 달리 이 믿음을 표할 길이 없으므로 불자拂子와 법의法衣 한 벌을 보내니 기쁜 마음으로 받아 주기 바란다.

       소흥 임오년 1162년 7월 7일
      평강부 광효사 응암 노승 담화가
          글을 써 보낸다

7. 大智照律師 送衣鉢與圓照本¹禪師書
대 지 조 율 사 송 의 발 여 원 조 본 선 사 서

某年月日 比丘元照는 謹裁書 獻于淨慈 圓照禪師하노라.
모년월일 비구원조   근재서 헌우정자 원조선사

元照는 早嘗學律하여 知佛制인데
원조   조상학율   지불제

比丘는 必備三衣一鉢坐具漉囊²이니 是爲六物이노라.
비구   필비삼의일발좌구녹낭   시위육물

上中下根 制令遵奉故로 從其門者 不可輒違니라.
상중하근 제령준봉고   종기문자 불가첩위

違之則 抵逆上訓이니 非所謂師資³之道也라.
위지즉 저역상훈   비소위사자 지도야

---

1. 원조본圓照本은 상주常州 무석無錫 사람으로 성은 관管씨이고 천의의회 선사의 법을 이었다. 원조圓照는 시호이고 본본은 종본宗本으로 그의 이름이다. 19세에 소주蘇州 영안도승永安道昇에게 출가하고 송宋 원우元祐 2년(1087) 12월 28일 나이 82세에 입적하였다.
2. 녹낭漉囊은 비구가 지녀야 할 여섯 가지 물품 가운데 하나로 물을 걸러 작은 벌레를 제거하는 주머니이다.
3. 사자師資에서 '사師'는 남을 이끌어 주는 스승의 자리에 있는 분이고, '자資'는 스승의 가르침에 도움 받아 법을 얻은 사람을 말하니, 곧 사자師資는 스승과 제자의 관계이다.

7. 육물을 받아 주시옵소서 _ 대지조 율사

비구 원조元照¹는 삼가 정자사淨慈寺 원조圓照 선사께 글을 올립니다.

저는 일찍이 율장을 배워 부처님의 법도를 잘 알고 있는데, 비구는 반드시 세 벌의 옷, 바리때, 좌구, 녹낭 이 여섯 가지를 갖추고 살아야 하니 이를 육물六物이라 합니다.

근기에 상관없이 모든 불제자들에게 이 법도를 만들어 주어 받들고 지키도록 했기 때문에, 부처님의 법을 따르는 사람들이라면 어겨서는 안 됩니다. 이를 어기면 부처님의 가르침을 거역하는 것이니 스승에 대한 제자의 도리가 아닙니다.

---

1. 대지조大智照(1048-1116)는 중국 절강성 여항餘杭 전당錢唐 사람으로 성은 당唐씨이고 자字는 담연湛然이며 호는 안인자安忍子이다. 대지大智는 시호이고 조조는 원조元照이니 이름이다. 전당錢唐의 상부사詳符寺 혜감慧鑑 율사에게 출가하여 율을 배우고 신오처겸神悟處謙을 좇아 천태의 교학을 익혔다. 늘 베옷을 입고 주장자를 가지고 다녔으며 발우 들고 거리에서 탁발하며 부처님의 계율을 엄히 지켰다. 만년에 영지靈芝의 숭복사崇福寺로 옮겨 30년을 머무니 세상 사람들이 '영지존자'라고 불렀다. 송宋 정화政和 6년(1115) 9월 1일 나이 69세로 앉아서 입적하였다. 저서에 『사분률행사초자지기四分律行事抄資持記』 42권, 『관무량경소觀無量經疏』 3권, 『지원집芝園集』 2권 등이 있다.

三衣者 何오.
삼 의 자 하

一曰 僧伽梨니 謂之大衣라.
일 왈 승가리   위지대의

入聚應供 登座說法則 着之하니라.
입취응공 등좌설법즉 착지

二曰 鬱多羅僧이니 謂之中衣라.
이 왈 울다라승   위지중의

隨衆禮誦 入堂受食則 着之하니라.
수중예송 입당수식즉 착지

三曰 安陀會니 謂之下衣라. 道路往來 寺中作務則 着之하니라.
삼 왈 안타회   위지하의   도로왕래 사중작무즉 착지

是三種衣 必以麤踈麻苧로 爲其體하고
시 삼 종 의 필이추소마저   위기체

靑黑木蘭으로 染其色[1]하며 三肘五肘로 爲其量하니라.
청흑목란   염기색   삼주오주   위기량

---

1. 『사분율』에 세 가지 괴색壞色으로 푸른색, 검은색, 목란색이 있다고 하였다. 푸른색은 구릿빛 푸른색이고, 검은색은 흙 반죽색이며, 목란색은 백목련 나무의 껍질색인데 그 껍질을 염색하여 붉은 색을 만든다.[四分有三壞色 靑黑木蘭. 靑謂銅靑色也. 黑謂雜泥色也. 木蘭 樹皮色也 其皮染作赤色也]

세 벌의 옷이란 무엇이겠습니까.

첫 번째 옷은 '승가리'라 하니, '크게 만든 옷'을 말합니다. 마을에 들어가 공양을 받거나 법상에 올라 법을 설할 때 이 옷을 입어야 합니다.

두 번째 옷은 '울다라승'이라 하니, '중간 크기의 옷'을 말합니다. 대중과 함께 예불하고 독경하며 공양간에 들어가 음식을 받게 될 때 이 옷을 입어야 합니다.

세 번째 옷은 '안타회'라 하니, '작은 크기의 옷'을 말합니다. 절 마당을 오가면서 절 안의 일을 하게 될 때 이 옷을 입어야 합니다.

이 세 종류의 옷에는 반드시 조각나고 떨어진 거친 옷감들을 써야 하고, 푸르거나 검거나 빛바랜 붉은 색이 나게 염색해야 하며, 그 옷은 팔꿈치 세 배 정도에서 다섯 배 정도의 크기로 만들어야 합니다.

裂碎還縫은 所以息貪情也이고
열 쇄 환 봉　소 이 식 탐 정 야

條葉分明은 所以示福田也이니라.
조 엽 분 명　소 이 시 복 전 야

言其相則 三乘聖賢而同式이고
언 기 상 즉 삼 승 성 현 이 동 식

論其名則 九十六道 所未聞敍이며
논 기 명 즉 구 십 육 도 소 미 문 서

其功則 人得免凶危之憂하고 龍被逃金翅之難[1]하니라.
기 공 즉 인 득 면 흉 위 지 우　　용 피 도 금 시 지 난

---

1. 『해룡왕경』에 말하였다. "용왕이 부처님께 '이 바다 가운데 있는 헤아릴 수 없이 많은 용들의 새끼들을 네 마리 금시조가 늘 와서 잡아먹고 있습니다. 바라옵건대 부처님께서 보호하시어 저희들을 편케 하여 주시옵소서.'라고 아뢰니, 이에 부처님께서 입고 있던 가사를 벗어 주며 용왕에게 일러 '그대는 이 가사를 가져다 모든 용들에게 나누어 주고 모두가 몸에 두르도록 하여라. 이 가사 한 올만이라도 지닌 용들은 어떤 금시조라도 해칠 수 없을 것이다.'라고 말씀하셨다."[海龍王經云 龍王白佛 如此海中 無數龍種 有四金翅鳥 常來食之 願佛擁護 令得安穩. 於是 佛脫身皂衣 告龍王言 汝取是衣 分與諸龍 皆令周遍 於中有值一縷者 鳥不能觸犯]

떨어진 헌 조각 천들을 다시 바느질하여 옷을 만들어 입는 까닭은 탐내는 마음을 쉬려는 것이고, 천 조각을 네모 반듯하게 바느질 하는 까닭은 수행자 자체가 중생들의 복전임을 보여주려는 것입니다.[1]

그 옷의 형상을 말하자면 삼승三乘의 성현이 다 똑같이 입는 복식입니다.

그 이름이 갖고 있는 뜻을 논하자면 온갖 외도들이[2] 들어보지 못했던 내용들입니다.

그 공덕을 말하자면 사람들은 재앙이나 흉하고 위태로운 일에 대한 근심걱정에서 벗어날 수 있고, 바다의 용도 금시조에게 잡아먹히는 난을 피할 수 있습니다.

---

1. 『장복의』에 말하였다. "바느질로 천 조각을 네모반듯하게 밭두둑처럼 드러내는 까닭은, 마치 두둑을 쌓고 물을 저장하여 벼를 잘 기르는 것과 같이, 이 옷을 입으면 온갖 공덕을 잘 키워낸다는 것을 비유한 것이다. 부처님께서 이러한 모양을 본뜨게 한 것이 쓸데없이 그렇게 한 것은 아니다." 『오분율』에서 말하였다. "옷 아래쪽이 자주 닿아 떨어지면 닿지 않은 쪽으로 뒤집어 입어야 한다."[章服儀云 條堤之相 事等田疇 如畦貯水而養嘉苗 譬服此衣而生功德也. 佛令像此 義不徒然. 五分云 衣下數破 當倒彼之]
2. 구십육도九十六道는 부처님 당시 인도에서 부처님의 가르침과 달랐던 96종류의 외도를 말한다.

備存諸大藏이나 未可以卒擧也라.
비 존 제 대 장　 미 가 이 졸 거 야

一鉢者 具云 鉢多羅이니 此云 應器니라.
일 발 자 구 운 발 다 라　 차 운 응 기

鐵瓦二物이 體如法也이고
철 와 이 물　 체 여 법 야

煙薰靑翠가 色如法也이며 三斗斗半이 量如法也이니라.
연 훈 청 취　 색 여 법 야　 삼 두 두 반　 양 여 법 야

盖是諸佛之標幟이며 而非廊廟之器用矣라.
개 시 제 불 지 표 치　 이 비 낭 묘 지 기 용 의

昔者에 迦葉如來 授我釋迦本師하시니
석 자　 가 섭 여 래 수 아 석 가 본 사

智論에 所謂 十三條麤布僧伽梨 是也니라.
지 론　 소 위 십 삼 조 추 포 승 가 리 시 야

이런 내용들이 대장경에 모두 갖추어져 있지만 한꺼번에 다 열거할 수 없을 정도로 너무 많습니다.

'바리때'란 '공양을 받을만한 그릇'이란 뜻이니 '응기應器'라고도 합니다. 철과 질그릇 두 종류가 바리때의 몸체가 되어야 여법하고, 색깔은 연기를 쏘여 나타나는 색이나 푸른 비취빛이 법다운 것이며, 크기는 곡식의 양이 서 말이나 한 말 반이 들어갈 정도가 되어야 법도에 맞습니다.

대개 이들은 모두 부처님의 법을 공부한다는 표식으로, 제사 지낼 때 쓰는 용품들이 아닙니다.

옛날 가섭여래께서 우리 석가모니 부처님께 건네주었다는, 『대지도론』[1]에서 말한 '거친 베로 만든 13조 승가리'가 그 대표적인 예입니다.

---

1. 『지론智論』은 『대지도론大智度論』의 약칭으로 용수보살이 짓고 진秦 나라 구마라집이 번역하였다. 내용은 『대품반야경大品般若經』을 풀이한 것이다.

洎至垂滅에 遣飲光尊者 持之於鷄足山하여 以待彌勒[1] 케하시니
계 지 수 멸   견 음 광 존 자 지 지 어 계 족 산   이 대 미 륵

有以見佛佛之所尊也라.
유 이 견 불 불 지 소 존 야

祖師西至에 六代相付는 表嗣法之有自이니
조 사 서 지   육 대 상 부   표 사 법 지 유 자

此又祖祖之所尙也라.
차 우 조 조 지 소 상 야

今有講下僧在原이 奉持制物 有年數矣라.
금 유 강 하 승 재 원   봉 지 제 물 유 년 수 의

近以病卒 將啓手足에 囑令以衣鉢坐具奉于禪師케하니
근 이 병 졸 장 계 수 족   촉 령 이 의 발 좌 구 봉 우 선 사

實로 以賴其慈蔭하여 資其冥路故也니라.
실   이 뢰 기 자 음   자 기 명 로 고 야

---

1. 『조정사원』에서 말하였다. 가섭이 왕사성에 들어가 마지막 탁발을 하고 공양을 마친 얼마 뒤에 계족산에 올랐다. 이 산은 올려다보면 산봉우리 세 개 솟은 모양이 마치 닭발과 같다. 가섭이 그 가운데로 들어가 결가부좌하고는 정성스럽게 '바라옵건대 저의 몸과 가사와 발우가 오랫동안 보존되어 57구지 600만 년이 지나 미륵 부처님이 이 세상에 출현할 때 그 부처님의 일을 도와 이루도록 해 주시옵소서.'라고 서원한 뒤에 열반에 드셨다. 이때 그 세 봉우리가 바로 합쳐져 하나가 되었다.[祖庭云 迦葉入王舍城 最後乞食 食已未久 登鷄足山 山有三峯 如仰鷄足. 迦葉入中 結跏趺坐 作誠實言 願我此身幷衲鉢等 久住不壞 乃至經於 五十七俱胝六十百千歲 慈氏如來出現世時 施作佛事. 作此誓已 尋般涅槃. 時彼三峯 便合成一]

석가모니 부처님께서 열반하실 때 음광존자飲光尊者가 이것을 가지고 계족산에서 미륵 부처님을 기다리게 한 것은, 모든 부처님께서 이를 존중한다는 것을 대중들에게 보이려는 이유에서였습니다.

달마 조사가 서쪽에서 중국으로 와 6대에 걸쳐 육조 혜능까지 바리때와 가사를 전했다는 것은 법을 이었다는 사실을 드러내는 것이니, 이에 또한 모든 조사 스님들이 소중히 받들어 모시는 것입니다.

지금 제 밑에서 강의를 받던 재원在原¹이라는 스님이 육물을 받들고 산 지 여러 해가 되었습니다. 얼마 전 병으로 세상을 떠나면서 임종² 직전 의발과 좌구를 선사에게 바칠 것을 부탁하였으니, 이는 실로 선사의 자애로운 음덕에 기대어 저승길의 도움을 받으려고 했기 때문입니다.

---

1. 재원在原은 생몰연대 및 전기 미상이다.
2. 계수족啓手足은 임종을 말하는데, 즉 사람이 아무런 상처 없이 죽게 되어 부모한테 효도를 다한다는 뜻이 있다. 증자가 병이 있어 문중 제자들을 불러 말하였다. "나의 손과 발을 펴 보아라. 이제야 내가 근심에서 벗어나게 되었구나. 문인들이여." 미루어 짐작건대 증자가 평소에 몸을 다치지 않으려고 애썼기 때문에 제자들에게 이불을 걷고 이를 보게 하였을 것이다. 온전히 보전한 몸을 문인들에게 보여준 것은, 죽음에 이르러서야 비로소 부모가 주신 몸을 다칠까 하는 근심을 면할 수 있었다는 것이다. 소자는 문인이다.[曾子有疾 召門弟子曰 啓予手足 而今而後 吾知免矣 小子. 盖曾子平日 以身體不敢毁傷故 於此使弟子開衾而視之 以其所保之全 示門人 至於將死而後 以其得免於毁傷. 小子 門人]

恭惟 禪師 道邁前修하며 德歸庶物일새
공유 선사 도매전수　　덕귀서물

黑白蟻慕하여 遐邇雲奔하니 天下叢林 莫如斯盛이라.
흑백의모　　하이운분　　천하총림 막여사성

竊謂 事因時擧하고 道仮人弘이라.
절위 사인시거　　도가인홍

果蒙暫屈高明하시어 俯從下意하고 許容納受 特爲奉持하소서.
과몽잠굴고명　　　부종하의　　허용납수 특위봉지

如是則
여시즉

大聖之嚴制 可行이요 諸祖之餘風未墜하리라.
대성지엄제 가행　　제조지여풍미추

謹遣僧 齋衣鉢共五事[1]하며 修書以道其意라.
근견승 재의발공오사　　　수서이도기의

可否間 惟禪師裁之하니 不宣이로다.
가부간 유선사재지　　불선

---

1. 오사五事는 아랫사람이 윗사람에게 편지를 보낼 때 함께 보내는 향이나 꿀과 같은 다섯 가지 공양물을 말한다.

삼가 생각해 보면 선사의 도력은 누구보다 뛰어나며 그 덕행이 많은 사람들에게 영향을 주고 있으므로, 승속을 막론하고 많은 이들이 선사를 흠모하여 멀리 있든 가까이 있든 구름처럼 몰려오니, 천하의 총림에서 불법이 이처럼 융성한 곳은 없습니다.

이에 깊은 이치를 들여다보면 모든 일의 시작은 시절인연에서 일어나고, 도는 사람의 힘을 빌려 널리 전파된다고 말할 수 있습니다.

마지막으로 드릴 말씀은 높고 밝으신 뜻을 잠시 접으시어, 아랫사람의 뜻을 살피시고 배려하여 그 뜻을 받아주시옵소서.

이렇게 해 주신다면 부처님의 엄하신 법도가 행해질 수 있을 것이요, 모든 조사 스님들의 여유로운 가풍이 땅에 떨어지지 않을 것입니다.

조심스러운 마음으로 다른 스님 편에 의발을 보내면서 다섯 가지 공양물을 올리며 글로 제 뜻을 아뢰옵니다.

이 뜻을 받아들일지 여부는 오직 선사께서 결정하실 일이오니, 더 이상 긴 말씀 올리지 않겠습니다.

8. 開善密庵謙禪師 答陳知丞書[1]
개선밀암겸선사 답진지승서

某啓欣審이라.
모계흔심

官舍多暇에 焚香靜默 坐進此道라니 何樂如之리오.
관사다가 분향정묵 좌진차도 하락여지

參禪如應擧라. 應擧之志는 在乎登第이니
참선여응거 응거지지 재호등제

若不登第하면 而欲功名富貴 光華一世者 不可得也니라.
약부등제 이욕공명부귀 광화일세자 불가득야

參禪之志는 在乎悟道이니
참선지지 재호오도

若不悟道하면 而欲福德智慧 超越三界者 不可得也니라.
약불오도 이욕복덕지혜 초월삼계자 불가득야

---

1. 개선開善은 강소성 강녕부江寧府 종산鍾山에 소재한 개선사開善寺를 말한다. 밀암겸密庵謙(1089-1163)은 송나라 때 선승으로 건녕부建寧府 사람이다. 성은 유游씨이고 밀암密庵은 호號이며 겸謙은 도겸道謙이니 이름이다. 어려서 부모를 여의고 출가하여 대혜종고大慧宗杲의 제자가 되었다. 뒤에 개선사開善寺에 머물면서 크게 이름을 떨쳤다. 주희朱熹도 일찍 스님을 찾아 교류가 있었다. 진지승陳知丞은 생몰연대 및 전기 미상이다. 지승知丞은 관직명인데 지금 교도소장과 비슷한 직책이다. 현에서 1백 가구 이상을 '영令'으로 하여 모두 '승丞'이라는 직책이 있었다. 감옥에 갈 죄인들을 다루며 대개 본 부락 사람이 이 직책을 맡았다. 속칭 한관閑官이라 하니 공적인 일에는 매달리지 않았다.[縣百戶以上爲令 皆有丞 主刑獄囚徒 多以本部人爲之. 俗謂之閑官 不領公事]

8. 도를 깨치는 일은 쉽다 _ 밀암도겸 선사

보내온 편지를 읽고 그대의 공부에 마음이 기뻤습니다.

관사에서 시간이 날 때마다 향을 사르고 고요히 앉아서 공부하신다니 어떤 즐거움인들 이만 하겠습니까.

참선은 과거에 응시하는 것과 같습니다. 과거에 응시하는 뜻은 장원급제에 있으니, 장원급제하지 못하면 부귀공명으로 한 세상을 영화롭게 살고자 하는 것은 이룰 수 없는 일입니다.

참선하는 뜻은 도를 깨치는 데 있으니, 도를 깨치지 못하면 복덕과 지혜를 다 갖추어 삼계를 초월하려는 것은 이룰 수 없는 일입니다.

竊嘗思하면
절 상 사

悟道之爲易하고 登第之爲難하니 何故오.
오도지위이   등제지위난   하고

學術在我이고 與奪在彼일새 以我之所見으로 合彼之所見이 不亦
학술재아   여탈재피   이아지소견   합피지소견   불역

難乎아 是以로 登弟之難也니라.
난호   시이   등제지난야

參究在我이고 證入在我이니 以我之無見으로 合彼之無見이 不亦
참구재아   증입재아   이아지무견   합피지무견   불역

易乎아. 是以로 悟道之爲易也니라.
이호   시이   오도지위이야

然 參禪者 衆인데도 悟道者 寡는 何也오.
연 참선자 중   오도자 과   하야

有我故也니라. 有我則 不能證入하니 亦易中之難也니라.
유아고야   유아즉 불능증입   역이중지난야

讀書者 衆이고 及第者 亦衆이니 何也오.
독서자 중   급제자 역중   하야

가만히 생각해 보면 도를 깨치기는 쉽고 과거에 급제하는 것은 어려우니 무슨 까닭이겠습니까.

학문을 풀어내는 힘은 나에게 있지만 과거에 합격하고 탈락하는 것은 다른 사람에게 달려 있기 때문입니다. 나의 견해를 저들의 견해에 맞춘다는 것 역시 어려운 일이 아니겠습니까. 이 때문에 과거에 급제하기 어려운 것입니다.

도를 참구하는 것도 나에게 있고 깨달아 들어가는 것도 나에게 있으니, 내 견해가 없는 것으로 저들의 견해가 없는 데로 들어가는 것, 이 역시 쉬운 일이 아니겠습니까. 이 때문에 도를 깨치기가 쉬운 것입니다.

그런데 참선하는 사람이 많은데도 도를 깨치는 사람이 적으니 어찌된 까닭입니까.

'나'라는 것이 존재하기 때문입니다. '나'라는 것이 있으면 도를 깨달아 들어갈 수 없으니, 이 또한 쉬운 가운데 어려운 일입니다.

글을 읽는 사람들도 많고 장원급제하는 사람도 많이 있으니 어찌된 까닭입니까.

見合故也라. 見合則 推而應選하니 是難中之易也니라.
견합고야   견합즉 추이응선   시난중지이야

故로 見合爲易이나 無我爲難이라.
고   견합위이   무아위난

無我는 爲易이나 無無는 爲難이라.
무아   위이   무무   위난

無無는 亦易이나 亦無無無는 爲難이라.
무무   역이   역무무무   위난

亦無無無는 亦易이나 亦無無無 亦無는 爲難이라.
역무무무   역이   역무무무 역무   위난

亦無無無亦無는 爲易이나 和座子 撞飜이 爲難이라.
역무무무역무   위이   화좌자 당번   위난

114

견해가 서로 일치하기 때문입니다. 견해가 서로 일치하면 추천하여 뽑으니, 이는 어려운 가운데 쉬운 일입니다.

그러므로 견해가 서로 일치하는 것은 쉽지만 '나가 없는 것'은 어렵습니다.

'나가 없는 것'은 쉽지만 '나가 없는 것조차 없는 것'은 어렵습니다.

'나가 없는 것조차 없는 것'은 쉽지만 '나가 없는 것조차 없는 것 그 자체가 없는 것'은 어렵습니다.

또한 '나가 없는 것조차 없는 것 그 자체가 없는 것'은 쉽지만 '이것조차 없는 것'은 어렵습니다.

'이것조차 없는 것'은 쉽지만 앉아서 참선하는 그 사람 자체가 '앞이 꽉 막혀 있는 은산철벽을 뒤집어엎는 것'은 어렵습니다.

故로 龐居士 云[1]하되
고 방거사 운

鍊盡三山鐵하고 鎔銷五嶽銅[2]이로다.
연 진 삼 산 철   용 소 오 악 동

豈欺人哉오. 因筆로 及此니라.
기 기 인 재   인 필   급 차

庶火爐邊團欒頭에 說無生話時[3] 聊發一笑로다.[4]
서 화 로 변 단 란 두   설 무 생 화 시   요 발 일 소

---

1. 방거사龐居士는 마조도일馬祖道一의 제자이며 형주衡州 양양襄陽 사람이다. 성은 방龐씨이고 이름은 온蘊이며 자字는 도현道玄이다. 당唐 원화元和(806-820) 초에 석두희천石頭希遷에게 깨달은 바가 있었고 뒤에 마조도일에 의하여 조사선을 깨쳤다. 임종할 때 딸 영조靈照를 시켜 해 그늘이 오시午時가 되거든 말해 달라고 부탁했다. 영조가 "지금 오시午時가 되었는데 일식을 합니다." 하니, 거사가 평상서 내려 문밖에 나가 보았다. 그 동안 영조가 거사의 평상 위로 올라가 앉아서 입적하였다. 이를 보고 거사는 웃으면서 "내 딸이 솜씨가 빠르구나." 하고 7일 뒤에 입적하였다. 그때 거사를 방옹龐翁이라 칭하였고 후세에 '양양 방대사' 라 불렀다. 양주자사襄州刺使 우적于頔이 편집한 『방거사어록龐居士語錄』 1권이 전한다.
2. 삼산三山은 탐貪·진瞋·치癡 삼독이고 오악五嶽은 오온五蘊을 비유한 말이다.
3. 무생화無生話는 생멸이 없는 열반에 대한 이야기이니 부처님 세상을 말한다.
4. 방거사가 게송으로 말하였다.
   남자가 있어도 장가를 들지 않고
   여자가 있어도 시집을 가지 않네.
   집안 식구 단란하게 둘러앉아서
   모두 함께 부처님 세상을 말하누나.
   [龐居士頌云 有男不婚 有女不嫁 大家團欒頭 共說無生話]

그러므로 방거사龐居士는 "이 세상 모든 쇳덩어리와 구리를 벌겋게 달구어 녹여 없애야 한다."¹라고 말합니다.

어찌 이것이 사람을 속이는 말이겠습니까. 글을 쓰다 보니 이런 이야기까지 하게 되었습니다.

사람들이 모두 따뜻한 화롯가에 둘러앉아 머리를 맞대고 생멸이 없는 부처님 세상을 이야기할 때 그저 빙긋 한번 웃을 뿐입니다.

---

1. '이 세상 모든 쇳덩어리와 구리'는 탐貪·진瞋·치癡 삼독과 오온五蘊을 비유한 말로 이 말은 중생의 모든 번뇌를 끊어야 한다는 뜻이다.

9. 顔侍郎答 雲行人書[1]
　　안 시 랑 답　운 행 인 서

近辱書[2]誨에 且以禪敎之說로 見敎하여 讀之하고 深有開慰라.
근 욕 서 회　 차 이 선 교 지 설　 견 교　　 독 지　　 심 유 개 위

而向來亦嘗有所開示인데 適以多事로 不能與師周旋이라.
이 향 래 역 상 유 소 개 시　　 적 이 다 사　 불 능 여 사 주 선

今復有言하니 自非見愛之深이면 孰能以此相警이리오.
금 부 유 언　　 자 비 견 애 지 심　　 숙 능 이 차 상 경

顧我愚昧일새 何足知之리오마는 然이나 師所言者 予竊疑焉이라.
고 아 우 매　　 하 족 지 지　　　　 연　　 사 소 언 자 여 절 의 언

於如來方便之道에 似執一偏이어 猶有人我之見이니
어 여 래 방 편 지 도　 사 집 일 편　　 유 유 인 아 지 견

以我爲是 以人爲非는 於佛法中 是爲大病이니라.
이 아 위 시 이 인 위 비　 어 불 법 중 시 위 대 병

---

1. 안시랑顔侍郎은 송나라 사람이며 이름은 기岐이고 자字는 이중夷仲인데 벼슬이 문하시랑門下侍郎에 이르렀다. 운행인雲行人은 생몰연대 및 전기 미상이다. 행인行人은 불가佛家에서 수행하는 사람을 말한다.
2. 욕서辱書 자기 같은 하찮은 사람에게 정성스런 편지를 보내주어서 부끄럽다는 뜻으로, 상대방의 편지를 받아 영광스럽다는 뜻으로 쓰는 말이다.

9. 나만 옳다는 주장이 가장 큰 병 _ 안시랑

최근 손수 써 보내신 편지에 선禪과 교敎로 가르침 주신 것을 받아서 읽어 보고는 깊이 느끼고 위로되는 바가 있었습니다.

지난번에도 일찍이 가르침을 주신 적이 있었는데 그 당시에는 바쁜 일들이 많았기에 스님께 적절한 답장을 드리지 못했습니다.

그런데 지금 다시 가르침을 주시니, 아껴 주는 마음이 깊지 않다면 누가 저를 이렇게 경책해 줄 수 있겠습니까.

저의 어리석은 소견으로 어찌 스님의 뜻을 충분히 알 수 있겠습니까마는, 그러나 스님의 말씀에 어렴풋이 의심이 들기도 합니다.

이는 부처님의 방편에 집착하여 아직 '인아人我'의 견해가 남아 있는 것 같으니, 나만 옳고 다른 사람이 그르다고 주장하는 것은 불법 가운데 가장 큰 병이기 때문입니다.

人我不除하고 妄談優劣하면 只爲戱論이라.
인 아 부 제　　망 담 우 열　　지 위 희 론

爭之不已하고 遂成謗法이어
쟁 지 불 이　　수 성 방 법

未獲妙果하고 先招惡報리니 不可不愼이니라.
미 획 묘 과　　선 초 악 보　　불 가 불 신

但能於先佛一方便門에 精進修行하여
단 능 어 선 불 일 방 편 문　　정 진 수 행

行滿功圓이면 自然超脫이니 不必 執我者爲是 以餘爲非也라.
행 만 공 원　　자 연 초 탈　　불 필 집 아 자 위 시 이 여 위 비 야

修行淨土는 佛及菩薩 皆所稱歎이니
수 행 정 토　　불 급 보 살 개 소 칭 탄

在家出家 往生非一일새니라.
재 가 출 가 왕 생 비 일

況今 末法之中에 修此門者 可謂捷經이니라.
황 금 말 법 지 중　　수 차 문 자 가 위 첩 경

然이나 於是中間에 亦須洗去根塵하여 摧折我慢이라.
연　　어 시 중 간　　역 수 세 거 근 진　　최 절 아 만

나와 남이라는 분별을 떨치지 못하고 쓸데없이 불법의 우열을 논한다면 다만 희론戱論이 될 뿐입니다.

서로의 다툼에서 끝나지 않고 마침내 불법을 비방하게 되어, 오묘한 깨달음을 얻지 못한 채 나쁜 과보만 먼저 불러일으키게 될 것이니 조심하고 조심하지 않을 수 없습니다.

다만 먼저 부처님께서 일러주신 방편으로 부지런히 정진하여, 그 수행이 오롯해질 수 있다면 자연스럽게 해탈하니, 반드시 나만 옳고 다른 사람은 그르다고 주장하실 필요는 없습니다.

극락정토로 가기 위해 수행하는 것은 부처님과 보살이 모두 찬탄하는 바이니, 재가자와 출가자로서 극락왕생하신 분이 한두 분만이 아니기 때문입니다.

더구나 지금 말법 시대에는 이 정토염불문을 수행하는 것이 극락왕생의 지름길이라고 말할 수 있습니다.

그러나 이 수행 과정에도 육근과 육진의 경계를 씻어내어 아만을 꺾어야만 합니다.

於其他種種法門 雖非正修行路이라도
어 기 타 종 종 법 문 수 비 정 수 행 로

隨力隨分하여 亦加欽信이지
수 력 수 분   역 가 흠 신

豈可妄論優劣하여 自爲高下리오.
기 가 망 론 우 열   자 위 고 하

達磨西來하여 不立文字 直傳心印하니 一花五葉이라.
달 마 서 래   불 립 문 자 직 전 심 인   일 화 오 엽

自曹溪來 悟此法者 如稻麻竹葦[1]하고
자 조 계 래 오 차 법 자 여 도 마 죽 위

在李唐[2]時 世主尊崇 如事師長하여 以至于今 師授不絶하니
재 이 당 시 세 주 존 숭 여 사 사 장   이 지 우 금 사 수 부 절

特未可以優劣議也니라.
특 미 가 이 우 열 의 야

若必欲引敎家義目 定其造證하여 謂如是修者 方入某地 如是
약 필 욕 인 교 가 의 목 정 기 조 증   위 여 시 수 자 방 입 모 지 여 시

行者 方登某位라하면 眞所謂描畫虛空이니 徒自勞耳로다.
행 자 방 등 모 위   진 소 위 묘 화 허 공   도 자 로 이

---

1. 도마죽위稻麻竹葦는 벼·삼·대나무·갈대처럼 수량이 헤아릴 수 없이 많은 것을 비유한 말이다.
2. 이당李唐은 이연李淵이 수隋나라 뒤를 이어 세운 나라이다. 성이 이李씨였기 때문에 나온 말이다. 또 후당後唐·남당南唐과 구별하기 위하여 이당李唐이라고도 한다.

다른 온갖 법문들이 올바른 수행길이 아니라 할지라도, 그대로 두고 자신의 수행에 집중하여 힘껏 역량이 닿는 대로 공부하고 또한 믿음과 공경을 더할 일이지, 어찌 쓸데없이 불법의 우열을 논쟁하여 스스로를 높다 낮다 할 수 있단 말입니까.

달마 스님께서 서쪽에서 와 문자를 내세우지 않고도 바로 부처님의 마음을 전하니, 한 송이 꽃처럼 걸출한 육조 스님 대에 이르러 선종이 꽃피어 오가칠종이[1] 생겼습니다.

조계 보림사에서 육조 스님께서 법을 펼치기 시작하자 이 법을 깨달은 사람들이 무척이나 많아지고, 이당李唐 때는 임금이 이들을 스승처럼 존경하고 받들어 지금까지 가르침이 끊어지지 않으니, 이는 특별히 불법의 우열을 가지고 논의할 수 있는 것이 아닙니다.

만약 교학의 개념으로 깨달음을 판정하여 "이와 같은 수행이라야 이런 경지 이런 위치에 들어간다." 말한다면, 촌으로 허공을 그리는 것이니 부질없이 혼자 수고로울 뿐입니다.

---

1. 일화오엽一花五葉은 육조혜능 밑에서 선종이 오가五家로 나누어질 것을 달마 스님이 게송으로 예언한 말이다. "내가 본디 이 땅으로 찾아 온 뜻은 / 법을 전해 모든 중생 구제함이니 / 한 꽃에서 다섯 잎이 돋아 나오면 / 자연스레 온 누리에 법이 퍼지리."[吾本來茲土 傳法敎迷情 一華開五葉 結果自然成]

故로 經云하되
고　경운

如人數他寶 自無半錢分이듯 於法不修行 多聞亦如是니라.
여인수타보 자무반전분　　어법불수행 다문역여시

願컨대 師屛去知見하고 勿論其他하며 專心하여 自修於淨業也하소서.
원　　사병거지견　　물론기타　　전심　　자수어정업야

某每與師談에 見師多斥不立文字之說이라.
모매여사담　견사다척불립문자지설

使此說非善則 達磨必不西來요 二祖必不肯斷臂求之也라라.
사차설비선즉 달마필불서래　이조필불긍단비구지야

今 禪家文字도 徧滿天下라.
금 선가문자　변만천하

此乃末流 自然至此하니 何足怪耶리오.
차내말류 자연지차　　하족괴야

그러므로 경전에서 "다른 사람의 보물을 아무리 헤아려도 자신의 몫이 조금도 없는 것처럼, 법다운 수행은 하지 않고 법문만 많이 듣는 것도 이와 같다."라고 말합니다.

바라옵건대 스님께서는 지견을 물리치고 다른 것을 논하지 말며 오로지 마음 집중하여 스스로 맑은 업만 닦으시옵소서.

제가 매번 스님과 이야기를 나눌 때마다 스님께서 불립문자를 배척하시는 것을 많이 보아 왔습니다.

불립문자설이 옳지 않았다면 틀림없이 달마 대사께서 서쪽에서 오지 않았을 것이요, 이조二祖 혜가 스님도 결코 팔을 끊고 법을 구하려고 하지 않았을 것입니다.

지금 선가禪家의 문자도 온 천하에 가득합니다. 이는 말법시대의 흐름이 저절로 이렇게 된 것이니, 어찌 이상한 일이라고만 생각하겠습니까.

娑婆世界 衆生知見은 種種差別 非可以一法而得出離라.
사바세계 중생지견 종종차별 비가이일법이득출리

故로 佛以方便으로 設種種法門하여 使其東西南北 縱橫小大 皆
고   불이방편   설종종법문   사기동서남북 종횡소대 개

可修行 皆可證入케하노라.
가수행 개가증입

華嚴會上에서 文殊師利 盖嘗問於覺首言하되
화엄회상   문수사리 개상문어각수언

心性是一인데 云何見有種種差別이오.
심성시일   운하견유종종차별

問於德首言하되 如來所悟 唯是一法인데 云何乃說無量諸法이오.
문어덕수언   여래소오 유시일법   운하내설무량제법

問於智首言하되 於佛法中 智爲上首인데 如來 何故로 或讚布施
문어지수언   어불법중 지위상수   여래 하고   혹찬보시

或讚持戒 或讚堪忍이오 以至或復讚歎 慈悲喜捨[1]하니 終無有
혹찬지계 혹찬감인   이지혹부찬탄 자비희사   종무유

以一法而得出離者이오.
이일법이득출리자

---

1. 자비희사慈悲喜捨에서 자慈는 다른 사람을 끝없이 사랑하는 마음이다. 비悲는 다른 사람의 아픔을 자기 아픔으로 여겨 없애 주고자 하는 마음이다. 희喜는 다른 사람의 즐거운 일을 보고 자기 일처럼 기뻐하는 마음이다. 사捨는 다른 사람을 차별하지 않고 똑같이 모든 사람을 부처님처럼 대해 주는 마음이다.

사바세계 중생의 지견은 가지각색이니 하나의 법만으로 이들을 다 제도할 수 있는 것이 아닙니다. 그러므로 부처님께서 방편으로써 온갖 법문을 설파하시어 동서남북 온갖 사람들이 다 수행하여 깨달아 들어갈 수 있게 한 것입니다.

화엄회상에서 문수보살이 일찍이 각수보살에게 묻습니다.

"마음의 성품이 하나인데 어찌하여 온갖 차별을 봅니까?"

또 덕수보살에게 묻습니다.

"여래께서 깨달으신 것이 오직 한 가지 법인데, 어찌하여 헤아릴 수 없는 모든 법을 설하십니까?"

다시 지수보살에게 묻습니다.

"부처님 법 가운데 지혜가 가장 으뜸인데 여래께서는 왜 보시나 지계, 인욕 같은 것을 찬탄하십니까? 더 나아가 자비희사 사무량심四無量心까지 찬탄하시니 끝내 하나의 법으로써 중생을 제도할 수 없는 것입니까?"

咸有頌答이니 是師之朝夕所讀者也일새 斯理必深明之라.
함유송답   시사지조석소독자야   사리필심명지

夫 受病 旣殊이면 處方亦異니라.
부 수병 기수   처방역이

今以手足之疾로 服某藥而愈이라하여 他人病在腹心인데 而責其不
금이수족지질   복모약이유   타인병재복심   이책기부

進手足之藥하며 乃以治腹心之劑爲非라하면 可乎아.
진수족지약   내이치복심지제위비   가호

楞嚴會中 二十五行[1]에서 獨推觀音이라하여
능엄회중 이십오행   독추관음

豈可便優觀音하고 而劣諸菩薩이오.
기가변우관음   이열제보살

神仙外道는 於我法中에 皆爲邪見이라.
신선외도   어아법중   개위사견

然이나 華嚴知識[2]은
연   화엄지식

或在外道 或爲人王 或爲淫女이어 引導衆生하니라.
혹재외도 혹위인왕 혹위음녀   인도중생

---

1. 이십오행二十五行은 이십오원통二十五圓通을 말한다. 부처님이 능엄회상에서 보살성문들에게 그대들이 본래 무슨 법으로 원통을 증득했느냐고 물으면서 일러주신 스물다섯 가지 수행법을 말한다.
2. 화엄지식華嚴知識은 화엄경 입법계품에서 선재동자가 문수보살의 법문을 듣고 발심하여 남쪽으로 내려가면서 차례로 찾아간 53선지식을 말한다.

이 모든 질문에 게송으로 답한 것이 있으니, 이는 스님께서 아침저녁으로 독송하는 내용이므로 그 이치를 반드시 잘 알고 계실 것입니다.

무릇 병이 다르면 처방도 다른 법입니다.

손발에 병이 생겨 어떤 약을 먹고 나았다고 하여, 다른 사람은 뱃속에 병이 있는데 그 약을 쓰지 않는다고 힐책하며, '배 아픈 데 먹는 약을 잘못된 것이라고 하면 이 말이 옳겠습니까.

능엄회상楞嚴會上에서 말하는 스물다섯 가지 수행법에서 유독 관음보살만 추대하였다고 하여, 어찌 관음보살만 우수하고 나머지 다른 보살은 열등하다고 말할 수 있겠습니까.

신선이나 외도들은 우리 불법에서는 모두 삿된 지견입니다.

그러나 화엄의 선지식들은 외도, 임금, 음녀가 되어 중생들을 이끌어주기도 합니다.

若以正修行者 爲是則
약 이 정 수 행 자 위 시 즉

善財所參 勝熱 婆須密女 無厭足王等 皆可指爲非也[1]니라.
선 재 소 참 승 열 바 수 밀 녀 무 염 족 왕 등 개 가 지 위 비 야

千經萬論 止爲衆生除病이니 病去藥除인데 何須無病而自灸리오.
천 경 만 론 지 위 중 생 제 병   병 거 약 제   하 수 무 병 이 자 구

此心이 垢重이니 故로 修淨因이니 淨垢若亡이면 復何修證이리오.
차 심   구 중   고   수 정 인   정 구 약 망   부 하 수 증

三界無住 何處求心이며 四大[2] 本空이니 佛依何住리오.
삼 계 무 주 하 처 구 심   사 대 본 공   불 의 하 주

衣中之寶는 只爲衣纏이라.
의 중 지 보   지 위 의 전

衣若壞亡이면 珠當自現하리라.
의 약 괴 망   주 당 자 현

---

1. 승열勝熱은 어리석음을 드러내 보임으로 선재가 '반야해탈문'을 얻게 하였고, 바수밀녀婆須密女는 탐욕을 드러내 보임으로 선재가 '이욕해탈문'을 얻게 하였으며, 무염족왕無厭足王은 성냄을 드러내 보임으로 선재가 '여의해탈문'을 얻게 하였다.[勝熱 示行癡行 使善財得般若解脫門 婆須密女 示行貪行 使善財得離欲解脫門 無厭足王 示行嗔行 使善財得如意解脫門]
2. 사대四大는 중생의 몸을 이루고 있는 지地·수水·화火·풍風 네 가지 요소를 말한다.

만약 올바른 모습으로 수행하는 사람만이 옳다고 주장하신다면, 선재동자가 선지식이라고 찾아가서 도를 물었건 어리석은 승열勝熱, 탐욕스러운 바수밀녀婆須密女, 성을 잘 내는 무염족왕無厭足王 이들 모두 잘못된 사람들이라고 지적할 수 있습니다.

온갖 경전과 논소들이 다만 중생들의 병을 치료할 뿐이니, 병이 나아 약을 버려 이제 병이 없는데도 어찌 스스로 뜸을 뜨려고 하겠습니까.

이 마음에 번뇌가 많으므로 맑은 인연을 닦는 것이니, 열반과 번뇌가 함께 사라지면 다시 무엇을 닦고 증득할 게 있겠습니까.

삼계三界에 머물 곳이 없으니 어느 곳에서 마음을 찾을 것이며, 사대四大가 본디 공空이니 부처님께서 어디에 머물 수 있겠습니까.

옷 속의 보배구슬은 다만 그대로 실에 묶여 있을 뿐입니다. 옷이 닳아 없어지면 보배구슬은 저절로 드러나게 될 것입니다.

聊敍鄙見이 以復來誨라.
요 서 비 견   이 복 래 회

或別有可敎者 更垂一言하면 幸甚이리라.
혹 별 유 가 교 자 갱 수 일 언   행 심

愼勿 支離蔓衍 以成戲論也라.
신 물 지 리 만 연 이 성 희 론 야

邇來 四大輕安否아.
이 래 사 대 경 안 부

所苦不下食 今復差退否아.
소 고 불 하 식 금 부 차 퇴 부

某는 隨緣過日하며 只求無事耳라. 未間[1] 千萬珍重하소서.
모   수 연 과 일   지 구 무 사 이   미 간   천 만 진 중

---

1. 미간未間은 미견지간未見之間의 준말이다. '만나보지 못하는 사이에'라는 뜻이다.

부족하나마 그저 너절한 견해만 늘어놓은 것이 보내주신 가르침에 대한 답장이 되어 버려 죄송스럽습니다. 혹 따로 가르침을 줄 만한 것이 있어 다시 한말씀 내려주신다면 저는 대단히 행복할 것입니다.

주저리주저리 늘어놓은 글들이 웃음거리나 되지 말았으면 하는 바람입니다.

요즈음 몸과 마음이 편안하신지요?
소화가 안 되어 고생하시던 것은 이제 차도가 있으신지요?

저는 인연 따라 세월을 보내면서 오로지 일이 없이 살기만 바랍니다. 뵙지 못하더라도 아무쪼록 몸조리 잘하시기를 간곡히 바랍니다.

10. 古鏡和尙 回汾陽太守
고 경 화 상 회 분 양 태 수

南陽忠¹國師 三詔에도 竟不赴라
남양충 국사 삼조　　경불부

遂使唐肅宗 愈重於佛祖니라.
수사당숙종 유중어불조

然이나 我望南陽하여 雲泥雖異路라도
연　　 아망남양　　 운니수이로

回首思古人하니 愧汗下如雨라.
회수사고인　　 괴한하여우

如何汾陽侯 視我如泥土하고 戲以玉峯寺 出帖 請權住오.
여하분양후 시아여니토　　 희이옥봉사 출첩 청권주

豈可爲一身하여 法門同受汚리오.
기가위일신　　 법문동수오

---

1. 남양충南陽忠(? - 775)에서 남양南陽은 법호이고 '충忠'은 혜충慧忠이니 이름이다. 육조혜능에게 인가를 받고 오령五嶺·나부羅浮·사명四明·천목산天目山 등 여러 명산을 다닌 뒤 남양南陽의 백애산白崖山 당자곡黨子谷에 들어가 40여 년을 산에서 나오지 않았다고 한다. 현종玄宗·숙종肅宗·대종代宗의 귀의를 받고 뒤에 서울로 가 중생교화를 크게 펴니 따르는 학자들이 수없이 많았다. 항상 남악혜사南岳慧思의 종풍을 사모하였기에 임금께 주청하여 형악衡岳의 무당산無當山에 태일연창사太一延昌寺를 당자곡當子谷에 향엄장수사香嚴長壽寺를 창건하고 각각 장경藏經 한 질을 모셨다. 당唐 대력大曆 10년(775) 12월 9일 당자곡에서 입적하니 '대증大證선사'의 시호를 내려 주었다.

10. 주지 임명을 거두소서 _ 고경 화상

남양혜충 국사는 임금이 세 차례를 부탁해도 끝까지 주지 자리에 나아가지 않았으니, 이 결과로 마침내 당나라 숙종이 부처님과 조사 스님들을 더욱더 존중하게 되었습니다.

분명히 남양 스님을 우러러 봄에 하늘과 땅만큼[1] 저와 가는 길이 다르다 해도, 옛사람들을 생각해 보니 주지 임명이 부끄러워 온몸에 식은땀이 비 오듯[2] 쏟아지고 있습니다.

어찌하여 분양후는 저를 하찮게 보시고 옥봉사로 내려가 주지를 맡으라고 희롱하십니까.

어찌 이 한 몸을 위하여 불법 문중이 함께 오명을 뒤집어쓸 수 있겠습니까.

---

1. 운니雲泥는 구름과 진흙을 말하니 현격하게 차이나는 것을 비유하는 말이다. 천지天地·천괴天壞·운니지차雲泥之差·천괴지차天壞之差와 같은 말이다.
2. 제가 남양 스님을 우러러 봄에 하늘과 땅만큼 저와 가는 길이 다른 듯해도, 그 분은 황제의 조서를 받았고 저는 태수의 부름을 받음에, 지금 예전 어른들과 비교해 보면 제가 어찌 부끄러워 비 오듯 식은땀이 흐르지 않을 수 있겠습니까. [以我望於南陽 雖似雲泥之迥隔 然彼感皇王之詔 余得太守之帖 持今較古 寧無愧汗之驤霈乎]

萬古長江水로 惡名洗不去라.
만고장강수　악명세불거

謹謹納公帖하오니 觀使¹自收取하소서.
근근납공첩　　관사 자수취

放我如猿鳥하여 雲山樂幽趣하소서.
방아여원조　　운산요유취

他年에 無以報일새 朝夕으로 香一炷하리라.
타년　무이보　　조석　　향일주

---

1. 관사觀使는 분양후를 가리키니 임금의 명을 받아 지방 일을 보살피는 관직이다.

영원히 흐르는 장강의 물로도 더럽혀진 이름은 씻어지지 않습니다.

정중하고 조심스럽게 주지 임명장을 반납하오니 분양후께서는 손수 이 임명장을 거두어 주옵소서.

저를 산에 사는 원숭이나 새처럼 놓아주어 구름으로 둘러싸인 산 속에서 그윽한 정취를 즐기게 하옵소서.

세월이 흘러도 이 은혜를 달리 보답할 길이 없으므로 아침저녁으로 그대를 위하여 향 한 자루를 사르오리다.

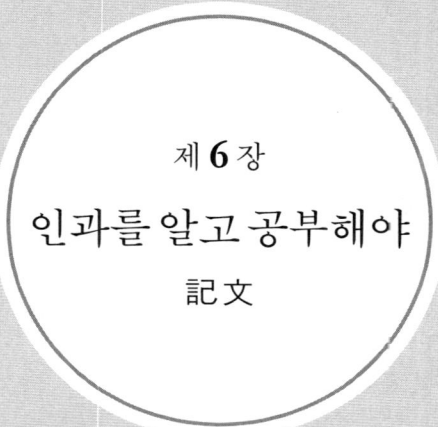

제6장
인과를 알고 공부해야
記文

1. 南岳法輪寺 省行堂¹記 趙令衿²撰
남악법륜사 성행당 기 조령금 찬

嘗謂 諸苦之中에 病苦爲深일새
상위 제고지중 병고위심

作福之中에 省病爲最³니라.
작복지중 성병위최

是故로 古人 以有病으로 爲善知識하고
시고 고인 이유병 위선지식

曉人 以看病으로 爲福田하니 所以로 叢林爲老病之設하니라.
효인 이간병 위복전 소이 총림위로병지설

---

1. 성행당省行堂은 연수당延壽堂의 다른 이름으로 선사禪寺에서 병자를 간호하는 병동이다.
2. 조령금趙令衿은 송나라 태조의 오대손五代孫이며 덕소德昭의 현손玄孫이다. 령금令衿은 이름이고 자字는 표지表之이며 초연거사超然居士라는 법호法號를 갖고 있는데 원오극근圓悟克勤의 법을 이었다.
3. 여덟 가지 복전 가운데 병든 사람을 시중드는 그 복은 참으로 크다.[八福田中 給事病人 其福甚大]

1. 아파도 흔들리는 마음을 챙겨야 _ 초연 거사

일찍이 모든 괴로움 가운데 병고가 가장 심하기에 복을 짓는 일 가운데 병자를 보살피는 것이 가장 으뜸이라고 하였습니다.

이 때문에 옛사람들은 병이 있는 것으로 선지식을 삼았으며, 지혜로운 사람들은 병자를 돌보는 것으로 복전을 삼았으니, 그런 까닭에 총림에서 늙고 병든 사람을 위한 시설을 만들게 되었습니다.

今 叢林聚衆이 凡有病이면 使歸省行堂은
금 총림취중 범유병   사귀성행당

不惟 修省改行 以退病이라
불유 수성개행 이퇴병

亦欲人散夜靜 孤燈獨照之際에 究索大事[1]인데 豈徒然哉이리오.
역욕인산야정 고등독조지제   구색대사   기도연재

旣命知堂 以司藥餌하고
기명지당 이사약이

又 戒[2]常住 以足供須[3]하니 此는 先佛之規制니라.
우 계 상주 이족공수   차   선불지규제

近世 不然이어 堂名延壽라하니 鄙俚[4]不經이라.
근세 불연   당명연수   비리 불경

---

1. 대사大事는 일대사인연一大事因緣의 약칭으로, 부처님께서 세상에 출현하여 법을 설하여 중생을 제도하는 것은 일대사인연을 따른 것이다. 한마디로 표현하면 모든 중생이 깨달음을 얻게 하는 일이다. 『법화경』에서는 불지견佛知見으로 대사大事를 삼고, 『열반경』에서는 불성佛性으로 대사를 삼으며, 『유마경』에서는 부사의不思議로 대사를 삼고, 『화엄경』에서는 법계法界로 대사를 삼으며, 종문에서는 일착자一着子로 대사를 삼았다. 이름이 다르더라도 그 뜻은 같다.[法華 以佛知見爲大事 涅槃 以佛性爲大事 維摩 以不思議爲大事 華嚴 以法界爲大事 宗門 以一着子爲大事. 名雖有別 其義則一也]
2. 계戒는 갖추고 잘 다스려 통제한다는 뜻이다.
3. 공수供須는 공수供需이니 수요에 맞추어 물품을 공급하는 것을 말한다.
4. '리俚'는 '비鄙'이고 '속俗'이니 더럽고 천하고 속되다는 것이다.

지금 총림의 대중에게 병이 있으면 성행당省行堂에 들어가게 한 것은, 수행을 뒤돌아보면서 잘못된 삶을 고쳐 병을 물리칠 뿐만 아니라 또한 사람이 없는 고요한 밤 외로운 등불 밑에서 일대사인연을 잘 해결해 보라고 한 것인데, 어찌 병자를 부질없이 성행당에 보냈다고 할 수 있겠습니까.

미리 성행당을 맡은 소임자 '지당知堂'에게 약과 음식을 맡아 관리하도록 명하였고, 또 필요한 상주물常住物을 충분히 갖추어서 수요에 맞추어 공급하도록 하였으니, 이는 부처님께서 만들어 놓으신 규칙과 제도입니다.

그런데 근세에는 그렇지 못하여 병자가 있는 건물을 '수명을 연장하는 집'이라는 뜻의 '연수당延壽堂'이라 하는데, 천하고 속되어서 그 이름이 경우에도 맞지 않습니다.

病者 不自省咎하고 補躬乖方 湯藥妄投는 返成沈痼라.
병자 부자성구   보궁괴방 탕약망투   반성침고

至有酷疾인데도 不參堂하고 以務疎逸者 大失建堂命名之意也라.
지유혹질   불참당   이무소일자 대실건당명명지의야

知堂도 名存實廢이어
지당   명존실폐

或同路人하고 常住急於日用하나 殊不存撫하니
혹동로인   상주급어일용   수부존무

又 復失優婆¹ 待老病之意也라.
우 부실우바 대로병지의야

由是로 病人呻吟痛楚 日益增極은 過在彼此이니 非如來咎²니
유시   병인신음통초 일익증극   과재피차   비여래구

라. 縱有親故로 問病이나 率皆鄉曲³ 故舊이니 心旣不普일새 事忽
    종유친고   문병   솔개향곡 고구   심기불보   사홀

有差니라.
유 차

---

1. 우바리優婆離는 지계제일持戒第一로 부처님 10대 제자 가운데 한 사람이다. 제1결집 때 율을 맡았다. 우바리는 계율대로 살면서 부처님의 회상에서 늙고 병든 사람을 간호했는데, 그것이 지금 '지당'의 소임과도 같았다.[優婆離沙陀 持律行故 於佛會中 看待老病 如今之知堂也]
2. 부처님의 밝은 가르침을 순종하지 않는 허물은 병자와 지당에게 있으니, 어찌 우리 부처님이 제정하신 법에 허물이 있겠는가.[不順先佛明誨之過 在乎病者及 知堂 豈吾佛制法之咎哉]
3. 향리鄉里를 '곡曲'이라 하니 '곡曲'은 마을이라는 의미이다.

병자들이 자신의 허물을 살피지 않고 스스로 몸을 보한다고 처방과 다르게 탕약을 함부로 달여 먹는 것이 도리어 고질병을 만들기도 합니다. 심지어 혹독한 질병에 걸려 있는데도 성행당에 들어가지 않고 버티고 있는 사람들은 그 건물을 지어 이름 붙인 뜻을 아주 잃어버리고 있는 것입니다.

'지당'도 이름만 있을 뿐 실제 맡은 일을 하지 않아 병자를 길 지나가는 사람처럼 관심 없이 취급하고, 상주물은 부족하여 하루하루 쓰기가 급급하나 조금도 병자를 보살피는 마음이 없으니, 이는 또 지계제일인 우바리 존자가 늙고 병든 사람을 맞이하여 간병하던 뜻을 잃고 있는 것입니다.

이로 말미암아 병든 사람의 신음과 고통이 날로 더 심해지는 것은 그 허물이 병자와 지당에게 있으니 여래의 허물은 아닙니다.

설사 친분이 있어 문병하더라도 대개 마을 사람이나 옛날 친구들뿐이니, 이미 마음 살피는 것이 두루 하지 못하므로 본분사本分事에 소홀하여 공부에 차질이 있습니다.

今 法輪病所 煥然一新이라.
금 법륜병소 환연일신

盖有本分人 是事色色成辦이니 無可論者라.
개유본분인 시사색색성판   무가론자

惟有病人 宜如何哉오.
유유병인 의여하재

省躬念罪는 世之有識者 皆能達此라.
성궁념죄   세지유식자 개능달차

衲僧分上 直截機緣하고 當於頭痛額熱之時 薦取[1] 掉動底니라.
납승분상 직절기연   당어두통액열지시   천취 도동저

於聲冤叫苦之際 領略徹困之心하여 密密究思 是誰受病이오.
어성원규고지제 영략철곤지심   밀밀구사 시수수병

人旣不見이면 病從何來오.
인기불견   병종하래

人病雙亡이면 復是何物이오.
인병쌍망   부시하물

直饒見得分明이라도 正好爲他將息이니라.
직요견득분명   정호위타장식

---

1. 천취薦取는 천득薦得이라고도 하니 그대로 몽땅 가져간다는 뜻이다. 천薦은 돗자리인데 중국 사람들이 돗자리 위에서 노름을 하다가 이기는 사람이 돗자리 채로 가져간다는 데서 나온 말이다.

이제 법륜사에 병자를 보살피는 건물이 크고 환하게 새롭게 단장되었습니다.

대개 본분에 충실한 사람은 주어진 일을 온갖 경계에서 잘 처리할 것이니 더 논의할 것이 없습니다. 다만 병이 있는 사람들은 어떻게 해야 하겠습니까.

자신의 몸을 돌보면서 자신의 허물을 살피는 일 정도는 세간에 식견이 있는 사람들도 모두 잘 압니다.

하지만 납자 분상에서는 바로 모든 인연을 끊어 머리 아프고 이마에 열이 날 때에도 그 자리에서 경계에 흔들리는 마음을 챙겨야 합니다. 원망과 고통 속에 있을 때 그 마음을 철저히 거두어 "누가 이 병고를 받는가."를 깊이깊이 생각하고, 그 누군가가 보이지 않는다면 "이 병고가 어디에서 왔는가."를 챙겨야 합니다.

사람과 병고가 함께 사라지면 다시 "이것이 뭐꼬."를 챙겨야 합니다. 설사 무언가 분명히 보았더라도 '그 보았다는 마음조차 쉬는 것'이 정말 좋은 일입니다.

2. 撫州[1] 永安禪院 新建法堂記 無盡居士撰
무주 영안선원 신건법당기 무진거사찬

臨川 陳宗愈[2] 於永安 常老會中[3]에서
임천 진종유 어영안 상로회중

得大法喜하여 捐其家貲 爲建丈室作脩廊이라.
득대법희 연기가자 위건장실작수랑

方且鳩材하여 以新法堂이라가 而宗愈死라.
방차구재 이신법당 이종유사

其二子 號訴於常曰
기이자 호소어상왈

吾先子[4]之未奉佛也에 安且强인데 旣奉佛也에 病且亡이라.
오선자 지미봉불야 안차강 기봉불야 병차망

佛之因果를 可信耶 其不可信耶오.
불지인과 가신야 기불가신야

---

1. 무주撫州는 지금 강서성 임천현臨川縣의 옛 이름이다.
2. 임천臨川은 지금 강서성 임천현臨川縣이다. 진종유陳宗愈는 생몰연대 및 전기 미상이다.
3. 상로회중常老會中은 요상了常의 회중會中이라는 말인데 노老는 경칭이다. 요상了常은 도솔종열兜率從悅의 제자이다. 무주撫州 소산疏山에 오랫동안 머물러서 호를 소산疏山이라 하였다. 생몰연대 및 전기 미상이다.
4. 선자先子는 예전에 살았던 사람. 특히 돌아가신 아버지나 스승을 이른다.

2. 영안선원 법당을 지으면서 _ 무진[1] 거사

임천에 사는 진종유가 영안사永安寺 요상了常 노스님의 법문을 듣고 크게 기뻐하여, 그 인연으로 재물을 시주하여 방장실을 짓고 긴 행랑을 수리하게 되었습니다.

열심히 좋은 재목들을 모아 새로운 법당을 세우려고 했는데 갑자기 진종유가 죽어버렸습니다. 두 아들이 요상 스님께 슬픔을 하소연하며 따져 물었습니다.

"부처님을 받들지 않았을 땐 아버님께서 편안하고 건강하셨는데 부처님을 받드니까 병이 들어 돌아가셨습니다 일이 이렇게 되었는데 부처님의 인과를 믿어야 합니까? 말아야 합니까?"

---

1. 무진無盡 거사居士(?-1122)는 성은 장張씨이고 이름은 상영商英이며 자字는 천각天覺이다. 무진 거사는 법호이고 시호는 문충文忠이다. 도솔종열兜率從悅의 제자이다. 19세에 급제하여 감찰어사·중서시랑中書侍郎·하남부지사河南府知事 등을 역임하였다. 거사가 처음에 불교를 제대로 알지 못하였을 때, 불교를 배척하기 위하여 무불론無佛論을 쓰려고 하였다. 부인 상尙씨가 "먼저 불경을 한번 읽어본 뒤에 쓰는 것이 옳지 않겠느냐."고 하니, 거사가 그 말을 옳게 여기고 다음날 인근 절에 가서 『유마경』을 빌려 읽었다. 문수사리文殊師利 향질품向疾品에 이르러 불교의 깊은 이치를 깨닫고는 곧 참회하여 『호법론』을 지었다. 송宋 선화宣和 4년(1122) 임종 게송을 쓰고 입적하였다.

常曰
상 왈

吾野叟也라 不足以譬子로다. 子第成父之志하여 而卒吾堂하라.
오 야 수 야   부족이비자   자제성부지지   이졸오당

吾先師¹有得法上首無盡居士인데
오선사 유득법상수무진거사

深入不二²하여 辯才無碍하고 隨順根性하여 善演法音이라.
심입불이   변재무애   수순근성   선연법음

法堂成이면 當爲子持書求誨하여 決子之疑로다.
법당성   당위자지서구회   결자지의

紹聖³元年春에 常이 遣明鑑⁴至山陽하여 以書來言하나
소성 원년춘   상   견명감 지산양   이서래언

會予方以諫官⁵으로 召還되어 未暇니라.
회여방이간관   소환   미가

明年 鑑又至京하여 待報於智海禪刹이라. 爾時 居士 默處一室해도
명년 감우지경   대보어지해선찰   이시 거사 묵처일실

了明幻境일새 鐵輪旋頂이라도 身心泰定이니라.
요명환경   철륜선정   신심태정

---

1. 선사先師는 돌아가신 스승을 말한다.
2. 불이不二는 모든 것이 하나의 이치가 되어 피차 분별이 없는 것을 말한다.
3. 소성紹聖은 송나라 철종哲宗의 연호인데 원년元年은 1094년이다.
4. 명감明鑑은 생몰연대 및 전기 미상이다.
5. 간관諫官은 임금에게 옳고 그름을 간諫하는 벼슬이름이다.

요상 스님께서 말씀하셨습니다.

"나는 보잘것없는 늙은이라 자네들을 깨우쳐 주기에는 부족하네. 부친의 뜻을 받들어 자네들은 먼저 법당 짓는 일을 마무리하게. 우리 스승님께 법을 받은 무진 거사라는 훌륭한 분이 계시는데, 그분은 불이不二의 도리로 깊이 들어가 변재에 걸림이 없고 사람들의 근성에 맞추어 법문을 잘 하신다네. 법당이 완성되면 자네들을 위하여 편지로 가르침을 구해 자네들의 의심을 풀어주겠네."

소성원년紹聖元年 1094년 봄 요상 스님께서 명감明鑑 스님 편에 산양山陽으로 서신을 보내 이런 내용의 말씀이 있었지만, 그때 저는 간관諫官으로 나라의 부름을 받았기에 바빠서 답장 쓸 겨를이 없었습니다.

이듬해 명감 스님께서 또 서울에 도착하여 지해선찰智海禪刹에서 답장 받기를 기다렸습니다. 이때 저는 한 곳에서 묵묵히 머물러 있어도 세상의 거짓 경계를 분명히 알고 있었기에, 시뻘겋게 달구어진 쇠바퀴가 정수리 위를 빙빙 돌며 위협하더라도 몸과 마음이 매우 편안한 사람이었습니다.

明鑑은 雨淚悲泣하며 慇懃三請이라.
명감   우루비읍   은근삼청

大悲居士여 佛法外護는 付與王臣이라.
대비거사   불법외호   부여왕신

今此衆生이 流浪苦海하여 貪怖死生하며 迷惑因果니라.
금차중생   유랑고해   탐포사생   미혹인과

唯願컨대 居士는 作大醫王하여 施與法藥[1]하소서.
유원   거사   작대의왕   시여법약

居士曰
거사왈

善哉善哉라. 汝乃能不遠千里하고 爲陳氏子하여
선재선재   여내능불원천리   위진씨자

諮請如來 無上秘密 甚深法要라 諦聽吾說하고 持以告之하소서.
자청여래 무상비밀 심심법요   체청오설   지이고지

善男子여 大空寂間에서 妄生四相하니 積氣爲風하고 積形爲地하며
선남자   대공적간   망생사상   적기위풍   적형위지

積陽爲火하고 積陰爲水하니 建爲三才[2]하고 散爲萬品하니라.
적양위화   적음위수   건위삼재   산위만품

---

1. 법약法藥은 오묘한 불법이 중생의 모든 고통을 다스릴 수 있으므로, 이 불법을 병을 치료하는 약에 비유해 말한 것이다.
2. 삼재三才는 중국의 음양설에서 만물의 세 가지 근원을 뜻하는 말인데 하늘과 땅과 사람을 말한다.

명감 스님은 벅찬 감동으로 정성껏 세 번씩이나 되풀이 청하며 말씀하셨습니다.

"자비로운 거사시여, 부처님께서 불법의 외호는 국왕과 대신에게 부탁했습니다. 지금 중생들이 끝이 없는 괴로움의 바다에 빠져 생사를 탐하고 두려워하며 인과를 모르고 있습니다. 오직 바라옵건대 거사께서 중생의 병을 다스리는 큰 의사가 되어 법약法藥을 베푸소서."

저는 말하였습니다.

참으로 자비로운 부탁입니다. 스님께서는 천리길을 멀다 않으시고 진씨 아들들을 위하여 부처님의 간절한 가르침을 묻고 있습니다. 제 이야기를 잘 듣고 돌아가 그 아이들에게 일러주십시오.

선남자여, 텅 빈 고요한 곳에서 헛된 인연으로 네 가지 모습을 만들어 내니, 움직이는 기운이 쌓여 바람이 되고 형상이 모여 땅이 되며, 양기陽氣가 모여 불이 되고 음기陰氣가 모여 물이 되는 것입니다. 이 네 가지 모습이 모여 하늘이나 땅과 사람을 만들어 내고, 이들이 흩어지면서 온갖 삼라만상을 만들어 냅니다.

一切有情은
일체유정

水火相摩하고 形氣相結하여 以四小相[1]으로 具四大界[2]니라.
수화상마   형기상결   이사소상   구사대계

因生으로 須養이요 因養으로 須財니라.
인생   수양   인양   수재

因財로 須聚요 因聚로 成貪하니라.
인재   수취   인취   성탐

因貪으로 成競이요 因競으로 成瞋이라.
인탐   성경   인경   성진

因瞋으로 成很하고 因很으로 成愚하며 因愚로 成癡하니라.
인진   성흔   인흔   성우   인우   성치

此貪瞋癡는 諸佛說爲三大阿僧祇劫이니라.
차탐진치   제불설위삼대아승지겁

---

1. 사소상四小相은 지地·수水·화火·풍風의 네 가지 작은 요소를 말한다.
2. 사대계四大界는 지地·수水·화火·풍風의 네 가지 작은 요소가 모여 이루어진
   태胎·란卵·습濕·화化의 사생四生을 말하니 곧 중생계를 말한다.

모든 중생들은 물과 불의 기운이 서로 어우러지고 형상과 바람의 기운이 서로 맺어져, 이 네 가지 작은 모습으로 사대四大로 이루어진 커다란 중생계를 만들어 냅니다.

이 몸이 만들어져 이 세상에 태어나므로 이 몸을 양육해야 하는 것이요, 태어난 이 몸을 양육해야 하므로 재물이 필요합니다.

재물이 필요하므로 재물을 모아야 하는 것이요, 재물을 모아야 하므로 탐욕이 생깁니다.

탐욕이 생기므로 다른 사람과 다투어야 하는 것이요, 다른 사람들과 다투다가 뜻대로 안 되기에 성을 내게 됩니다.

성을 내므로 불평과 불만이 가득하게 되고, 불평과 불만이 가득하게 되므로 사리에 어두워지고, 사리에 어두워지니 곧 어리석어집니다.

모든 부처님께서는 중생이 탐욕, 성냄, 어리석음을 없애 성불하는 데 걸리는 세월이 삼대아승지겁三大阿僧祇劫이라고 말씀하십니다.

人於百年劫中에 或十歲 二十歲 或三十四十歲
인 어 백 년 겁 중　 혹 십 세 이 십 세 혹 삼 십 사 십 세

或五六十歲 或七八十歲이니 各於壽量에서 自爲小劫[1]이라.
혹 오 륙 십 세 혹 칠 팔 십 세　 각 어 수 량　 자 위 소 겁

於此劫中에 而欲超越不可數劫은
어 차 겁 중　 이 욕 초 월 불 가 수 겁

譬如蚯蚓欲昇烟雲이니 無有是處니라.
비 여 구 인 욕 승 연 운　 무 유 시 처

諸佛 悲愍이어 開示 檀波羅蜜 大方便門하여 勸汝捨財하니라.
제 불 비 민　 개 시 단 바 라 밀 대 방 편 문　 권 여 사 재

汝財能捨라면 卽能捨愛요 汝愛能捨라면 卽能捨身이리라.
여 재 능 사　 즉 능 사 애　 여 애 능 사　 즉 능 사 신

汝身能捨라면 卽能捨意요 汝意能捨라면 卽能捨法이리라.
여 신 능 사　 즉 능 사 의　 여 의 능 사　 즉 능 사 법

汝能捨法이면 卽能捨心이요 汝心能捨라면 卽能契道하리라.
여 능 사 법　 즉 능 사 심　 여 심 능 사　 즉 능 계 도

---

1. 사람의 수명이 팔만 세로부터 100년마다 한 살씩 줄어들어 10세에 이르기까지를 멸겁滅劫이라 하고, 10세로부터 100년마다 한 살씩 늘어 팔만 세에 이르기까지를 증겁增劫이라 하는데,『구사론俱舍論』에서는 일증겁一增劫과 일멸겁一滅劫을 각각 소겁小劫이라 하였고『지도론智度論』에서는 일증겁과 일멸겁을 합하여 일소겁一小劫이라 하였다.

사람이 살 수 있는 백 년 겁劫이란 세월 속에서 10세, 20세, 30세, 40세, 50세, 60세, 70세, 80세의 수명이 주어지니, 저마다 주어진 수명에서 100년마다 1년씩 늘어나거나 줄어들어 저절로 소겁小劫이 됩니다. 이런 소겁에서 '헤아릴 수 없이 많은 겁의 세월'을 초월하려는 것은, 비유하면 지렁이가 구름을 타고 하늘에 오르려고 하는 것과 같으니 옳지 않은 것입니다.

이에 모든 부처님이 안타까운 마음에서 '보시'라는 큰 방편을 가르쳐 그대들에게 재물을 기쁘게 희사할 것을 권유하셨습니다.

그대들이 재물을 희사할 수 있다면 애욕을 버릴 수 있을 것이요, 애욕을 버릴 수 있다면 아끼는 몸도 버릴 수 있습니다.

그대들이 아끼는 몸을 버릴 수 있다면 시비분별을 버릴 수 있을 것이요, 그대들이 시비분별을 버릴 수 있다면 집착하는 모든 경계를 버릴 수 있습니다.

그대들이 집착하는 모든 경계를 버릴 수 있다면 그대들의 마음도 버릴 수 있을 것이요, 그대들의 마음을 버릴 수 있다면 참된 도에 계합할 수 있습니다.

昔 迦葉尊者 行化에 有貧媼 以破瓦器中潘汁으로 施之하니라.
석 가섭존자 행화 유빈온 이파와기중반즙   시지

尊者 飮訖하고 踊身虛空하여 現十八變[1]하니
존자 음흘   용신허공   현십팔변

貧媼 瞻仰하며 心大歡喜니라. 尊者 謂曰하되
빈온 첨앙   심대환희   존자 위왈

汝之所施 得福無量이라. 若人若天 輪王[2] 帝釋 四果聖人
여지소시 득복무량   약인약천 윤왕   제석 사과성인

及佛菩提 汝意所願을 無不獲者하리라.
급불보리 여의소원   무불획자

---

1. 십팔변十八變은 불보살이 나타내는 열여덟 가지 신통변화를 말한다. ① 오른쪽 옆구리에서 물이 나오는 우협출수右脅出水, ② 왼쪽 옆구리에서 불이 나오는 좌협출화左脅出火, ③ 왼쪽 옆구리에서 물이 나오는 좌협출수左脅出水, ④ 오른쪽 옆구리에서 불이 나오는 우협출화右脅出火, ⑤ 몸 위로 물이 나오는 신상출수身上出水, ⑥ 몸 밑으로 불이 나오는 신하출화身下出火, ⑦ 몸 밑으로 물이 나오는 신하출수身下出水, ⑧ 몸 위로 불이 나오는 신상출화身上出火, ⑨ 물 위를 땅처럼 밟고 다니는 이수여리履水如地, ⑩ 땅 위에서 물속처럼 다니는 이지여수履地如水, ⑪ 땅 위에서 허공으로 사라지는 몰공어지沒空於地, ⑫ 허공에서 땅으로 사라지는 몰지어공沒地於空, ⑬ 허공에서 마음대로 다니는 행어공중行於空中, ⑭ 허공에서 머물 수 있는 주어공중住於空中, ⑮ 허공에서 앉아 있는 좌어공중坐於空中, ⑯ 허공에서 누워 있는 와어공중臥於空中, ⑰ 몸을 크게 하여 허공에 꽉 채우는 현대신만허공現大身滿虛空, ⑱ 크게 한 몸을 다시 작게 하는 현대복소現大復小이다. 여기에 소개한 것은 『법화경法華經』 묘장엄품妙莊嚴品에 나와 있는 내용이다.
2. 윤왕輪王은 전륜성왕으로 수미須彌 사주四洲의 세계를 통솔하는 대왕이다. 이 왕은 몸에 성스런 32상을 갖추고 즉위할 때는 하늘로부터 보배로 치장된 마차를 받아 타고 다니므로 전륜왕轉輪王이라 부르고, 공중으로 날아다니기 때문에 비행황제飛行皇帝라고도 한다.

예전에 가섭존자가 중생을 교화하러 다니실 때, 가난한 노파가 공양 올릴 것이 없어 깨진 질그릇에 있는 뜨물로 시주하였습니다.

존자께서 이것을 다 마시고는 허공에 몸을 솟구쳐 열여덟 가지 신통변화를 보여주니, 가난한 노파는 이 모습을 우러러 보며 크게 기뻐하였습니다.

존자께서 말씀하셨습니다.
"그대는 시주한 공덕으로 헤아릴 수 없이 많은 복을 받을 것이다. 사람이든 천상이든 또는 전륜성왕, 제석천, 온갖 성현[1]과 부처님의 깨달음에 이르기까지 그대의 뜻대로 원하는 바를 얻지 못할 것이 없으리라."

---

1. 사과성인四果聖人은 수다원·사다함·아나함·아라한을 말한다. 유신견有身見·계금취견戒禁取見·의疑·감각적 욕망·악의惡意·색계에 대한 집착·무색계에 대한 집착·만慢·도거掉擧·무명無明 열 가지 번뇌 가운데에서, 욕계欲界 세상의 '내 몸이라는 집착[有身見]', '계율과 의식에 대한 집착[戒禁取見]', '법에 대한 의심[疑]'이 끊어져 성자의 흐름에 든 사람이 수다원[預流果]이다. 욕계 세상의 '감각적 욕망'과 '성내는 마음[惡意]'이 아직 조금 남아 있어 이를 없애기 위하여 욕계에 다시 한 번 더 되돌아와야 할 사람이 사다함[一來果]이다. 욕계 세상의 '내 몸이라는 집착', '계율과 의식에 대한 집착', '법에 대한 의심' '감각적 욕망'과 '성내는 마음'이 모두 끊어져 다시는 욕계에 되돌아오지 않아도 될 사람이 아나함[不還果]인데 색계와 무색계에 대한 집착과 만慢·도거掉擧·무명無明이란 번뇌가 남아 있다. 아라한은 이 모든 번뇌를 끊어 열반을 성취한 다툼이 없는 사람을 말한다.

媼曰하되 止求生天이라.
온 왈　　지 구 생 천

尊者曰
존 자 왈

知汝所欲이라.
지 여 소 욕

過後七日命終이면 生忉利天하여 受勝妙樂¹하리라.
과 후 칠 일 명 종　　생 도 리 천　　수 승 묘 락

---

1. 『금장집』에서 말하였다. 가섭이 탁발하기 전에 먼저 삼매에 들어 복을 주어야 할 가난한 사람이 어디 있나 살피다가, 왕사성에서 한 늙은 할멈이 너무 가난하고 또 병까지 들었지만 몸을 가릴 옷이 없어 울타리로 몸을 가리고 있는 것을 보았다. 가섭은 그녀의 목숨이 곧 다할 것을 알았다. 어떤 장자의 계집종이 악취 나는 뜨물을 버리려다 할멈이 구걸하자 병에 담아 주었다. 가섭이 탁발하자 할멈이 '가난한 데다 병까지 들었는데 음식이 어디에 있겠습니까? 다만 악취가 나는 쌀뜨물이지만 이것으로 시주하려는데 저를 불쌍히 여겨 받아주시지 않겠습니까?'라고 말하므로, 가섭이 '감사합니다.'라고 하였다. 할멈이 벌거벗은 몸이라 밖으로 나올 수 없어 몸을 옆으로 기울인 채 울타리 안에서 위로 건네주니, 가섭이 이를 받아 마시고는 공중으로 솟구쳐 열여덟 가지 신통변화를 나타내었다.[金藏集云 迦葉欲乞食時 先入三昧 何所貧人 吾當福之 於王舍城 見一老母 極貧 又病 無衣掩身 施籬障形 迦葉知其命終. 有長者婢 棄臭潘汁 母乞盛瓶. 迦葉乞食 母言 貧窮加疾 食從何得 但有臭米汁 欲以布施 哀我受不. 迦葉言 善 母以裸形 不得出外 側身傴僂 籬上授與 迦葉受之 飲訖昇空 現十八變云云]

노파는 "다만 천상에 태어나기만을 바랄 뿐입니다."라고 말하였습니다.

존자께서 이르시기를 "그대가 원하는 바를 알겠다. 일곱 날이 지난 뒤에 목숨이 다하면 도리천[1]에 태어나 뛰어나고도 오묘한 즐거움을 누리게 될 것이다."라고 하였습니다.

---

1. 도리천忉利天은 욕계欲界 6천六天의 제2천인 두 번째 하늘이다. '도리'는 33의 음사音寫이며 삼십삼천三十三天으로 의역한다. 도리천은 세계의 중심인 수미산須彌山 정상에 있으며 도리천 중앙에는 제석천帝釋天의 천궁天宮 선견성善見城이 있다. 사방에 봉우리가 있는데 그 봉우리마다 8천이 있어 32천이 되며 여기에 제석천을 합하여 33천이 된다.

又 罽賓國王이 在佛會聽法에 出衆言曰하되
우 계빈국왕   재불회청법   출중언왈

大聖出世는 千劫難逢이라.
대성출세   천겁난봉

今欲發心 造立精舍[1]하오니 願佛開許하소서.
금욕발심 조립정사   원불개허

佛云하되 隨爾所作하리라.
불운   수이소작

罽賓이 持一枝竹하여 揷於佛前하고 曰하되
계빈   지일지죽   삽어불전   왈

建立精藍[2] 竟이라하니
건립정람 경

佛云하되 如是如是라.
불운   여시여시

以是精藍으로 含容法界하며 以是供養으로 福越河沙하리라.
이시정람   함용법계   이시공양   복월하사

---

1. 정사精舍는 절을 부르는 다른 이름이다. 최초의 절은 죽림정사竹林精舍이다. 220쪽 주 참고.
2. 정람精藍은 정사가람精舍伽藍의 약칭이니 절을 부르는 다른 이름이다.

또 계빈국왕이 부처님 회상에서 법을 듣다 대중 가운데서 나와 말하였습니다.

"큰 성인이 세상에 나오시는 일은 1천겁이 지나도 만나기 어렵다고 합니다. 지금 도 닦을 마음을 내어 수행터를 세우고 싶으니 바라옵건대 부처님께서는 허락하여 주시옵소서."

부처님께서 이르시기를 "그대가 하는 대로 따르리라."고 하였습니다.

계빈국왕이 대나무 하나를 가져다 부처님 앞에 꽂으면서 "수행터를 다 세웠습니다."라고 말하자, 부처님께서는 말씀하셨습니다.

"옳고도 옳도다. 이 수행터로 법계를 싸안으며 이 공양으로 '갠지스 강 모래알'보다 더 많은 복이 있을 것이니라."

鑑來이니 爲吾 持此二說 歸語檀越하고 善自擇之하소서. 汝父所建
감 래   위 오 지 차 이 설 귀 어 단 월   선 자 택 지   여 부 소 건

堂室廊廡를 比一器潘하면 得福甚多리니 生天受樂은 決定無疑로다.
당 실 랑 무   비 일 기 반   득 복 심 다   생 천 수 락   결 정 무 의

若比罽賓國王 揷一枝竹이라도 乃能含容無量法界리라.
약 비 계 빈 국 왕 삽 일 지 죽   내 능 함 용 무 량 법 계

汝欲進此라면 聽吾一偈하라.
여 욕 진 차   청 오 일 게

一竿脩竹建精藍하니　風捲蟭螟入海南이라
일 간 수 죽 건 정 람　　풍 권 초 명 입 해 남

惡水潑來成第二인데　鈍根蹉過問前三[1]이로다.
악 수 발 래 성 제 이　　둔 근 차 과 문 전 삼

於是 明鑑 踴躍信受하고 歸告其人하며 筆集緖言 刻以爲記하니라.
어 시 명 감 용 약 신 수   귀 고 기 인   필 집 서 언 각 이 위 기

---

1. 전삼前三은 전삼삼前三三 후삼삼後三三을 줄인 말이다. 당나라 때 무착문희無着文喜 선사가 항주에서 북쪽에 있는 오대산으로 문수보살을 친견하려고 찾아갔다. 오대산에 도착하여 한 노인의 안내를 받아 어느 절로 들어갔다. 노인이 물었다. "어디서 오시는 길이요?" "남방에서 옵니다." "남방의 불법은 어떠합니까? 스님들이 잘 살고 계십니까?" "말법비구들이니 계율을 잘 지키는 사람들이 얼마 되지 못합니다." "스님들이 몇이나 있습니까?" "삼백이라고도 하고 한 오백쯤 될지도 모르겠지요?" 무착스님이 물었다. "이곳 불법은 어떠합니까? 스님들이 잘 살고 계십니까?" "용과 뱀이 섞여 살고 범부와 성인이 함께 삽니다." "대중들이 얼마나 됩니까?"라고 물으니 노인이 "전삼삼후삼삼前三三後三三"이라고 답한 데서 나온 말이다

명감 스님께서 오셨으니 저 대신 이 두 가지 이야기를 단월인 진씨의 아들들에게 말씀하여 주시고 그들의 뜻을 스스로 선택하게 하옵소서. 단월의 부친이 창건한 법당, 방장실, 긴 행랑을 뜨물 한 그릇과 비교한다면 참으로 얻을 복이 많을 것이니, 천상에 태어나 복락을 누리는 일은 조금도 의심할 것이 없습니다.

계빈국왕이 대나무 하나를 땅에 꽂은 것에 비교하더라도, 헤아릴 수 없이 많은 법계를 품에 싸안을 수 있을 것입니다.

단월도 여기에 나아가고 싶다면 게송을 잘 들어 주십시오.

긴 대나무 땅에 꽂아 수행터를 건립하니
맑은 바람 온갖 번뇌 남김없이 없애노라[1]
깨진 그릇 뜨물조차 천상계에 오를 청복
아둔한 이 아차! 하며 이것저것 물어보네.

이에 명감 스님이 뛸 듯이 기뻐하고 돌아와 단월에게 그대로 일러 주었으며, 앞뒤사정을 글로 써서 목판에 새겨 기록으로 남기게 되었습니다.

---

1. 수행터를 건립하면 마음이 고요해지니, 그 마음에서 맑은 바람이 나와서 온갖 번뇌를 없애는 것이 마치 바닷가에 돌개바람[風捲]이 한번 몰아치면 바닷가의 초파리들[蠛蠓]이 돌개바람에 휩싸여 바다 속으로 사라지는 것과 같다.

3. 僧堂記
승당기

古之學道之士는 灰心泯志 於深山幽谷之間하고 穴土以爲廬하며
고지학도지사 회심민지 어심산유곡지간   혈토이위려

紉¹草以爲衣라. 掬溪而飮하고 煮藜而食하며 虎豹之與隣 猿
인 초이위의   국계이음   자려이식   호표지여린 원

狙²之與親이라. 不得已 而聲名腥薌³ 文彩發露則 枯槁同志
저 지여친   부득이 이성명성향 문채발로즉 고고동지

之士가 不遠千里하고 裹糧躡屩⁴하여 來從之遊하니라.
지사   불원천리   척량섭교   내종지유

---

1. 『예기』에 "바늘에 실을 꿰어 바느질을 청한다."라고 하였다. 바늘에 실을 꿰는 것을 인紉이라 한다. 또 난초를 실로 이어 노리개를 삼는다.[禮 紉針請補綴. 以線貫針爲紉. 又 紉蘭爲佩]
2. 원숭이는 긴 팔로 나뭇가지를 잘 탄다. '저狙'도 원숭이에 속한다. [猿長臂 善攀援樹枝. 狙 猿屬]
3. 날고기 냄새를 '성腥'이라 하고 곡기에서 나는 냄새를 '향薌'이라 하지만,『예기』내칙에서는 "닭이 기름져 나는 냄새가 '성腥'이고, 개가 기름져 나는 냄새가 '조臊'이며, 소가 기름져 나는 냄새가 '향薌'이고, 양이 기름져 나는 냄새가 '전羶'이다."라고 하였다. 그러니 '향薌'은 곡기에서 나는 냄새가 아니다. 명성이 다른 사람들에게 널리 알려진 것을 말한다.[生肉曰腥 穀氣曰薌. 禮內則鷄膏 腥 犬膏 臊 牛膏 薌 羊膏 羶. 然則 薌非穀氣也. 言名聲有聞於外人也]
4. '섭躡'은 밟는 것이니 나막신을 신는 것을 말한다. '교屩'의 음은 '각覺'이니 『광운』에서는 짚신이라 하였다. 또 삼으로 엮은 것을 '짚신[屩]'이라 하고 나무로 만든 것을 나막신[屐]이라 한다.『사기』에 "빙환이 짚신을 신다."고 하였으니,『맹상군전』에 보인다.[躡踏也 着屐履也. 屩音覺 廣韻草履. 又 麻曰屩 木曰屐. 史 馮驩躡屩 見孟嘗君傳]

3. 새롭게 승당을 건립하며 _ 무진 거사

도를 닦던 옛날 사람들은 깊은 산골에서 모든 생각을 끊고, 작은 흙집으로 거처를 삼았으며, 풀잎을 엮어 옷을 만들어 입었습니다.

흐르는 시냇물을 떠 마시고 거친 나물을 삶아 먹었으며 호랑이, 표범, 원숭이들과 이웃하고 살았습니다.

부득이 이름이 알려지고 '글의 멋'이 드러나면 뜻을 같이하며 비슷하게 사는 훌륭한 수행자들이 천리를 멀다 않고 양식을 짊어지고 짚신 신고 찾아와 즐겁게 함께 지냈습니다.

道人이 深拒而不受也則 爲之樵蘇[1]하고 爲之春炊하며
도인   심거이불수야즉 위지초소   위지용취

爲之灑掃하고 爲之刈植하며 爲之給侍奔走하나라.
위지쇄소   위지예식   위지급시분주

凡所以效勞 苦致精一 積月累歲하여도 不自疲厭[2]이라.
범소이효로 고치정일 적월루세   부자피염

覬師見而愍之하여 賜以一言之益으로 而超越死生之岸하리라.
기사견이민지   사이일언지익   이초월사생지안

烏有今日 所謂 堂殿宮室之華 床榻臥具之安 氈幄之溫 簟席
오유금일 소위 당전궁실지화 상탑와구지안 전악지온 점석

之凉 窓牖之明 巾單之潔 飮食之盛 金錢之饒를 所須而具하고
지량 창유지명 건단지결 음식지성 금전지요   소수이구

所求而獲也哉이리오.
소구이획야재

嗚呼라. 古之人 吾不得而見之矣라.
오호   고지인 오부득이견지 의

因永安禪院之新其僧堂也로 得以發吾之緒言이라.
인영안선원지신기승당야   득이발오지서언

---

1. 땔나무 해오는 것을 '초樵'라 하고 풀 베는 것을 '소蘇'라 한다.[採薪曰樵 刈草曰蘇]
2. 몸이 피곤하지 않았고 마음에서 싫지 않았다.[身不疲 心不厭]

도인이 완강하게 거절하며 받아들이지 않아도 그를 위하여 땔나무를 하고 풀을 베며 방아를 찧고 밥을 지어 올렸습니다.

그 분을 위하여 마당에 물을 뿌리고 비질도 하였으며, 나무를 베고 곡식도 심어가며 시중들기에 분주하였습니다.

무릇 모진 고생이 몇 달 몇 년이 가도 스스로 몸이 피곤하다고 생각한 적이 없었고 이런 일들을 마다하지도 않았습니다.

다만 스승이 안타깝게 여겨 한마디 유익한 가르침을 줌으로써 생사의 언덕을 초월하기를 바랄 뿐이었습니다.

그런데 어찌 오늘날 궁전처럼 화려한 거처, 안락한 침상, 따뜻한 담요와 창 가리개, 서늘한 대자리와 밝은 창문, 깨끗한 수건과 방석, 풍성한 음식, 많은 돈 등 이런 것들이 구하고 싶은 대로 구해지고 얻고 싶은 대로 얻어지는 것입니까.

오호라, 옛사람들을 제가 만나 볼 수는 없습니다. 그러나 영안선원永安禪院에서 새롭게 승당을 건립한 그 인연으로 제가 이 글을 쓰게 되었습니다.

元祐^{1}六年 冬十一月
원우 육년 동십일월

吾行郡하며 過臨川에 聞永安主僧 老病物故^{2}라.
오행군   과임천 문영안주승 노병물고

以兜率從悅^{3}之徒 了常繼之하니
이도솔종열 지도 요상계지

常陞座說法에 有陳氏子 一歷耳根하고 生大欣慰하며 謂常曰하되
상승좌설법 유진씨자 일력이근   생대흔위   위상왈

諦觀師誨하니 前此未聞이라.
체관사회   전차미문

當有淨侶雲集인데 而僧堂狹陋하니 何以待之리오.
당유정려운집   이승당협루   하이대지

願컨대 出家貲百萬하리니 爲衆更造하소서.
원   출가자백만   위중갱조

---

1. 송나라 철종의 연호이다.[宋哲宗年號]
2. 물고物故란 죽음이다. 귀물鬼物과 같아 예전 사람이라는 것을 말한다. 일설에는, 죽음을 직접적으로 표현하고 싶지 않아서 다만 복용한 음식물이 이미 오래되었다고 말한 것이라고 한다. 또 고당융은 "물물은 없다는 것이요 고故는 일이니, 죽은 사람은 다시 할 수 있는 일이 없다는 것이다."라고 하였다.[物故者 死也 言其同於鬼物而故也. 一說 不欲斥死 但云其所服用之物已故耳. 又高堂隆曰 物無也 故事也 言死者無復所能於事也]
3. 당주 웅씨의 아들로 진정극문 선사의 법을 이었다.[戇州 熊氏子 嗣眞淨克文禪師]

원우元祐 6년 1091년 겨울 군현郡縣을 시찰하며 임천을 지나다 저는 영안사 주지 스님이 늙고 병들어 돌아가셨다는 소식을 듣게 되었습니다.

이에 도솔종열兜率從悅의 문도 요상 스님께 이 절의 주지를 맡아 주시도록 부탁하였습니다. 요상 스님께서 법상이 올라 법을 설하자 임천에 사는 진종유陳宗愈라는 사람이 법문을 한번 듣고는 크게 기뻐하며 요상 스님께 말씀드렸습니다.

"선사의 가르침을 가만히 보니 앞서 듣지 못했던 것입니다. 앞으로 맑고 순수한 수행자들이 구름처럼 모여들 것인데, 승당은 좁고 누추하니 어떻게 그들을 맞이하겠습니까. 원하옵건대 재물 백만 냥을 시주하겠사오니 대중 스님들을 위하여 다시 승당을 지어 주시옵소서."

明年에 堂成이어 高廣宏曠이니 殆甲江右[1]라.
명년 당성   고광굉광   태갑강우

常이 遣人하여 來求文曰하되
상 견인   내구문왈

公이 迫常於山하여 而及此也라 幸卒成之로다.
공 박상어산   이급차야 행졸성지

吾使謂常하되
오사위상

擊鼓集衆하여 以吾之意로 而告之曰하되
격고집중   이오지의   이고지왈

---

1. 갑甲은 십간의 처음이니 양자강 이남에서 가장 으뜸임을 말한다. 강우江右는 양자강 서쪽지방이니 곧 지금의 강서성을 말한다.[甲爲十干之首 言爲江右首也]

이 인연으로 이듬해 승당이 완성되어 높으면서도 크고 넓으니, 아마도 양자강 서쪽 지방 강서성江西省에서는 가장 크지 않을까 싶습니다.

요상 스님께서 사람을 보내와 이런 인연을 글로 써 주기를 당부하면서 이르시기를 "공公께서 요상을 이 산에 머물도록 다그쳐 일이 이렇게 되었습니다. 다행히 공사를 잘 마쳐 승당이 완성되었습니다."라고 하였습니다.

저는 사람을 보내 요상 스님께 말씀드리기를 "북을 쳐서 대중을 모아 제 뜻을 일러 주시옵소서."라고 하였습니다.

汝比丘여 此堂旣成일새 坐臥經行이 惟汝之適이라.
여비구　차당기성　　좌와경행　유여지적

汝能於此에 帶刀而眠하며 離諸夢想則
여능어차　대도이면　　이제몽상즉

百丈¹卽汝이고 汝卽百丈이라.
백장 즉여　 여 즉 백장

若不然者 昏沈睡眠 毒蛇伏心이니 暗冥無知하여 晝入幽壤이로다.
약불연자 혼침수면 독사복심　　암명무지　　주입유양

---

1. 백장百丈(720-814)은 마조스님의 법을 이은 복건성 사람으로 성은 왕씨이고 백장은 호이며 이름은 회해懷海이다. 마조 스님을 모시고 길을 가는데 물오리 떼가 울면서 날아가고 있는 것을 보고 마조 스님이 물었다. "저게 무슨 소리냐?" "물오리 우는 소리입니다." 한참 있다가 다시 묻기를 "아까 그 소리가 어디에 있느냐?" "날아가 버렸습니다." 갑자기 마조스님이 백장의 코를 잡고 비틀었다. 백장은 아픔을 참지 못하고 '앗!' 하고 소리를 질렀다. 그때 마조스님이 "그래도 날아갔다고 할 것이냐?" 하는 데에서 깨친 바가 있었고, 그 다음 인연에는 마조의 '할!' 소리에 크게 깨쳤다고 한다. 뒷날 홍주洪州 백장산에 들어가 법을 펴기 시작하였다. 백장 스님은 율종의 제도를 그대로 사용해 왔던 선원의 살림살이를 정리하고 선종의 총림 제도와 규율을 엄격히 세우기 시작했는데 그 결과물로 나타난 것이 '백장청규'이다. '하루 일하지 않으면 하루 먹지 말라[一日不作一日不食]'로 세상에 널리 알려진 이 청규는 뒷날 천하 총림에서 받들어 행하지 않는 곳이 없었다. 연로한 나이임에도 날마다 일하는 백장 스님의 모습이 하도 안쓰러워 하루는 일을 못하도록 제자들이 연장을 감추었더니, 백장은 그날 일을 하지 않았다고 하여 밥을 굶었다는 유명한 일화가 있다. 그의 뛰어난 제자로는 황벽희운黃檗希運과 위산영우潙山靈祐가 있다. 당唐 원화元和 9년(814) 1월 17일 나이 95세에 입적하였다. 장경長慶 원년(821) 대지선사大智禪師라는 시호를 내려주었다. 저서에『백장청규』1권,『어록』1권,『광록廣錄』1권 등이 전한다.[傳燈錄 第六·宋高僧傳 第十·傳法正宗記 第七]

승당 건립을 축하드리며

비구 스님들이시여, 이 승당이 완성되었기에 앉고 눕고 경행[1]하는 일들이 쾌적하시리라 생각됩니다.

이곳에서 번득이는 지혜의 칼을 품고 주무시며 모든 망상을 여읠 수 있다면, 백장百丈 스님이 그대이고 그대가 백장 스님이십니다.

그렇지 않다면 혼침과 수면이 독사[2]처럼 마음속에 숨어 있으니, 어둡고 무지하여 환한 대낮에 무간지옥으로 들어가는 것과 같습니다.

---

1. 경행經行은 좌선 중에 졸음이 올 때 이를 막거나 또는 몸을 다스리고 병을 고치기 위하여 일정한 장소에서 마음이 흐트러지지 않게 가만가만 걷는 것을 말한다.
2. 독사에 대해 『수신기』에서 말한다. "영남 몽수산에 뱀이 있었다. 사람을 보면 갑자기 사람을 부르고는 흩날리는 꽃송이가 되니 행인들이 뱀인 줄 알지 못하고 그 꽃송이를 잡으면 곧 달려들어 사람을 물어버린다. 도 북쪽 땅의 뱀은 사람의 이름을 부를 수 있는데, 사람들이 그 소리에 대답하면 밤중에 와서 그 사람의 머리통을 먹어버린다." 혼침과 수면에 깊이 빠져 있다는 말은 마치 뱀이 굴속에 들어앉은 것 같이 어둠침침하게 어리석음에 빠져 있다는 것이다.[毒蛇者 搜神記云 嶺南 蒙岫山中有蛇 見人輒呼 爲片片花塊 行人不知 捉其一塊則 皆合而噛人. 又 北地有蛇 能呼人名 人苟應之則夜來食人腦. 言沈湎昏睡 如蛇處窟穴中 冥然睡痴而已]

汝能於此에 跏趺宴坐하여 深入禪定則
여 능 어 차   가 부 연 좌   심 입 선 정 즉

空生卽汝이고 汝卽空生이라.
공 생 즉 여   여 즉 공 생

若不然者 獼猴¹在檻에 外覩櫨²栗이니
약 불 연 자 미 후 재 함   외 도 사 율

雜想變亂으로 坐化異類³하리라.
잡 상 변 란   좌 화 이 류

汝能於此에 橫經而誦 硏味聖意하고
여 능 어 차   횡 경 이 송 연 미 성 의

因漸入頓 因頓入圓則 三藏卽汝이고 汝卽三藏이라.
인 점 입 돈 인 돈 입 원 즉 삼 장 즉 여   여 즉 삼 장

若不然者 春禽晝啼 秋蟲夜鳴이니 風氣所使이어 曾無意謂라.
약 불 연 자 춘 금 주 제 추 충 야 명   풍 기 소 사   증 무 의 위

---

1. 육전陸佃은 말하기를 "이 짐승은 지라가 없어 돌아다니면서 음식을 소화시킨다."고 하였다. 대개 '원猿'은 고요하고 느긋하며 '후猴'는 조급하고 시끄럽다.[陸佃云 此獸無脾 以行消食. 盖猿之德 靜而緩 猴之德 躁而鬧] '원猿'은 긴팔원숭이나 원숭이 무리를 총칭하는 말이며 '후猴'는 원숭이과로 모양이 사람과 비슷하다.
2. '사櫨'는 과일 종류이니 배와 비슷하면서 신맛이 난다.[櫨 果屬 似梨而酸]
3. 이류異類는 축생을 말한다.

이곳에서 결가부좌하여 스님들이 깊은 선정에 들어갈 수 있다면 해공제일解空第一 수보리¹가 그대이고 그대가 수보리이십니다.

그렇지 않다면 우리 안에 있는 원숭이가 바깥의 맛있는 과일과 밤나무를 쳐다보는 것이니, 어지럽고 잡된 생각 때문에 앉은 그 자리에서 축생으로 변할 것입니다.

이곳에서 스님들이 경전을 읽고 외워 부처님의 뜻을 알고 점차 깨달아 성불한다면, 삼장법사가 곧 그대이고 그대가 삼장법사이십니다.

그렇지 않다면 화창한 봄날에 새가 지저귀고 어두운 가을밤에 곤충들이 우는 것처럼 경전 읽는 소리가 바람소리 같아서 아무런 의미가 없을 것입니다.

---

1. 공생空生은 부처님 10대 제자 가운데 해공제일解空第一 '수보리'의 의역이다. 『법화문구』에 수보리가 태어날 때 집안에 있는 창고의 상자와 그릇 등이 모두 없어져 텅 비어버렸다고 한다. 점을 치는 사람에게 물어 보니 그 사람이 "참으로 길한 일입니다. 텅 빈 것으로 태어났으니 공생空生이라 부르지요."라고 말하였다.[法華文句 生時家中 倉庫筐篋器皿皆空 問占者 占者言吉 因空而生 字曰空生]

汝能於此에 閱古人話하며 一見千悟이어
여능어차   열고인화   일견천오

入紅塵¹裡 轉大法輪²則 諸祖卽汝이고 汝則諸祖니라.
입홍진 리 전대법륜 즉 제조즉여   여즉제조

若不然者 狗嚙枯骨이고 鴟啄腐鼠이니 鼓喙呀唇에 重增飢火리라.
약불연자 구교고골   치탁부서   고훼하진   중증기화

是故로 析爲垢淨하고 列爲因果하며 判爲情想하여 感爲苦樂은
시고   석위구정   열위인과   판위정상   감위고락

漂流汩溺하여 極未來際라.
표류골익   극미래제

然則 作此堂者 有損有益이요 居此堂者 有利有害로다.
연즉 작차당자 유손유익   거차당자 유리유해

汝等比丘는 宜知之어다.
여등비구   의지지

---

1. 홍진紅塵은 번거롭고 속된 세상을 비유적으로 이르는 말이다.
2. 바퀴에는 두 가지 뜻이 있다. 하나는 오롯하다는 뜻이다. 바퀴, 바퀴살, 바퀴테, 굴대 등이 다 갖추어져 있으니 체體와 용用이 두루 한 것이다. 또 하나는 바퀴를 굴리니 전차가 전진하며 적을 꺾는다는 뜻이다. 번뇌를 없애고 굴러가는 것이 마치 전차가 아직 항복하지 않은 적을 꺾는 것과 같다. 흘러가면서 모든 것에 원만하게 통하는 것을 '윤輪'이라 하고, 내가 있는 곳에서 저쪽으로 가는 것을 '전轉'이라 한다.[輪有二義 一 圓滿義 具轂輻輞軸等 體用周遍 二 摧輾義 摧輾煩惱 如摧未降也. 流演圓通之謂輪 自我之彼謂轉]

이곳에서 스님들이 옛사람들의 이야기를 살펴보며 하나를 보고 천 가지를 깨달아 번거롭고 속된 세상에 들어가서 진리를 설파할 수 있다면, 모든 조사 스님들이 그대이고 그대가 모든 조사 스님들이십니다.

그렇지 않다면 개가 깡마른 뼈다귀를 깨물고 있고 솔개가 썩은 쥐를 쪼고 있는 것과 같으니, 쪼는 부리와 벌린 입에 굶주림의 불길만 더할 것입니다.

이 때문에 더럽고 깨끗한 것을 분석하고 원인과 결과를 나열하며 알음알이로 판단하여 괴로움이나 즐거움에만 끌려간다면 이는 오는 세상이 다하도록 육도에 깊이 빠져 윤회하게 되는 일입니다.

그렇다면 이 승당을 지은 사람에게 손해도 있고 이익도 있을 것이요, 이 승당에 거처하는 사람들에게 이롭기도 하고 해롭기도 할 것입니다.

그러니 비구 스님들께서는 이런 사실을 아셔야만 합니다.

汝能斷毘盧髻하고 截觀音臂하며 刳文殊目하고
여능단비로계 절관음비 고문수목

折普賢脛하며 碎維摩座¹하고 焚迦葉衣²라.
절보현경 쇄유마좌 분가섭의

如是受者라면 黃金爲瓦하고 白銀爲壁하더라도
여시수자 황금위와 백은위벽

汝尙堪任이니 何況一堂이리오.
여상감임 하황일당

戒之勉之하여야 吾說不虛로다.
계지면지 오설불허

了常 諮參悅老³ 十餘年에 盡得其末後大事이니
요상 자참열로 십여년 진득기말후대사

盖古德 所謂 金剛王寶劍云이니라.
개고덕 소위 금강왕보검운

元祐七年十二月十日
원우칠년십이월십일

南康 赤烏觀 雪夜擁爐 書以爲記
남강 적오관 설야옹로 서이위기

---

1. 유마거사는 문병을 온 문수사리가 대중들이 앉을 자리가 없다고 하자 그의 좁은 방안에 8만 4천 유순 크기의 사자좌 3만 2천개를 받아들였다고 한다.
2. 가섭이 석존의 금란가사를 받들고는 계족산에서 선정에 들어가 미륵세존의 출현을 기다리고 있다.
3. 열로悅老는 도솔종열兜率從悅 노스님을 가리킨다.

스님들께서는 비로자나 부처의 상투를 자르고 관세음보살의 팔을 끊어야 하며, 문수보살의 눈을 도려내고 보현보살의 다리를 부러뜨려야 하며, 유마거사의 자리를 산산이 부수고 가섭존자의 가사를 불태워야 합니다.

이처럼 살면서 시주를 받는다면 황금으로 기와를 덮고 백은으로 벽을 세우더라도 스님들께서는 오히려 그 시은을 감당할 수 있을 것인데, 하물며 어찌 이 한 채의 승당이 문제가 될 수 있겠습니까.

유념하고 잘 지켜 열심히 수행을 하셔야 제가 한 말들이 헛되지 않을 것입니다.

요상 스님은 도솔종열 노스님께 십여 년 공부하며 마지막 일대사인연을 다 해결하신 분이시니 아마도 옛 어른들이 말씀하던 '금강왕보검'에 해당될 것입니다.

> 원우元祐 7년 1092년 12월 10일
> 남강 적오관에서 눈 오는 밤 따뜻한 화로를 안고
> 승당 건립에 대한 기문을 쓰다

4. 洪州 寶峯禪院 選佛堂記 丞相張商英撰
홍 주 보 봉 선 원 선 불 당 기 승 상 장 상 영 찬

崇寧天子 賜馬祖 塔號慈應하며 諡曰 祖印이라하고
숭녕천자 사마조 탑호자응   시왈 조인

歲度僧一人이 以奉香火라. 住山老福深이 卽祖殿後 建天書閣하고
세도승일인   이봉향화   주산노복심   즉조전후 건천서각

承閣爲堂하여 以選佛名之라하고는 使其徒 請記於余니라.
승각위당   이선불명지   사기도 청기어여

---

1. 마조馬祖(709-788)는 유명한 당나라 선승禪僧이니 사천성 성도成都 사람이다. 성은 마馬씨인데 이름은 도일道一이고 자字는 강서江西이며 마조는 호이다. 일찍이 남악회양南嶽懷讓(677-744) 선사 밑에서 열심히 좌선을 하고 있었는데 하루는 회양 스님이 다가와서 물었다. "자네는 무엇을 하고 있는가?" "좌선을 하고 있습니다." "좌선은 해서 무엇 하려는가?" "깨달아서 부처가 되려고 합니다." 그 이야기를 들은 회양선사는 그 이튿날 벽돌을 갈기 시작하였다. 마조가 와서 묻기를 "스님, 벽돌을 갈아 무엇에 쓰시려고 합니까?" "거울을 만들려고 하네." "벽돌을 갈아 어떻게 거울을 만들 수 있겠습니까?" "자네도 앉아만 있다고 부처가 될 수 있겠는가?" "그러면 어떻게 해야 되겠습니까?" "수레가 움직이지 않을 때 채찍으로 수레를 때려야 하겠는가? 아니면 소를 때려서 가게 해야 되겠는가? 선이란 앉거나 눕는 것과는 아무런 상관이 없다. 부처는 가만히 앉아 있다고 되는 것이 아니다. 취하고 버리는 분별이 없어 집착을 여의는 것이야말로 선이다." 이 말에 크게 깨친 마조 스님은 회양의 법을 이었다. 그는 법문을 할 때마다 '평상시 쓰는 마음이 도다[平常心是道]'와 '마음 그 자체가 부처다[卽心是佛]'라는 말로써 크게 선풍을 일으켰다. 강서 마조산에서 법당을 세우고 종풍을 선양하여 당시 사람들이 '강서의 마조'와 '호남의 석두'를 선계禪界의 쌍벽이라 일컬었다. 백장회해百丈懷海, 서당지장西堂智藏, 남전보원南泉普願, 대매법상大梅法常 등 139인이나 되는 많은 제자들을 두었다.

4. 홍주 보봉선원 선불당[1] _ 승상 장상영

숭녕崇寧[2] 연간 천자께서 마조馬祖의 탑 이름을 '자응慈應'이라 내려주시며 시호를 조인祖印이라 했습니다.

그리고 해마다 득도한 스님 한 분이 그 탑에 아침저녁으로 예불을 올려 받들어 모시도록 하였습니다.

그 탑이 있던 산에 머물던 복심福深[3] 노스님께서 조사전祖師殿 뒤에 천서각天書閣을 짓고 이어 선당禪堂을 지어 '선불당選佛堂'이라 이름을 붙이고는, 문도를 시켜 이런 사실을 기록해 두기 위하여 저에게 기문記文 쓰기를 부탁해 왔습니다.

---

1. 홍주洪州는 지금 강서성 남창현南昌縣이다. 선불당選佛堂은 선불장選佛場과 같으니 선원을 부르는 다른 이름이다.
2. 숭녕崇寧(1102-1106)은 휘종徽宗의 연호이다.
3. 복심福深은 생몰연대 및 전기 미상이다.

余三辭하나 而請益堅일새 余謂之曰하되
여 삼 사   이 청 익 견   여 위 지 왈

古人이 謂하되 選佛而及第者 涉乎名言爾라하는데 子以名堂하고 余
고 인   위   선 불 이 급 제 자 섭 호 명 언 이   자 이 명 당   여

又記之라하니 無乃不可乎아. 憐子之勤하여 謾爲之記하노라.
우 기 지   무 내 불 가 호   연 자 지 근   만 위 지 기

夫選者 選擇之謂也라.
부 선 자 선 택 지 위 야

有去有取 有優有劣하니 施之於科擧하여 用之於人才라.
유 거 유 취 유 우 유 열   시 지 어 과 거   용 지 어 인 재

此는 先王 所以勵世磨鈍之具[1]이지 非所以選佛也라.
차   선 왕 소 이 여 세 마 둔 지 구   비 소 이 선 불 야

使佛而可選也라 取六根乎아. 取六塵乎아. 取六識乎아.
사 불 이 가 선 야 취 육 근 호   취 육 진 호   취 육 식 호

---

1. 매복梅福이 말하였다. 작위, 녹봉, 비단뭉치들은 천하의 인재들을 연마하게 하는 숫돌이다. 고조가 그것으로 세상 사람들을 격려하여 아둔한 머리를 연마하게 한 것이다. 여세勵世는 닦고 다듬어 떨쳐 일어난다는 뜻이 있다.[梅福云 爵祿束帛者 天下之砥石也 高祖所以勵世磨鈍也. 勵世者 有修飾振起之意]

저는 세 차례나 사양하였지만 사양할수록 더욱 간청을 하시므로 스님께 말씀드렸습니다.

"옛 어른들이 '부처를 과거시험처럼 뽑아 급제시킨다는 것은 이름과 말에 지나지 않는다.'고 일렀는데, 스님께서는 선당에 이름을 짓고 또한 저에게 이런 사실을 기록하라고 하시니, 이는 아마도 잘못된 일이 아닐는지요. 다만 스님의 바지런한 정성이 안타까워 부질없이 이 기문을 짓게 되었습니다."

선불당

무릇 '가려 뽑는다[選]'는 것은 선택하는 것을 말합니다. 버려야 하거나 취할 사람도 있고 우수하거나 열등한 사람도 있으니 나라에서 과거를 실시하여 인재를 등용한다는 것입니다.

이는 임금이 세상 사람들의 실력을 연마시키려고 격려하는 도구이지 부처를 가려 뽑자는 취지는 아닙니다.

'부처님을 가려 뽑겠다[選佛]'니 육근六根에서 취할 것입니까. 아니면 육진六塵에서 취할 것입니까. 또는 육식六識에서 취할 것입니까.

取三六¹則 一切凡夫 皆可以作佛이나
취 삼 육 즉 일 체 범 부 개 가 이 작 불

去三六則 無量佛法을 誰修誰證이리오.
거 삼 육 즉 무 량 불 법   수 수 수 증

取 四諦² 六度³ 七覺 八正 九定⁴ 十無畏⁵
취 사 제 육 도 칠 각 팔 정 구 정 십 무 외

乃至 十八不共法⁶ 三十七助道品乎아.
내 지 십 팔 불 공 법 삼 십 칠 조 도 품 호

---

1. 삼육三六은 안·이·비·설·신·의 육근六根과 색·성·향·미·촉·법의 육진六塵, 육근으로 육진을 판단하는 중생의 마음 작용인 육식六識 이 세 가지를 말한다.
2. 사제四諦는 고苦·집集·멸滅·도道 네 가지 진리에 대한 성찰을 말한다.
3. 육도六度는 육바라밀로 보시·지계·인욕·정진·선정·지혜 여섯 가지를 말한다.
4. 구정九定은 선정의 종류를 아홉 가지로 나눈 ① 초선정初禪定 ② 이선정二禪定 ③ 삼선정三禪定 ④ 사선정四禪定 ⑤ 공무변처정空無邊處定 ⑥ 식무변처정識無邊處定 ⑦ 무소유처정無所有處定 ⑧ 비상비비상처정非想非非想處定 ⑨ 멸진정滅盡定을 말한다.
5. 십무외十無畏는 부처님께서 법을 설함에 두려움이 없는 열 가지 덕을 말한다. ① 일체지무소외一切智無所畏 ② 누진무소외漏盡無所畏 ③ 설장도무소외說障道無所畏 ④ 설진고도무소외說盡苦道無所畏 ⑤ 선무외善無畏 ⑥ 신무외身無畏 ⑦ 무아무외無我無畏 ⑧ 법무외法無畏 ⑨ 법무아무외法無我無畏 ⑩ 평등무외平等無畏.
6. 십팔불공법十八不共法은 이승이나 보살에게 해당이 안 되는 부처님께만 있는 공덕으로서 십력十力, 사무소외四無所畏, 삼염주三念住, 대비大悲를 합한 열여덟 가지를 말한다.

육근·육진·육식에서 취한다면 모든 범부들이 다 부처님이 될 수 있습니다.

그러나 이것들을 버린다면 헤아릴 수 없이 많은 부처님의 법을 누가 닦고 누가 증득하겠습니까.

사제四諦, 육도六度, 칠각지七覺支[1], 팔정도八正道[2], 구차제정九次第定, 십무외十無畏, 십팔불공법十八不共法, 삼십칠조도품三十七助道品[3]을 취할 것입니까.

---

1. 칠각지七覺支는 불도를 수행하는 데 참되고 거짓되고 선하고 악한 것인지를 잘 살펴 가려내는 ① 택법각분擇法覺分 ② 정진각분精進覺分 ③ 희각분喜覺分 ④ 제각분除覺分 ⑤ 사각분捨覺分 ⑥ 정각분定覺分 ⑦ 염각분念覺分 등 일곱 가지 지혜를 말한다.
2. 팔정도八正道는 불도를 실천 수행하는 중요한 덕목으로 ① 정견正見 ② 정사正思 ③ 정어正語 ④ 정업正業 ⑤ 정명正命 ⑥ 정정진正精進 ⑦ 정념正念 ⑧ 정정正定 여덟 가지를 말한다.
3. 삼십칠조도품三十七助道品은 열반으로 가기 위하여 닦는 서른일곱 가지 수행을 말한다. ① 사념주四念住는 자신의 몸[身]과 감각[覺]과 마음[心]과 법[法]에서 일어나는 여러 가지 변화를 관찰함으로써 제행무상諸行無常·제법무아諸法無我·일체개고一切皆苦의 세 가지 진리를 깨닫고자 하는 것이다. ② 사정근四正勤은 선을 키우고 악을 버리는 네 가지의 바른 노력을 말한다. ③ 사신정四神定은 선정을 얻을 수 있는 신통력으로 욕慾은 선정을 얻으려는 노력을, 염송은 높은 경지에 바르게 머물고자 함을, 진進은 쉬지 않고 정진함을, 사유思惟는 사유하여 마음이 흩어지지 않음을 뜻한다. ⑤ 오력五力 오근을 닦을 때 얻어지는 힘으로, 신信·진進·염念·정定·혜慧의 다섯 가지가 있다. ⑥ 칠각지七覺支 ⑦ 팔정도八正道 이 모두를 합하면 서른일곱 수행이 된다.

取之則 有法也.
취 지 즉 유 법 야

去四諦六度乃至三十七助道品乎아.
거 사 제 육 도 내 지 삼 십 칠 조 도 품 호

去之則無法也.
거 지 즉 무 법 야

去取有無 渺然 如絲之留于心中이요 欻然 如埃之入乎胸次니라.
거 취 유 무 묘 연 여 사 지 류 우 심 중   홀 연 여 애 지 입 호 흉 차

此在修多羅藏[1]이니 或謂之二障[2] 或謂之四病 或謂之不了義
차 재 수 다 라 장   혹 위 지 이 장 혹 위 지 사 병 혹 위 지 불 료 의

或謂之戱論 或謂之遍計邪見[3] 或謂之微細流注[4]니라.
혹 위 지 희 론 혹 위 지 변 계 사 견   혹 위 지 미 세 유 주

取之非佛也요 去之非佛也라.
취 지 비 불 야   거 지 비 불 야

不去不取 亦非佛也이니 佛果可以選乎아.
불 거 불 취 역 비 불 야   불 과 가 이 선 호

---

1. 수다라장修多羅藏은 삼장三藏의 하나로 경장經藏을 말한다.
2. 이치를 보고 이치를 보았다는 알음알이가 있게 되면 이것이 도리어 장애가 되어 이장理障이 된다. 마음은 본래 미혹한 업이 생겨나거나 사라질 것이 없는데, 한 생각 일어남으로 인하여 마침내 생사에 빠지게 된 것이니, 이것이 사장事障이 된다. 이 두 장애를 다 끊어내야 비로소 성불成佛한다.
3. 변계사견遍計邪見은 두루두루 잘못된 견해를 말한다.
4. 미세유주微細流注는 아주 미세하게 흐르는 번뇌를 말한다.

이를 취한다면 법이 있습니다. 사제와 육도 및 삼십칠조도품 이 모든 것들을 버릴 것입니까. 이를 버린다면 법이 없습니다. 버리느냐 취하느냐 있느냐 없느냐 이런 분별은 아득하게 작은 실오라기 같은 번뇌가 마음속에 남아 있는 것이요, 홀연히 티끌 같은 번뇌가 가슴속에 들어오는 것과 같습니다.

이런 내용이 경전 속에 있으니 이장二障, 사병四病,[1] 불요의不了義, 희론戲論, 변계사견遍計邪見, 미세유주微細流注라고 말하기도 합니다. 이들을 취해도 부처가 아니요 이들을 버려도 부처가 아닙니다. 버리지도 않고 취하지도 않는 것 또한 부처가 아니니 여기서 부처님을 과연 뽑을 수가 있겠습니까.

---

1. 『원각경』에서 말한 네 가지 병을 말한다. 첫째는 작병作病이다. 만약 어떤 사람이 자기의 마음에서 "나는 여러 가지 수행으로 원각圓覺을 구하고자 한다."라고 말하면, 그 원각의 성품은 수행하여 얻어지는 것이 아니기에 작병作病이라고 한다. 둘째는 임병任病이다. 만약 어떤 사람이 "우리들은 지금 생사를 끊지도 않고, 열반을 구하지도 않으며, 열반과 생사에 일어나거나 멸하는 생각 없이 일체의 흐름에 맡기어 모든 법성을 따라 원각을 구하고자 한다."라고 말하면, 그 원각의 성품은 일체의 흐름에 맡겨 있는 것이 아니기에 임병任病이라 한다. 셋째는 지병止病이다. 만약 어떤 사람이 "나는 지금 내 마음에서 모든 생각을 영원히 쉬어 일체의 성품이 적연寂然 평등한 것을 얻어 원각을 구하고자 한다."라고 한다면, 그 원각의 성품은 생각을 쉬어서 계합하는 것이 아니기에 지병止病이라고 한다. 넷째는 멸병滅病이다. 만약 어떤 사람이 "나는 지금 일체번뇌를 영원히 끊어 신심身心도 결국에 공空하여 있는 바가 없는데, 하물며 근진根塵의 허망한 경계가 있겠는가. 일체가 영원히 공적空寂한 것으로 원각을 구하고자 한다."라고 한다면, 그 원각의 성품은 공적空寂한 상相이 아니기에 멸병滅病이라고 한다.

曰 先生之論 相宗[1]也요 吾祖之論 禪宗[2]也라 凡與吾選者
왈 선생지론 상종 야   오조지론 선종 야   범여오선자

心空而已矣라. 弟子 造堂而有問하면 宗師[3] 踞座而有答하기를
심공이이의   제자 조당이유문   종사 거좌이유답

或示之以玄要[4] 或示之以料揀 或示之以法鏡三昧
혹시지이현요   혹시지이료간 혹시지이법경삼매

或示之以道眼因緣 或示之以向上一路 或示之以末後一句
혹시지이도안인연 혹시지이향상일로 혹시지이말후일구

或示之以當頭 或示之以平實 或揚眉瞬目 或擧拂敲床
혹시지이당두 혹시지이평실 혹양미순목 혹거불고상

或畵圓相 或劃一劃 或拍掌 或作舞하여 契吾機者라면
혹화원상 혹획일획 혹박장 혹작무   계오기자

知其心之空也라. 知其心之空則 佛果可以選矣니라.
지기심지공야   지기심지공즉 불과가이선의

---

1. 상종相宗은 말로써 말이 없는 곳에 도달하고자 하는 것으로 '교법教法'이다.
2. 선종禪宗은 말없음으로써 말이 없는 곳에 이르고자 하는 것으로 '말없음'이란 '깨달음'을 뜻한다. 알음알이를 떠나서 직접 체험으로 자신의 참마음을 아는 것, 곧 깨달음을 얻는 것이 '선禪'이다.
3. 종사宗師는 부처님 마음을 깨닫고자 하는 선종의 종지를 체득한 큰스님을 가리킨다. 훌륭한 방편으로 제자들의 근기에 맞추어 깨달음으로 인도하는 분이다.
4. 방편과 실상으로 드러나는 것이 '현玄'이요 진리를 통찰하여 현실에 바로 쓰는 것이 '요要'이다. 현玄은 삼현을 말하는데 체중현體中玄은 본바탕에서 깊은 도리를 나타내는 것이요 구중현句中玄은 말길이나 뜻길이 다 끊어진 말 한마디 가운데서 깊은 도리를 나타내는 것이며 현중현玄中玄은 방망이질 '방', 고함치는 '할' 같은 것들이니 깊은 도리에서 깊은 도리를 드러내는 것이다. 요要는 삼요를 말하는데, 첫째 요체는 통찰하는 힘이 곧 오롯한 바탕이니 대기원응大機圓應이요 둘째는 통찰하는 힘이 현실에서 바로 쓰이니 대용직절大用直截이며, 셋째는 '대기'와 '대용'이 동시에 일어나니 기용제시機用齊施이다. 임제종 개조인 의현선사가 학인을 가르치는 수단으로 쓴 것이다.

어떤 사람은 말합니다.

"선생의 논지는 상종相宗이요 조사 스님들의 논지는 선종禪宗이다. 우리가 선택하는 것은 '마음이 공空'일 뿐이다.

제자들이 선당에 나아가 질문하면 종사께서 자리에 앉아 답변해주시기를, 현묘한 도리와 요체를 드러내는 삼현삼요, 네 가지 경계를 헤아려 주는 사료간,¹ 온갖 법이 거울처럼 드러나는 깨끗한 마음 법경삼매法鏡三昧, 훤칠한 안목으로 도를 보는 도안인연道眼因緣, 오직 깨달음 한 길로 나아가는 향상일로向上一路, 마지막 한 마디로 일깨우는 말후일구末後一句, 그 자리에서 깨침을 주는 당두當頭, 평범한 도리 속에 실상이 있는 평실平實, 눈썹을 치켜뜨고 눈을 깜짝이는 일상사 생활 속에 깨침의 미학이 있는 양미순목揚眉瞬目, 주장자를 들고 법상을 내려치는 거불고상擧拂敲床, 둥근 원상을 그리는 것, 주장자로 한 획을 긋는 것, 박수치는 것, 춤추는 것들을 보여주어 그것이 우리 근기에 계합하면 '마음이 공空'임을 안다. '마음이 공'인 줄 알면 부처님을 선별할 수 있다."

---

1. 사료간四料揀은 상대방 근기를 네 부류로 헤아려 후학을 맞이하는 것으로 임제 의현 선사가 학인들과 문답할 때 쓰였다. 사람은 죽이나 경계를 죽이지 않는 '탈인불탈경奪人不奪境'은 낮은 근기를 상대하고, 경계를 죽이나 사람을 죽이지 않는 '탈경불탈인奪境不奪人'은 중간 근기를 상대하며, 사람과 경계를 다 죽이는 '인경구탈人境俱奪'은 높은 근기를 상대하고, 사람과 경계를 다 살리는 '인경구불탈人境俱不奪'은 뛰어난 대장부를 상대할 때 쓰였다.

余曰
여 왈

世尊擧花하니 迦葉微笑하는 正法眼藏이란 如斯而已矣라.
세 존 거 화   가 섭 미 소   정 법 안 장   여 사 이 이 의

後世宗師之所指示는 何其粉粉之多乎아.
후 세 종 사 지 소 지 시   하 기 분 분 지 다 호

吾恐 釋氏之敎 中衰於此矣이니라.
오 공 석 씨 지 교 중 쇠 어 차 의

深河東人也인데 甘麤糲[1]하고 耐辛苦하니라.
심 하 동 인 야   감 추 려   내 신 고

久從關西眞淨[2]遊하여 孤硬卓立[3]하니 必能宏其敎라.
구 종 관 서 진 정 유   고 경 탁 립   필 능 굉 기 교

─────────────

1. 껍질을 벗기지 않은 벼 1석으로 현미 쌀 여섯 말을 얻고, 현미 쌀 1석을 찧으면 정미 쌀 여덟 말이 된다. 착鑿은 정精과 같다.[粟一石 得米六斗爲糲 糲米一石 舂爲八斗爲鑿. 與鑿同精也]
2. 진정眞淨(1025-1102)은 임제종 황룡파이다. 성은 정鄭씨이고 이름은 극문克文이며 호는 늑담泐潭이다. 보봉극문寶峰克文이라고도 한다. 어려서 출가하여 황룡스님의 인가를 받았다. 황룡이 입적한 뒤 동산에 머물기를 12년 다시 동쪽으로 내려가면서 금릉金陵에 이르렀다. 그때 왕형공王荊公이 자기의 집을 희사하여 절을 삼고 보령報寧이란 사액賜額과 진정선사眞淨禪師라는 호를 내려 주었다. 뒤에 늑담泐潭에 머물다가 송宋 숭녕崇寧 1년(1102) 10월 16일 나이 78세로 입적하였다. 법을 이은 제자가 38인이다.
3. 탁립卓立은 여럿 가운데서 높이 뛰어난 것을 말한다.

저는 말합니다.

"세존께서 꽃을 드니 가섭이 미소를 짓는 정법안장正法眼藏[1]이란 이와 같을 뿐이다. 후세 종사들의 가르침은 어찌 그리 어지럽게 많단 말인가. 나는 부처님의 가르침이 여기에서 쇠퇴해질까 두렵다."

복심 노스님은 하동 출신인데 거친 음식도 맛나게 드시고 모진 고생도 잘 참아내시는 분입니다.

오랫동안 관서의 진정眞淨 큰스님 밑에서 공부하여 다른 사람보다도 큰 진전이 있었으니 분명 부처님의 가르침을 널리 잘 펼칠 수 있는 분이십니다.

---

1. 부처님이 영취산靈鷲山에서 법회를 보고 있을 때 하늘에서는 꽃비가 내리고 있었다. 부처님께서는 법회 중간에 허공에서 떨어지는 꽃 한 송이를 갑자기 집어 들고 대중에게 보였다. 모든 대중들은 느닷없이 일어난 부처님의 이런 행동이 무슨 뜻인지를 몰라 어리둥절해 했다. 그 대중 가운데 오직 가섭만이 부처님의 뜻을 알아차리고는 빙그레 웃었다. 이때 부처님께서 "나에게 정법안장正法眼藏, 열반묘심涅槃妙心, 실상무상實相無相, 미묘법문微妙法門, 불립문자不立文字, 교외별전敎外別傳이 있는데 이 모든 것을 가섭에게 전하겠노라." 말씀하셨다.

盖釋氏之敎는 枯槁以遺其形하고 寂寞以灰其慮하니라.
개 석 씨 지 교   고 고 이 유 기 형   적 막 이 회 기 려

戒定密行은 鬼神所莫窺요 慈悲妙用은 幽顯¹所同仰이라.
계 정 밀 행   귀 신 소 막 규   자 비 묘 용   유 현 소 동 앙

迫而後應則 五衆²喪其伴侶하고
박 이 후 응 즉 오 중 상 기 반 려

不得已而後言則 六聚亡其畛域이라.
부 득 이 이 후 언 즉 육 취 망 기 진 역

生死之變은 人之所畏也라.
생 사 지 변   인 지 소 외 야

吾未嘗有生이니 安得有死리오 則奚畏之有리오.
오 미 상 유 생   안 득 유 사   즉 해 외 지 유

利害之境은 人之所擇也라.
이 해 지 경   인 지 소 택 야

吾未嘗有利이니 安得有害리오 則奚擇之爲리오.
오 미 상 유 리   안 득 유 해   즉 해 택 지 위

---

1. 유현幽顯은 유계幽界와 현계顯界로 저승과 이승을 말한다.
2. 오중五衆은 한나라 말기에 오음五陰으로 번역한 것인데 승예가 오중五衆이라 고쳤으며 당나라 삼장법사는 오온五蘊이라 번역하였다.[五衆者 漢末 飜爲五陰 僧叡 改爲五衆 唐三藏 改爲五蘊] 이 오온은 번뇌덩어리로 이루어진 것이다.

대개 석존의 가르침은 고행으로 그 몸을 돌보지 않고 고요한 마음으로 번잡한 생각들을 없애는 것입니다.

이런 아름다운 삶과 고요한 마음자리는 귀신이라도 엿보지 못하는 곳이요, 자비로 드러나는 신통묘용은 이승이나 저승의 중생들이 다함께 우러러 보는 것입니다.

납자들의 법문 요청에 응하면 온갖 번뇌덩어리들이 흩어지고, 부득이 말을 하자면 육근六根과 육경六境의 경계가 사라집니다.

생사의 변화는 사람들이 두려워하는 것입니다.

하지만 우리는 일찍이 태어난 적이 없으니 어찌 죽음이 있을 수 있겠으며, 죽음이 없다면 어찌 두려워할 것이 있겠습니까.

이익과 손해의 경계는 사람들이 선택하는 것입니다.

하지만 우리는 일찍이 이익을 따진 적이 없었으니 어찌 손해가 있을 수 있겠으며, 손해가 없다면 어찌 선택하여 따질 것이 있겠습니까.

夫如是則 不空於外이라도 而內自空이요
부여시즉 불공어외　　이내자공

不空於境이라도 而心自空이니라.
불공어경　　이심자공

不空於事라도 而理自空이요 不空於相이라도 而性自空이라.
불공어사　 이리자공　 불공어상　　 이성자공

不空於空이라도 而空自空이요 空則 等이라.
불공어공　　이공자공　 공즉 등

等則 大요 大則 圓이라.
등즉 대　 대즉 원

圓則 妙요 妙則 佛이니라.
원즉 묘　 묘즉 불

嗟呼 吾以此望子하니 子尙無忽哉이어다.
차호 오이차망자　 자상무홀재

196

이와 같다면 바깥에서 공이 아니라도 안은 저절로 공이요, 경계에서 '공空'이 아니라도 마음은 저절로 '공'입니다.

나타나는 현상에서 '공'이 아니더라도 이치는 저절로 '공'이요, 나타나는 모습에서 '공'이 아니더라도 성품은 저절로 '공'입니다.

'공'에서 '공'이 아니더라도 '공'은 저절로 '공'이요, 모든 것이 '공'이면 다 평등합니다.

모든 것이 평등하면 모두 '공'이니 모든 것이 완전한 것이요, 모든 것이 완전하면 모두 다 오롯합니다.

모든 것이 오롯하면 모두 다 오묘한 것이요, 모든 것이 오묘하면 모두 다 깨달음이요 부처님입니다.

아! 우리는 이 도리로 그대들의 삶을 바라볼 것이니, 그대들은 공부에 소홀함이 없어야 합니다.

5. 隋州大洪山 靈峯寺 十方禪院記
수 주 대 홍 산 영 봉 사 시 방 선 원 기

元祐二年 九月 詔隋州大洪山하여 靈峯寺 革律爲禪이라.
원우이년 구월 조수주대홍산   영봉사 혁율위선

紹聖元年 外臺[1]에서
소성원년 외대

始請移 洛陽 少林寺 長老 報恩[2] 爲住持하니라.
시청이 낙양 소림사 장로 보은 위주지

崇寧改元 正月 使來求十方禪院記할새 迺書曰하되
숭녕개원 정월 사래구시방선원기   내서 왈

---

1. 외대外臺는 조정에 일이 있어 찾아오는 사람의 접대와 임금의 명을 받들어 사신을 파견하는 직책으로 요즈음 외교부에 해당한다.
2. 보은報恩은 여양에 사는 유씨의 아들이다. 성인이 되기도 전에 나라를 위한 좋은 계책을 올렸다가 인재로 특별 발탁되었다. 뒤에 세상이 싫어져 관직을 물러나 승려가 되어 투자의청投子義青 선사의 법을 이었다.[黎陽 劉氏子 未冠擧方略 擢上第. 後 厭塵 乞謝簪纓 爲僧 嗣投子義青禪師]

5. 수주 대홍산 영봉사 시방선원 _ 무진 거사

송나라 철종哲宗 원우元祐 2년 1087년 9월 임금이 수주 대홍산 영봉사에 조서를 내려 율종사찰을 선종사찰로 만들었습니다.

송나라 철종 소성紹聖 원년 1094년 외교부에서 처음 낙양 소림사 장로 보은報恩 스님께 이 절의 주지를 맡아달라고 청을 하였습니다.

송나라 휘종徽宗 숭녕 개원 1102년 정월에 사람을 보내 '시방선원기十方禪院記'를 구하므로 이에 글로 써서 말합니다.

大洪山은 在隋州西南이고 盤基百餘里이니
대홍산　재수주서남　　반기백여리

峯頂에서 俯視하면 漢東諸國 林巒丘嶺이 猶平川也라.
봉정　　부시　　한동제국 임만구령　유평천야

以耆舊所聞攷之하면 洪或曰胡 或曰湖라 未詳所謂니라.
이기구소문고지　　홍혹왈호 혹왈호　미상소위

今以地理攷之하면 四山之間이 昔爲大湖라.
금이지리고지　　 사산지간　석위대호

神龍所居일새 洪波洋溢 莫測涯涘니라.
신룡소거　　홍파양일　막측애사

其後 二龍鬪搦하여 開層崖하고 湖水南落이니라.
기후 이룡투닉　　 개층애　　호수남락

故로 今負山之鄕을 謂之落湖管이라.
고　금부산지향　위지락호관

此大洪所以得名也라.
차대홍소이득명야

대홍산은 수주 서남쪽에 있으며 그 지반地盤은 백여 리나 되니, 봉우리에서 내려다보면 한수 동쪽 모든 지방의 산맥들이나 구릉들의 모습이 평지에 흐르는 물줄기처럼 보입니다.

옛 어른들께 들은 말을 생각해 보면 '홍洪'을 '호胡'나 '호湖'라고 말하기도 했는데 정확하지는 않습니다.

지금 지리적으로 생각해 보면 동서남북 산으로 둘러싸인 곳이 예전에는 큰 호수였습니다.

신통을 부리는 커다란 용들이 살았기에 거대한 파도가 일렁이던 그 호수의 끝은 짐작할 수 없을 정도로 컸습니다.

뒷날 두 마리 용이 뒤엉켜 싸우며 엎치락뒤치락하다 산모퉁이에 부딪쳐서 충격을 주자 산맥이 뚫리고 그 남쪽으로 호수물이 빠져나가게 되었습니다.

그러므로 지금 산을 등지고 있는 마을을 '호수물이 떨어지는 수로'라는 의미에서 '낙호관落湖管'이라고 하였습니다.

이것이 '대홍大洪'이란 이름을 얻게 된 연유입니다.

唐元和中 洪州 開元寺 僧善信[1]이 卽山之慈忍大師라.
당 원 화 중 홍 주 개 원 사 승 선 신   즉 산 지 자 인 대 사

師從馬祖 密傳心要하여 北遊五臺山에 禮文殊師利하며 瞻覩殊勝
사 종 마 조 밀 전 심 요   북 유 오 대 산   예 문 수 사 리   첨 도 수 승

이라. 自慶菩薩有緣하며 發願爲衆僧 炊爨三年이라.
      자 경 보 살 유 연   발 원 위 중 승 취 찬 삼 년

寺僧却之라. 流涕嗟慽하니 有老父曰
사 승 각 지   유 체 차 척   유 노 부 왈

子緣不在此라 往矣行焉 逢隨卽止하고 遇湖則住하라.
자 연 부 재 차   왕 의 행 언 봉 수 즉 지   우 호 즉 주

師卽南邁하여 以寶曆二年 秋七月 抵隋州라
사 즉 남 매   이 보 력 이 년 추 칠 월 저 수 주

遠望高峯하고 問鄕人曰하기를 何山也오.
원 망 고 봉   문 향 인 왈   하 산 야

---

1. 선신善信은 마조의 제자인데 성은 장張씨이고 호는 자은慈恩이며 선신善信은 이름이다. 시호는 '영제靈濟 대사'이다.

당나라 헌종憲宗 원화元和(806-820) 때 홍주 개원사 승려 선신善信이 곧 이 산에 머물렀던 자인慈忍 대사입니다.

대사는 마조 선사에게 심요心要를 전수 받아 북쪽 오대산으로 가 문수보살께 예배하며 그 분의 수승한 모습을 우러러 바라보았습니다. 그리고는 스스로 보살과의 인연을 기뻐하며 대중 스님들을 위해 3년간 공양주를 하리라 발원하였습니다.

그러나 절에 살고 있던 승려들은 그 청을 거절하였습니다. 눈물을 흘리면서 탄식하며 슬퍼하자 한 노인이 말하였습니다.

"그대의 인연은 여기에 있지 않네. 행각을 하다 '수隨'를 만나면 가던 길을 멈추고, '호湖'를 만나면 거기서 머무르시게."

대사는 곧 남쪽으로 내려가 당나라 경종 보력寶曆 2년 826년 가을 음력 7월에 수주隋州에 닿았습니다. 멀리서 높은 산봉우리를 바라보고 마을 사람들에게 "무슨 산입니까?"라고 물었습니다.

鄕人曰 大湖山也라할새
향인왈 대호산야

師默契前語하고 尋山轉麓하여 至于湖側이라.
사묵계전어　　심산전록　　지우호측

屬歲亢旱이어 鄕人 張武陵이 具羊豕 將用之以祈于湖龍이라.
속세항한　　향인 장무릉　구양시 장용지이기우호룡

師見而悲之 謂武陵曰하되
사견이비지 위무릉왈

雨暘은 不時 本因人心黑業으로 所感이라.
우양　불시 본인인심흑업　　소감

害命으로 濟命은 重增乃罪이니 可且勿殺이라.
해명　　제명　중증내죄　　가차물살

少須三日이면 吾爲爾祈하리라.
소수삼일　　오위이기

武陵 亦異人也일새 聞師之言하고 敬信之하니라.
무릉 역이인야　　문사지언　　경신지

師則 披榛捫石하여 得山北之巖穴하고
사즉 피진문석　　득산북지암혈

泊然宴坐 運誠冥禱하니 雷雨大作이니라.
박연연좌 운성명도　　뇌우대작

204

마을 사람들이 "대호산大湖山입니다."라고 하기에, 대사는 대호산이 예전에 노인이 일러주었던 '호湖'라는 글자와 지명이 같은 곳임을 알고 산기슭의 호숫가를 찾아들어 머물렀습니다.

그 해에 극심한 가뭄이 들어 마을 사람 장무릉張武陵이 양과 돼지를 제물로 바치고 호수의 용에게 비를 내려달라고 기도하려던 참이었습니다. 이것을 보고 대사는 그들의 어리석음을 안타까워하여 장무릉에게 말하였습니다.

"홍수나 가뭄은 본디 사람들이 나쁜 행위를 많이 저질러 그 과보로 불시에 찾아오는 것입니다. 한 생명을 해쳐 다른 생명을 건지려는 것은 나쁜 죄만 더 보탤 뿐이니 가능하면 살생을 하지 마십시오. 적어도 사흘만 기다려 주시면 제가 그대들을 위하여 기도를 올려 드리겠습니다."

장무릉도 보통 사람이 아니었기에 대사의 말을 알아듣고는 그를 공경하며 믿고 따르기로 하였습니다.

대사는 바로 산속 덤불을 헤치고 돌길을 더듬다가 산 북쪽에 있는 바위 동굴을 발견하고 거기서 멈추어 고요히 정좌하고 정성껏 기도하자 천둥이 치고 큰 비가 내리기 시작하였습니다.

霽後 數日 武陵 迹而求之하니
제후 수일 무릉 적이구지

師方在定인데 蛛絲羃面이라.
사방재정　　주사멱면

號耳挃體 久之해야 方覺이니라.
호이질체 구지　　방각

武陵 卽施此山하고 爲師 興建精하며 舍以二子給侍左右하니라.
무릉 즉시차산　　위사 흥건정　　사이이자급시좌우

學徒依嚮하니 遂成法席이로다.
학도의향　　수성법석

太和元年 五月二十九日 師密語曰하되
태화원년 오월이십구일 사밀어왈

吾前以身代牲하여 輟汝血食일새 今捨身飼汝라.
오전이신대생　　철여혈식　　금사신향여

汝可享吾肉이니라.
여가향오육

卽引利刀하여 截左膝하고 復截右膝이라.
즉인이도　　절좌슬　　부절우슬

비가 개고 며칠 뒤 장무릉이 대사의 발자국을 따라 찾아가보니 대사는 선정에 들어 있는데 거미줄이 얼굴 전체를 뒤덮고 있었습니다. 귀에다 입을 대고 소리를 지르며 몸을 한참 흔들고 나서야 비로소 대사는 선정에서 깨어났습니다.

장무릉은 그 모습에 감동하여 산을 시주하고 대사를 위하여 정사를 세웠으며 두 아들이 좌우에서 시봉을 들게 하였습니다.

대사에게 배우고자 하는 사람들이 구름처럼 모여드니 마침내 법석을 이루게 되었습니다.

당나라 문종 태화太和 원년 827년 5월 29일 대사가 용신龍神에게 은밀하게 말하였습니다.

"내가 이전에 제물을 대신하여 몸소 직접 기도함으로써 그대는 고기를 먹지 못했으므로 이제 내가 이 몸을 먹이로 주고자 한다. 그대가 내 살점을 먹어도 좋다."

그리고는 곧 예리한 칼로 왼쪽 무릎을 끊고 다시 오른쪽 무릎을 끊었습니다.

門人奔馳하니 其慈忍膝 不克斷이어
문인분치　기자인슬 불극단

白液^1 流出하여 儼然入滅하니 張氏二子는 立觀而化하니라.
백액 유출　엄연입멸　장씨이자　입관이화

山南東道가 奏上其狀하니
산남동도　주상기장

唐文宗은 嘉之하고 賜所居額 爲幽濟禪院하니라.
당문종　가지　사소거액 위유제선원

晋天福中에 改爲奇峯寺라하고
진천복중　개위기봉사

本朝元豊元年에
본조원풍원년

又改爲靈峯寺라하니 皆以祈禱獲應也이니라.
우개위영봉사　개이기도획응야

自師滅 至今 三百餘年
자사멸 지금 삼백여년

而漢廣汝汾之間 十數州之民이 尊嚴奉事를 如赴約束하니라.
이한광여분지간 십수주지민　존엄봉사　여부약속

1.『사제론』에서 말하였다. 보살이 자비를 펼치면 피가 변하여 젖이 되는 것이 마치 어머니가 자식을 기르는 것과도 같다. 자비로운 사랑 때문에 자식을 낳으면 젖이 자연스럽게 흘러나오는 것이다.[四諦論云 菩薩行慈 血變成乳 如慈母育子 以慈愛心故 生子有乳 自然流出]

이에 문도들이 놀라 급히 달려가 보니 자인 대사의 무릎은 완전히 끊어지지 않고 흰 액만 흘러나오고 있었습니다. 자인 대사는 그 자리에서 근엄한 모습으로 입적하였습니다. 장씨의 두 아들은 이를 지켜보며 크게 감화를 받았습니다.

대호산 남쪽에 사는 동도東道가 이 일을 임금께 아뢰니, 당나라 문종은 아름다운 이야기라고 여겨 대사가 거처하던 곳에 '유제선원幽濟禪院'이라는 현판을 내려주었습니다.

후진後晉 고조高祖 천복天福(936-943) 연간에 '기봉사奇峯寺'라 고쳐 부르고, 송나라 신종神宗 원풍元豊 원년元年 1078년에 '영봉사靈峯寺'라 다시 고쳐 불렀으니, 모두 기도로써 감응을 얻었기에 붙여진 이름입니다.

대사가 입적한 뒤 지금까지 3백여 년 동안 한수漢水, 광수廣水, 여수汝水, 분수汾水 사이에 살고 있는 10여 주州 주민들이 마치 약속이나 한 듯 모여들어 존엄하게 받들어 섬겼습니다.

金帛粒米 相尾於道하여 貨强法弱이라 僧範乃革하니라.
금 백 입 미 상 미 어 도   화 강 법 약   승 범 내 혁

前此 山峯高峻일새
전 차 산 봉 고 준

堂殿樓閣을 依山製形하니 後前不倫이어 向背靡序니라.
당 전 누 각   의 산 제 형   후 전 불 륜   향 배 미 서

恩老至止에 熟閱形勝하고 闢道南入하며 以正賓主[1]하니라.
은 로 지 지   숙 열 형 승   벽 도 남 입   이 정 빈 주

巉崖壘澗 鏟巇補砌 嵯峨萬仞 化爲平頂이라.
참 애 루 간 산 의 보 체 차 아 만 인 화 위 평 정

三門[2] 堂殿이 翼舒繩直하니 通廊大廡이어 疏戶四達이라.
삼 문 당 전   익 서 승 직   통 랑 대 무   소 호 사 달

---

1. 빈주賓主에서 '빈賓'은 부속 건물을 말하고 '주主'는 주된 건물이니 대웅전 같은 본당을 말한다.
2. 절에는 '삼문三門'을 세운다. '삼三'은 공空과 무상無相과 무작無作 세 가지 법을 뜻하므로 이를 '삼해탈문'이라고도 하니, 한 번 이 문에 들어서면 이 인연으로 세 가지 법을 통달하게 되기 때문이다. 지금 사람들이 이 문에 들어서면 과연 이 법에 통달할 수 있겠는가. 삼가 입으로는 공空을 이야기하면서 행위는 유有에 집착하지 말라. 그러므로 이르기를 "군자는 공空으로 덕을 쌓아가고 소인배는 공空으로써 욕심을 채우려 하니, 부처님의 세상으로 들어가려는 사람들은 모름지기 자신을 살피고 또 살펴야 한다."라고 하였다. 이 내용은 『천락명공집』에 나온다.[梵刹 外建三門 夫三者 乃空無相無作三法 謂之三解脫門. 令一入此門 卽當達此三法 今之人 入是門者 果能達此否 愼毋口則談空 行則着有 故曰 君子以空進其德 小人以空肆其欲. 入空門者 須諦審焉. 見天樂鳴空集]

그러다보니 금, 비단, 곡식들이 끊임없이 들어와 재물이 많아졌지만 불법은 오히려 쇠퇴하자 승려의 법도와 살림살이를 새로 바꾸게 되었습니다.

절 앞에 있는 산봉우리가 높고 험준하여 법당, 불전, 누각을 산에 의지하여 짓다 보니, 앞뒤가 가지런하지 않고 마주 보거나 등지고 있어 그 모습이 맞지 않아 엉망이었습니다.

보은 노스님이 여기에 주지로 머물게 되자 뛰어난 지형을 자세히 조사하여 남쪽에서 길을 정리하고 들어가면서 주된 건물과 부속 건물들의 균형을 바로잡아 주었습니다.

가파른 곳을 깎아 계곡을 메우고 높은 곳을 밀어 섬돌을 고이니 울쑥불쑥하던 곳들이 가지런하고 평평해졌습니다.

삼문三門과 전당이 날개를 편 듯 반듯하고 먹줄 친 듯 일직선이 되니, 행랑이 시원스레 뚫리고 커다란 처마가 툭 트여 사방으로 시야가 소통되었습니다.

淨侶 雲集하여 藹爲叢林하니
정려 운집 애위 총림

峨嵋[1]之寶燈瑞相 清涼[2]之金橋圓光이어
아미 지보등서상 청량 지금교원광

他方詭觀 異境同現이니라.
타방궤관 이경동현

方其廢故 而興新也에 律之徒 懷土而呶呶하니라.
방기폐고 이흥신야 율지도 회토이노노

會 予謫爲郡守일새 舍禪律하고 而訂之曰하되
회 여적위군수 사선율 이정지왈

律以甲乙 禪以十方하니
율이갑을 선이시방

而所謂甲乙者 甲從何來이고 乙從何立이오.
이소위갑을자 갑종하래 을종하립

而必曰하되
이필왈

我 慈忍之子孫也라 今取人於十方則 忍後絶矣라.
아 자인지자손야 금취인어시방즉 인후절의

---

1. 아미산은 보현보살이 항상 거주하고 있다는 중국의 산 이름이다.
2. 청량산은 문수보살이 항상 거주하고 있다는 중국의 산 이름이다.

행이 깨끗하고 맑은 스님들이 구름처럼 모여들어 총림을 이루니, 아미산의 보배 등불에서 상서로운 형상이 드러나고 청량산의 황금다리에서 둥그런 오색광명이 빛을 뿜어내어, 다른 세계에서 기이하게 보는 특이한 경계들이 한꺼번에 나타났습니다.

바야흐로 옛 것을 없애고 새로운 것을 일으키자 율종의 사람들은 자신의 기득권을 지키려고 왁자지껄 떠들었습니다. 마침 제가 자리를 옮겨 군수의 직책을 맡고 있었기에 선종과 율종을 막론하고 이들의 잘못을 바로잡으려고 말하였습니다.

"율종에서는 갑을甲乙로써 선종에서는 시방十方으로써 소유권을 주장하니, 스님들이 말하는 갑甲과 을乙이란, 갑甲은 어디에서 왔고 을乙은 어디에다 세워야 합니까?"

율종 스님들은 틀림없이 "나는 자인慈忍의 자손이다. 지금 시방十方에서 사람들을 취한다면 자인의 후손들은 단절된다."고 말할 것입니다.

乙在子孫이면 甲在慈忍이요 乙在慈忍이면 甲在馬祖니라.
을 재 자 손   갑 재 자 인   을 재 자 인   갑 재 마 조

乙在馬祖이면 甲在南嶽[1]이요 乙在南嶽이면 甲在曹溪니라.
을 재 마 조   갑 재 남 악   을 재 남 악   갑 재 조 계

推而上之하면 甲乙은 乃在乎菩提達摩 西天四七이니
추 이 상 지   갑 을   내 재 호 보 리 달 마 서 천 사 칠

所謂 甲乙者 果安在哉리오.
소 위 갑 을 자 과 안 재 재

又而所謂 十方者 十從何生이며 方從何起오.
우 이 소 위 시 방 자 시 종 하 생   방 종 하 기

---

1. 남악회양南嶽懷讓(677-744)은 중국 당나라 때 선승으로 성은 두杜씨이고 이름은 '회양'이며 '남악'은 호이다. 15세 때 출가하여 6조 혜능慧能 밑에서 8년 동안 수도하여 마침내 크게 깨달았다. 나이 예순여덟 살에 입적하니 당唐 경종敬宗이 '대혜大慧 선사'라는 시호를 내려주었다. 같은 문하 청원행사青原行思와 더불어 종풍을 떨치니 후세 선종에서는 이 두 법계만이 융성하였다. 남악회양이 숭산에서 오니 육조 스님이 물었다. "어떤 물건이 이렇게 왔느냐?" 회양이 쩔쩔매다 8년이 지나고서야 답변을 하였다. "설사 '그 무엇'이라 해도 맞지 않습니다." 이는 근본을 철저히 깨닫고 한 답이었으므로 회양 스님은 육조 스님의 법을 이어받았다.

을乙이 자손의 위치에 있다면 갑甲은 자인 스님의 위치에 있는 것이요, 을乙이 자인의 위치에 있다면 갑甲은 마조의 위치에 있는 것입니다.

을乙이 마조의 위치에 있다면 갑甲이 남악의 위치에 있는 것이요, 을乙이 남악의 위치에 있다면 갑甲은 조계의 위치에 있습니다.

이런 식으로 올라가면 갑을甲乙은 보리달마와 서천 28대 존자[1]의 위치에 있으니, 이른바 갑을甲乙이란 과연 어느 곳에 있는 것입니까.

또 선종 스님들이 말하는 시방十方이란 '십十'은 어디에서 생겼으며 '방方'은 어디에서 일어나는 것입니까.

---

1. 서천사칠西天四七은 부처님께서 열반에 드시고 가섭에게 마음의 법을 전한 뒤 28대 달마 대사까지 내려온 전등법맥의 28조를 말한다. ① 마하가섭摩訶迦葉 ② 아난阿難 ③ 상나화수商那和修 ④ 우바국다優婆麴多 ⑤ 제다가提多迦 ⑥ 미차가彌遮迦 ⑦ 바수밀婆須密 ⑧ 불타난제佛陀難提 ⑨ 복타밀다伏馱密多 ⑩ 협脇 ⑪ 부나야사富那夜奢 ⑫ 마명馬鳴 ⑬ 가비마라迦毗摩羅 ⑭ 용수龍樹 ⑮ 가나제바迦那提婆 ⑯ 라후라다羅候羅多 ⑰ 승가난제僧伽難提 ⑱ 가야사다伽耶舍多 ⑲ 구마라다鳩摩羅多 ⑳ 사야다闍夜多 ㉑ 바수반두婆修盤頭 ㉒ 마노라摩拏羅 ㉓ 학륵나鶴勒那 ㉔ 사자존자師子尊者 ㉕ 바사사다婆舍斯多 ㉖ 불여밀다不如密多 ㉗ 반야다라般若多羅 ㉘ 보리달마菩提達磨이다. 28대 달마 대사는 중국에 건너와 중국선종의 초조가 되었다.

世間之法은
세 간 지 법

以一生二하고 一二爲三하며 二三爲六하고 三三爲九하니라.
이일생이   일이위삼   이삼위육   삼삼위구

九者 究也이니 復歸爲一이라.
구자 구야   부귀위일

一九爲十이어 十義乃成하니 不應 突然 無一有十이니라.
일구위십   십의내성   불응 돌연 무일유십

而所謂 方者 上爲方耶요 下爲方耶요.
이소위 방자 상위방야   하위방야

東爲方耶요 西爲方耶요 南爲方耶요 北爲方耶요.
동위방야   서위방야   남위방야   북위방야

以上爲方則 諸天所居이니 非而境界니라.
이상위방즉 제천소거   비이경계

세간의 법은 하나에서 둘이 생겨나고, 하나와 둘이 합하여 셋이 되며, 둘과 셋이 곱해져 여섯이 되고, 셋과 셋이 곱해져서 아홉이 됩니다.

아홉이란 숫자의 끝이니 다시 돌아가 하나가 됩니다.

하나와 아홉이 모아져 '십十'이 되어 '십十'의 뜻이 완성되니, 하나가 없이 돌연 '십十'이 되는 것은 아닙니다.

스님들이 말하는 '방方'이란 위쪽으로 방위를 삼습니까? 아니면 아래쪽으로 방위를 삼는 것입니까?

동쪽으로 방위를 삼습니까? 아니면 서쪽으로 방위를 삼는 것입니까?

남쪽으로 방위를 삼습니까? 아니면 북쪽으로 방위를 삼는 것입니까?

위쪽으로 방위를 삼는다면 하늘 신들이 머무는 곳이니 수행자들이 머물 경계가 아닙니다.

以下爲方則 風輪¹所持이니 非而居止니라.
이 하 위 방 즉 풍 륜 소 지   비 이 거 지

以東爲方則 毘提訶人이니 面如半月이라.
이 동 위 방 즉 비 제 가 인   면 여 반 월

以北爲方則 鬱單越人이니 壽命久長이라.
이 북 위 방 즉 울 단 월 인   수 명 구 장

以西爲方則 瞿耶尼²洲이니 滄波浩渺니라.
이 서 위 방 즉 구 야 니 주   창 파 호 묘

以南爲方則 閻浮提³洲이니 象馬殊國이라.
이 남 위 방 즉 염 부 제 주   상 마 수 국

然則
연 즉

甲乙에 無定이고 十方에 無依이니 競律競禪에 奚是奚非리오.
갑 을   무 정   시 방   무 의   경 률 경 선   해 시 해 비

---

1. 이 세상을 받치고 있다는 네 개의 바퀴 중 하나로 풍륜風輪은 바람의 세계이다. 세계의 맨 밑에는 공륜空輪이 있고, 공륜 위에 풍륜風輪, 그 위에 수륜水輪, 수륜 위에 지륜이 있고, 그 위에 수미산이 솟아 있다. 지륜은 금륜金輪이라고도 한다.
2. 서구야니西瞿耶尼는 사대주 가운데 서대주 이름이다. 이곳에 머무는 사람들의 얼굴 모습은 보름달 같으며 수명이 2백5십 세이다.
3. 남염부제南閻浮提는 사대주 가운데 남대주 이름이다. 이곳에 머무는 사람들의 수명은 1백 세이다.

아래쪽으로 방위를 삼는다면 풍륜風輪이 지탱하는 곳이니 수행자들이 차지하여 머물 곳이 아닙니다.

동쪽으로 방위를 삼는다면 비제가毘提訶 사람들이 머무는 곳이니 얼굴이 반달 같아야 합니다.[1]

북쪽으로 방위를 삼는다면 울단월鬱單越 사람들이 머무는 곳이니 수명이 매우 길어야 합니다.[2]

서쪽으로 방위를 삼는다면 구야니주瞿耶尼洲 사람들이 머무는 곳이니 바다의 파도와 물결이 아득하고 아득해야 합니다.

남쪽으로 방위를 삼는다면 염부제주閻浮提洲 사람들이 머무는 곳이니 코끼리와 말의 품종이 아주 좋은 나라이어야 합니다.

그렇다면 갑甲과 을乙에 정해진 것도 없고 십十과 방方에 의지할 곳도 없으니, 율종과 선종의 다툼에 어찌 옳고 그른 것이 있겠습니까.

---

1. 동비제가東毘提訶는 사대주四大洲 가운데 동대주東大洲의 이름이다. '비毘'는 '승勝' 제가提訶는 '신身'의 뜻이니 번역하여 수승한 몸 즉 승신勝身이라 한다. 이곳에 머무는 사람들의 얼굴은 반달 모습이고 수명이 5백 세이다.
2. 북울단월北鬱單越은 사대주 가운데 북대주 이름이다. 이곳에 머무는 사람들의 수명은 1천 세이다.

律之徒曰하기를
율 지 도 왈

世尊 嘗居 給孤獨園 竹林精舍[1]인데
세존 상거 급고독원 죽림정사

必如太守言이라면 世尊非耶오.
필여태수언   세존비야

余曰하되 汝豈不聞이오 以大圓覺 爲我伽藍하고 身心이 安居 平等
여왈   여기불문   이대원각 위아가람   신심 안거 평등

性智[2]라하니 此非我說이요 乃是佛說이니라.
성지   차비아설   내시불설

於是에 律之徒 默然而去하니라.
어시 율지도 묵연이거

禪者曰 方外之士는 一瓶一鉢로 涉世 無求이니 如鳥飛空 遇枝則
선자왈 방외지사 일병일발 섭세 무구   여조비공 우지즉

休하고 如龜遊海 値木則浮이니라. 來如聚梗하고 去如滅漚라. 不識이라
휴   여구유해 치목즉부   내여취경   거여멸구   불식

使君은 甲乙之乎아 十方之乎아.
사군 갑을지호 시방지호

---

1. 죽림정사竹林精舍는 중인도 마갈타국 가란타촌에 있던 절 이름으로 가란타迦蘭陀 장자가 부처님께 '대나무 숲'을 바치고 빈바사라왕頻婆沙羅王이 그 동산에 절을 지어 부처님과 그 제자들이 머물게 하였다.
2. 평등성지平等性智는 말나식의 번뇌가 사라지고 모든 것을 너와 나 차별 없이 평등하게 보는 마음 즉 부처님의 지혜로 바꾼 것을 말한다.

그러자 율종 스님들이 말씀하셨습니다.

"세존께서도 일찍이 기원정사와 죽림정사에 머무르신 적이 있었는데, 반드시 태수의 말과 같아야 한다면 세존께서 잘못하신 것입니까?"

저는 대답하기를 "스님들은 어찌 '크고 오롯한 깨달음[大圓覺]'으로 나의 수행터를 삼고 몸과 마음은 '모든 경계를 차별 없이 보는 지혜[平等性智]'에 편안히 머물러야 한다는 말을 듣지 못하셨습니까? 이것은 저의 말이 아니라 부처님의 말씀입니다."라고 하니, 율종 스님들이 더 말을 잇지 못하고 돌아갔습니다.

선종 스님들도 말씀하셨습니다.

"시방세계를 벗어난 납자들은 물병과 발우 하나로 세상을 살아가며 달리 구하는 것이 없으니, 하늘을 날던 새가 나뭇가지를 만나면 그 위에서 쉬고, 눈 먼 거북이가 나무토막을 만나면 그것에 의지해 바다에서 숨을 쉬듯 그렇게 살아갑니다. 또한 올 때는 꼿꼿하게 오고 갈 때는 물거품처럼 자취 없이 사라지는 삶을 사니, 알지 못하겠습니다. 그대는 갑을甲乙을 취하여 율원으로 하시겠습니까? 아니면 시방十方을 취하여서 선원으로 하시겠습니까?"

予曰
여 왈

善哉라 佛子여.
선재   불자

不住內外하고 不住中間하며 不住四維 上下虛空하여
부주내외   부주중간   부주사유 상하허공

應無所住而住持하면 是眞十方住持矣라.
응무소주이주지   시진시방주지의

尙何言哉며 尙何言哉아.
상하언재   상하언재

時 崇寧元年 正月上元¹日記
시 숭녕원년 정월상원 일기

---

1. 상원上元은 정월십오일이다. 칠월십오일은 중원中元이고 시월십오일은 하원下元이다.

저는 대답하였습니다.

"참으로 훌륭하십니다, 부처님 제자들이시여. 안팎에도 머물지 않고 중간에도 머무르지 않으며 사유四維 상하 허공에도 머무르지 않아, 머무는 바 없이 머무르면 이것이 참으로 시방세계에 머무르는 것입니다. 그러니 여기에 무슨 말을 더 보태고 말고 할 것이 있겠습니까."

                때는 송나라 휘종徽宗 숭녕 원년
                1102년 정월 십오일에 기문記文을 쓴다

6. 襄州石門寺 僧堂記 宋待制 查道撰[1]
　　양 주 석 문 사　승 당 기　송 대 제　사 도 찬

乾明寺[2]者 去郡百里라 古曰 石門인데 因勅으로 易之니라.
건 명 사 자　거 군 백 리　　고 왈　석 문　　　인 칙　　　역 지

高山峻谷은 虎豹所伏하고 岐路磽确은 人煙夐絶이니
고 산 준 곡　　호 표 소 복　　　기 로 교 학　　인 연 형 절

非志于道者는 罔能捿其心也니라.
비 지 우 도 자　　망 능 서 기 심 야

遊宦之徒는 覊束利名일새
유 환 지 도　　기 속 이 명

雖觀其勝絶이라도 而罕能陟其境이니라.
수 관 기 승 절　　　　이 한 능 척 기 경

---

1. 곡은산 석문사 온薀 선사는 수산성념 선사의 법이었다. 석문사에 머무를 때 태수가 사적인 일로 곤장으로 볼기를 때려 선사를 욕보였다. 관가에서 풀려나 돌아오는 선사를 대중들이 길 옆에서 맞아줄 때 한 수좌가 "태수가 무고한 스님을 이와 같이 욕을 보였군요."라고 말하자, 스님이 손가락으로 땅을 가리키며 "평지에서 뼈 무더기가 솟아오르리라." 하니, 가리킨 곳에서 한 무더기 흙이 솟아올랐다. 태수가 이 소문을 듣고 사람들에게 깎아 버리도록 하였으나 다시 처음처럼 솟아올랐다. 그 뒤 태수의 온 집안이 양주에서 죽었다. 송사도는 대제가 되어서도 매번 식사 때마다 반드시 꼭 한 가지 반찬만 남김없이 먹고는 항상 말하기를 "복록도 이처럼 아껴야 된다."라고 하였다.[谷隱山 石門寺 薀禪師 嗣首山念禪師. 住石門日 太守以私意笞辱 旣歸衆迎於道側 首座問訊曰 太守無辜屈辱和尙如此. 師以手指地云 平地起骨堆. 隨指湧一土堆 太守聞之 令人削去 復湧如初. 其後 太守全家死於襄州. 宋查道爲待制 每食必盡一膳 常曰 福當如是惜]
2. 건명사乾明寺는 양주襄州 봉황산鳳凰山에 있다.

6. 인과를 알고 공부해야 _ 송대제

건명사乾明寺는 군군郡에서 백리나 떨어져 있습니다. 예전에는 석문사石門寺라 했는데 임금의 칙령으로 이름을 바꾸었습니다.

높은 산과 험준한 골짜기에는 호랑이와 표범이 살고 있고, 좁은 길은 울퉁불퉁 자갈뿐이어서 사람의 흔적을 찾아볼 길이 없으니, 도 닦는 일에 뜻을 둔 사람이 아니라면 이곳에 살려고 하는 마음을 낼 수 없습니다.

세상의 벼슬에 뜻을 둔 사람들은 명예와 이익에 얽매여 있기에 뛰어난 절경을 보더라도 그 곳에 오르고자 하는 사람은 드뭅니다.

道守郡日 知有學者이어 法字 守榮[1]인데
도 수 군 일 지 유 학 자　 법 자 수 영

自雍熙三年 參尋而至니라.
자 옹 희 삼 년 　참 심 이 지

後에 安禪之堂이 卑隘隳壞일새
후　 안 선 지 당　 비 애 휴 괴

於是에 發心重構 克堅其志하여 聚落求化하며
어 시　 발 심 중 구 극 견 기 지　 취 락 구 화

多歷年所에 召良工하고 市美材하니라.
다 력 년 소　 소 량 공　　 시 미 재

迄景德三年 始告成하니 凡五間十一架[2]라.
흘 경 덕 삼 년 시 고 성 　범 오 간 십 일 가

春에 有學徒慧果[3]이어 携錫至京하여 請余識[4]之하며 將刊于石일새
춘　 유 학 도 혜 과　　 휴 석 지 경　　 청 여 지 지　　 장 간 우 석

乃書 曰
내 서 왈

---

1. 수영守榮은 봉상鳳翔 괵읍虢邑 사람인데 고산신안鼓山神晏의 제자이다. 성은 송宋씨이고 이름은 지작智作이며 시호는 진적眞寂이다. 송宋 명도明道 원년元年(1032) 9월 27일 나이 83세로 입적하였다.
2. 『사기』의 주석에 "2가家를 1간間으로 한다."라고 하였다. 여기서 말하는 오간십일가五間十一架가 무엇인지 정확하지 않다.[史註 兩家爲一間. 此言五間十一架 未詳]
3. 혜과慧果 스님은 생몰연대 및 전기 미상이다.
4. 여기서 '식識'은 '기記'의 뜻으로 '지'로 읽으며 '지志'나 '지誌'와 통용이 된다.

제가 군郡을 다스릴 때 법명이 수영守榮이라는 학승學僧을 알았는데, 그 스님은 송나라 태종太宗 옹희雍熙 3년 986년부터 선지식을 찾아 법을 구하면서 지금까지 공부해 왔습니다.

뒷날 편안히 앉아서 좌선해야 할 승당僧堂이 낮고 좁으면서도 여기저기 허물어져 가는 것을 보고, 다시 잘 지어야겠다는 돈독한 마음을 내어 이 좋은 불사에 인연을 맺어주려 이 마을 저 마을로 시주하러 다니면서, 여러 해에 걸쳐 솜씨 좋은 목수들을 부르고 아름드리 나무들도 사들였습니다.

송나라 진종眞宗 경덕景德 3년 1006년에서야 완성하니 무릇 방이 다섯 칸이나 되었습니다.

봄에 문도 혜과慧果가 걸망을 매고 서울로 찾아와 저에게 기문記文 써주기를 청하면서 그 내용을 큰 돌에 새겨 넣겠다고 하기에 이에 글로 써서 말합니다.

自佛法廣被로 達磨西來하니
자불법광피   달마서래

具信根者 求證本源하여 星居曠野하나
구신근자 구증본원   성거광야

蔽身草木은 衣不禦寒하고 食不充腹하니라.
폐신초목   의불어한   식불충복

及正法漸漓하며 人法替怠일새
급정법점리   인법체태

百丈禪師 乃營其棟宇하고 以安老病하니
백장선사 내영기동우   이안노병

邇來로 禪刹 競構宏壯이라.
이래   선찰 경구굉장

少年初學 恣臥其間하여
소년초학 자와기간

殊不知 化緣者 勞形苦骨 施財者 邀福懺悔로다.
수부지 화연자 노형고골 시재자 요복참회

明因果者 如臥鐵床 若當寃敵일새
명인과자 여와철상 약당원적

自非朝夕이나 密密增長聖胎니라.
자비조석   밀밀증장성태

부처님의 법이 널리 퍼지며 달마 스님께서 서쪽에서 건너오시니, 그 인연으로 깨달음을 증득하기 위하여 황량한 들판에서 수행하는 신심 있는 이들이 반짝이는 별처럼 많았지만, 옷 대신 몸을 가린 풀잎으로는 추위를 막지 못하였고 먹는 음식들도 충분하지가 못하였습니다.

급기야 바른 법이 점차 없어지면서 수행자가 적어지고 불법이 쇠퇴해지므로, 백장 선사께서는 수행자를 보살필 수 있는 건물들을 지어서 늙고 병든 사람들을 편안하게 모시기 시작하였습니다. 그로부터 선종의 사찰들이 다투어 웅장한 건물을 짓게 되었습니다.

그런데 젊은 수행자들이 제멋대로 철없이 그곳에 누워, 중생들에게 좋은 인연을 맺어주려는 화주化主의 뼛골 빠지는 고생이나, 부처님과 맺은 인연으로 복을 짓고 죄를 참회하려는 시주施主들의 마음을 조금도 알지 못하고 있습니다.

그러나 인과에 밝은 사람들은 늘 이런 편안한 잠자리를 무쇠로 된 평상에 누워 있거나 원수를 만난 것처럼 여기므로, 아침저녁으로 공부의 진전이 금방 눈에 띄지는 않지만 조금씩 꾸준하게 성현의 모습을 키워나갑니다.

其次親善知識者 志求解脫일새
기차친선지식자 지구해탈

可以暫容其形이나 龍神攸護하리라.
가이잠용기형   용신유호

其或心沒盖纏[1]하여 身利溫煖하며 不察無明[2]하여 不知命縮하며
기혹심몰개전   신리온난   불찰무명   부지명축

惟記語言하여 自謂究竟이라하면 韶盡遷謝[3]에 墮彼惡趣하리니
유기어언   자위구경   소진천사   타피악취

丈夫猛利하여 得不動心哉니라.
장부맹리   득부동심재

榮公은 生鳳翔虢邑하여 出家於雍州 鄠縣 白雲山 淨居禪院하니라.
영공 생봉상곽읍   출가어옹주 호현 백운산 정거선원

大中祥符 二年四八日記
대중상부 이년사팔일기

---

1. 개전盖纏은 5개盖 10전纏으로 모두 번뇌의 이름이다.[五盖十纏 皆煩惱名] 5개 盖는 중생의 심성을 가려 좋은 법을 내지 못하게 하는 다섯 가지 번뇌인데 곧 탐욕·수면·성냄·들뜨는 마음·의심이다. 십전十纏은 열 가지 번뇌이다. 251쪽 주 참고.
2. '무명無明'은 범어 'avidyā'와 빨리어 'avijjā'의 번역으로서 번뇌의 또 다른 이름인데 '있는 그대로의 진실을 보지 못한다.'는 뜻이다. 이 무명에서 온갖 번뇌가 비롯되기 때문에 '모든 번뇌의 근본'이라고 한다.
3. 봄빛을 소광韶光이라 하니 화창한 것을 취한다는 뜻이다. 이 화창한 빛이 홀연 다 하고 그 다음 받을 인연에 떨어지면 삼악도에서 끝없이 윤회해야 한다.[春光謂之韶光 取和暢之義. 言此韶光倏忽已盡 報緣遷變謝落則當沒溺惡道也]

그 다음 선지식을 가까이하는 사람들은 해탈에 뜻을 두고 있으므로 잠시 승당에 몸을 들이더라도 용신龍神이 보호하는 것입니다.

만일 젊은 수행자들이 온갖 번뇌 속에서 몸에 이롭고 따뜻한 것만 좋아하며, 무명을 살피지 못하여 명이 줄어드는 것을 알지 못한 채, 오직 경전이나 어록에 있는 말만 기억하여 스스로 공부를 다 해 마쳤다고 말한다면, 세월이 흘러 죽을 때 삼악도에 떨어질 것이니, 용맹스런 대장부라면 열심히 수행하여 처음 발심한 마음이 흔들리지 말아야 합니다.

수영 스님은 봉상鳳翔 괵읍虢邑에서 태어나 옹주雍州 호현鄠縣 백운산 정거선원淨居禪院에서 출가하신 분입니다.

송나라 진종眞宗 대중상부 2년
1009년 4월 8일에 이 글을 쓰다

7. 褒禪山 慧空禪院 輪藏記[1] 楊傑[2] 作
   포선산 혜공선원 윤장기 양걸 작

法界는 本無衆生이언만 衆生은 緣乎妄見하고
법계 본무중생   중생   연호망견

如來는 本無言敎이언만 言敎로 爲乎有情하니라.
여래 본무언교   언교 위호유정

妄見者 衆生之病이요 言敎者 如來之藥이라.
망견자 중생지병   언교자 여래지약

以藥治病則 病無不治이듯 以言覺妄則 妄無不覺이니라.
이약치병즉 병무불치   이언각망즉 망무불각

此如來不得已而言하고 賢智不得已而述也니라.
차여래부득이이언   현지부득이이술야

---

1. 포선산褒禪山은 안휘성 함산현含山縣 북쪽 15리 되는 곳에 있는 산인데 화산華山이라고도 한다. 윤장輪藏은 전륜장轉輪藏의 약칭이다. 경전을 넣은 책장에 축을 달아 돌릴 수 있게 만든 것이다. 양나라 쌍림부대사雙林傅大士가 글을 알지 못하거나 불경을 읽을 겨를이 없는 사람들을 위하여 만들었다고 한다. 경장을 한 번 돌리면 경전을 읽은 것과 공덕이 같다고 한다. 우리나라에는 경상북도 예천군 용문사에 있다.
2. '양걸'의 자는 '차공'이며 벼슬이 예부시랑까지 올랐다. 무위주 사람인데 천의의 회 선사의 법을 이었다.[楊傑 字次公 仕至禮部侍郎. 無爲州人 嗣天衣義懷禪師] 법호는 무위거사無爲居士이다.

7. 포선산 혜공선원 윤장기 _ 무위 거사 양걸

법계에는 본디 중생이 없건만 중생들은 허망한 견해를 반연하고, 여래에게는 본래 언교言敎가 없건만 언교로써 중생을 위합니다.

허망한 견해란 중생의 병통이요 언교란 여래의 양약입니다.

양약으로 병을 치료하면 어떠한 병도 치료되지 않는 것이 없듯 언교로써 허망한 견해를 깨우치면 어떤 거짓도 알지 못할 것이 없습니다.

이 때문에 여래께서 마지못하여 하는 수 없이 말씀하시고 지혜로운 현자들도 마지못하여 하는 수 없이 글을 쓰게 된 것입니다.

故로 阿難陀는 集而爲經하고
고　아난다　집이위경

優婆離는 結而爲律하며 諸菩薩은 衍而爲論[1]하니라.
우바리　결이위율　　제보살　연이위론

經律論 雖分乎三藏이나 戒定慧 盖本乎一心이라.
경률론 수분호삼장　　계정혜 개본호일심

藏은 以示其函容이요 心은 不可以滯礙라.
장　이시기함용　　심　불가이체애

是以로 雙林大師 接物隨機하여 因權表實하려
시이　쌍림대사 접물수기　　인권표실

聚言敎而爲藏하고 載寶藏而爲輪하니라.
취언교이위장　　재보장이위륜

---

1. 여래께서 입멸한 뒤 필발라굴에서 삼좌부三座部 주체를 내세워 저마다 결집하여 '삼장'이 되었다. 아난은 '경장'을 외어내고 가섭은 '논장'을 외어내며 우바리는 '율장'을 외어내니 이것이 곧 '상좌부'이다. 다시 1천 성현들이 파시가에게 명하여 굴 밖에서 결집하니 이를 '대중부'라 하였다. 상좌부와 대중부를 '승기율'이라 하고 이것이 '근본'이 되며, 삼장을 나누어 삼부三部가 되어 이것이 '소승'이다. 또 아난해가 문수와 철위산에서 '보살장'을 결집하니 이것이 '대승'이 되어 경과 율을 따로 나누지 않았다. 그 뒤 모든 보살들이 대승에 관한 여러 논을 지으니 이 또한 '논장'이 되었다.[如來滅後 於畢鉢羅窟 立三座部主 各結集 爲三藏 阿難誦出經藏 迦葉誦出論藏 優婆離誦出律藏 此卽上座部. 更有一千賢聖 命波尸迦 於窟外結集 名大衆部. 此二部通稱爲僧祇律 是爲根本 分三藏爲三部 是小乘. 又阿難海與文殊 於鐵圍山 結集菩薩藏 此是大乘 不分經律. 其後諸菩薩 作大乘諸論 亦爲論藏]

그러므로 아난은 부처님의 말씀을 모아 경장經藏을 만들었고, 우바리는 율장律藏을 만들었으며, 모든 보살들이 이 내용들을 논리적으로 잘 풀이하여 논장論藏을 만들었습니다.

경·율·논이 비록 삼장三藏으로 나뉘어졌더라도 계戒·정定·혜慧 삼학三學 이 모든 것은 다 부처님의 '한마음'에 뿌리를 둔 것입니다.

장藏이란 모든 것을 다 받아들임을 보여주는 것이요, '한마음'이란 어떤 경계에도 막히거나 걸리지 않는 것입니다.

이런 이유로써 쌍림雙林[1] 대사가 중생들의 근기에 맞추어 방편으로 실상을 드러내려 언교를 모아 '장藏'을 만들고, 보배 같은 가르침이 들어 있는 이 보장寶藏을 중생들에게 영원히 실어 나르기 위하여 바퀴처럼 돌아가는 '윤輪'을 만들게 됩니다.

---

1. 쌍림대사雙林大師(497-569)는 남조南朝 동양東陽 오상현烏傷縣 사람으로 성은 부傅씨이고 이름은 흡翕이며 자字가 현풍玄風이다. 사람들이 성을 따라 부대사傅大士 또는 지명을 따라 동양대사東陽大士나 오상대사烏傷大士라고 불렀다. 자칭은 '당래해탈當來解脫 선혜대사善慧大士'라 하였다. 나이 16세에 유劉씨에게 장가들어 보건普建·보성普成 두 아들을 낳고 24세에 인도 승려 숭두타嵩頭陀를 만나 불도에 뜻을 두었다. 송산松山의 쌍도수雙檮樹 사이에 암자를 지어 고행한지 7년 만에 깨달음을 얻었으며 자못 신기한 일들이 많았다. 그리고 대사는 윤장輪藏을 처음 만들었으며 저서에는 『선혜대사록善慧大士錄』 1권과 『심왕록心王錄』이 전한다.

以敎依輪則 敎流而無礙요
이교의륜즉 교류이무애

以輪顯敎則 輪運而無窮일새니라.
이륜현교즉 윤운이무궁

使披其敎者 理悟變通이요
사피기교자 이오변통

見其輪者 心不退轉하리라.
견기륜자 심불퇴전

然後 優遊性海하여 解脫意筌하면
연후 우유성해 해탈의전

無一物不轉法輪이요 無一塵不歸華藏하리라.
무일물부전법륜 무일진불귀화장

非有深智者라면 其孰能與於此哉리오
비유심지자 기숙능여어차재

언교가 끝없이 돌아가는 '윤輪'에 의지하면 그 가르침이 세상에 유포되는 데 걸림이 없을 것이요, '윤輪'으로 언교를 드러내면 그 가르침이 전파되는 것도 끝이 없을 것이기 때문입니다.

그 가르침을 공부하는 사람들에게는 이치로 깨달아 통하게 할 것이요, 끝없이 돌아가는 '윤장輪藏'을 보는 사람에게는 공부에서 영원히 물러나지 않게 할 것입니다.

그런 뒤 바다처럼 크고 넓은 부처님의 성품에서 자유롭게 노닐다가 번뇌에서 해탈하면, 어느 한 물건도 법륜法輪을 굴리지 않는 것이 없을 것이요, 어떤 한 티끌도 화장세계華藏世界로 돌아가지 않는 것이 없을 것입니다.

깊은 지혜가 있는 사람이 아니라면 그 누가 여기에 참여할 수 있겠습니까.

제 **7** 장

탁발을 내보내며
序文

1. 藍谷信法師 自鏡錄序
남곡신법사 자경록서

余 九歲 出家하여 于今 過六十矣라.
여 구세 출가　　　우금 과육십의

至於逍遙廣廈 顧步芳除¹하니 體安輕軟하여 身居閑逸이라.
지어소요광하 고보방제　　체안경연　　신거한일

星光未旦에 十利之精饌²이 已陳하고 日彩方中에 三德³之珍羞
성광미단　십리지정찬　　이진　　일채방중　삼덕 지진수

總萃하나 不知耕穫⁴之頓弊하고 不識鼎飪之劬勞로다.
총췌　　부지경확 지돈폐　　불식정임지구로

---

1. '제除'는 섬돌층계를 말한다.[除 階砌也]
2. 『사분율』에서 말하였다. "환하게 동이 틀 때 죽을 먹어야 하며, 동이 튼지 이미 오래 되었거나 혹은 아직 동이 트지 않았을 때는 죽을 먹을 때가 아니다." 『승기율』에서 말하였다. "난타의 어머니가 대중들에게 죽을 시주한 것이 인연이 되어 부처님께서 게송으로 '청정 계율 지켜가니 사람들이 받들기를, 공경 공양 때를 맞춰 맛있는 죽 시주하여, 열 가지나 좋은 점들 수행자에 이익 주니, 이를 일러 좋은 약들 옛 부처님 말씀일세.'라고 말씀하셨다." 열 가지 이익이란 혈액순환에 좋고, 체력을 증진시키고, 수명을 늘려 주고, 몸과 마음이 안락하고, 말이 유창해지고, 풍증風症의 질환을 없애고, 아직 소화 안 된 음식을 소화시키고, 말이 명료하고, 굶주림을 해소하고, 갈증을 없애 주는 것들이다. '사청詞淸'이란 말에 조리가 있어 명료한 것을 말하고, '변설辯說'이란 말이 걸림 없이 나오는 것을 말한다. [四分云 明相出時 食粥 或出已久後 或未出時 卽是非時. 僧祇云 佛因難陀母施衆僧粥 說偈云 持戒淸淨人所奉 恭敬隨時以粥施 十利饒益於行者 是名良藥佛所說. 十利者 資色 增力 益壽 安樂 辯說 風除 消宿食 詞淸 消飢 消渴. 詞淸 謂訓釋言辭 辯說 謂言出無礙]
3. 삼덕三德은 맑고도 여법하며 부드러운 것을 말한다.[淸淨 如法 柔軟]
4. 춘경추확春耕秋穫이니 봄에 밭 갈고 가을에 수확하는 것을 말한다.

1. 자경록 서문 _ 남곡[1] 스님

저는 아홉 살에 출가하여 지금 육십이 넘게 살았습니다. 크고 넓은 기와집에서 한가로이 노닐면서 꽃향기 가득한 길을 음미하고 걸어 다녔으니, 몸은 편안하고 가볍고 유연하여 한가로운 삶을 살았습니다. 동이 채 트기도 전 별빛이 반짝일 때 몸에 이로운 열 가지 맛있는 음식이 눈앞에 펼쳐지고, 태양이 중천에 떠 있을 때 따사로운 햇볕 속에서 맑고 여법하며 부드러운 진수성찬이 모두 모여들었습니다.[2]

하지만 봄에 밭을 갈고 가을에 수확하기 위하여 들인 피와 땀이 어린 농부의 고달픔을 알지 못하고, 부엌에서 음식을 익히고 장만해 주는 사람들의 온갖 수고로움을 깨닫지 못하고 있었습니다.

---

1. 남곡신藍谷信 법사라고 하며 '남곡藍谷'은 호이고 '신信'은 회신懷信이니 이름이다. 당나라 때의 승려로 생몰연대 및 전기 미상이다. 『자경록自鏡錄』은 『석문자경록釋門自鏡錄』의 약칭인데 3권으로 되어 있다.
2. 『비라삼매경』에서 말하였다. "부처님께서 법혜보살에게 '음식을 먹는 네 가지 유형이 있다. 이른 아침에는 천신들이 음식을 먹고, 해가 중천에 있을 때는 부처님께서 드시며, 해가 서쪽에 있을 때는 축생들이 먹고, 해가 저문 뒤에는 귀신들이 먹는다.'라고 일러주셨다. 부처님께서는 육도의 인연을 끊어 삼세의 모든 부처님과 똑같아지라고 해가 중천에 있을 때 음식을 먹게 하신 것이다."[毘羅三昧經云 佛告法惠菩薩 食有四種 早起 諸天食 日中 諸佛食 日西 畜生食 日暮 鬼神食. 佛制 斷六道因 同三世佛故 令中食]

長六尺之軀하여 全百年之命者 是誰所致乎아.
장 육 척 지 구　　전 백 년 지 명 자　시 수 소 치 호

卽我本師之願力也.
즉 아 본 사 지 원 력 야

余且約計五十之年하여도
여 차 약 계 오 십 지 년

朝中飮食이 盖費三百餘碩矣요 寒署衣藥 盖費二十餘萬矣라.
조 중 음 식　　개 비 삼 백 여 석 의　　한 서 의 약　개 비 이 십 여 만 의

爾其高門 邃宇碧砌 丹楹軒乘[1] 僕竪之流 机案牀褥之類에
이 기 고 문　수 우 벽 체　단 영 헌 승　　복 수 지 류　궤 안 상 욕 지 류

所費도 又 無涯矣니라.
소 비　　우　무 애 의

或復 無明暗起 邪見橫生하여 非法妄用 非時飮噉[2]에 所費도
혹 부　무 명 암 기　사 견 횡 생　　　비 법 망 용　비 시 음 담　　소 비

又 難量矣이니라.
우　난 량 의

此皆出自他力 資成我用이니
차 개 출 자 타 력　자 성 아 용

與夫汲汲[3]之位와 豈得同年而較其苦樂哉이리오.
여 부 급 급　지 위　　개 득 동 년 이 교 기 고 락 재

---

1. 덮개가 있는 수레를 헌승軒乘이라 한다.[車上有盖曰 軒乘]
2. 비시非時는 비식시非食時의 약칭인데 정오正午가 넘으면 음식 먹을 때가 아니라는 것이다.
3. 급급汲汲은 사는 데 바빠 잠시도 쉬지 못한다는 뜻이다.[不暫休息之意]

그런데도 6척의 몸뚱이를 길러 백 년의 수명을 온전히 하고 있는 것은 누구의 덕택이겠습니까. 곧 우리 본사本師 석가모니 부처님의 원력 때문입니다.

내가 50여 년을 어림잡아 계산해 보아도, 아침 점심으로 먹고 마신 음식물이 아마 3백여 석碩 정도는 되었을 것이요, 춥고 더울 때 쓴 의복이나 약재 값도 대략 20여 만 냥은 될 것입니다.

그리고 높은 문에 커다란 집, 푸른 섬돌에 붉은 기둥, 덮개 달린 수레와 일꾼들, 걸상, 책상, 평상, 침구와 같은 온갖 것들에 대해 쓴 비용 또한 끝이 없을 것입니다.

혹은 나도 모르게 제멋대로 삿된 견해를 드러내 바른 법이 아닌 데에 허망하게 쓰고, 때가 아닌데 먹고 마시면서 쓴 비용도 헤아리기 어려울 것입니다.

이 모든 게 다른 사람의 노력에서 나온 것을 내가 먹고 쓴 것이니, 먹고 사는데 급급한 세상 사람들과 어찌 똑같은 햇수로써 그 고통과 즐거움을 비교할 수 있겠습니까.

是知이니 大慈之敎 至矣하고 大悲之力 深矣니라.
시지 대자지교 지의   대비지력 심의

況 十號調御¹ 以我爲子하여 而覆之하고
황 십호조어 이아위자   이복지

八部天龍이 以我爲師하여 而奉之리요.
팔부천룡   이아위사   이봉지

皇王 雖貴라도 不敢以臣禮畜之하니 則其貴可知也니라.
황왕 수귀   불감이신례축지   즉기귀가지야

尊親 雖重이라도 不敢以子義瞻之하니 則其尊可知也니라.
존친 수중   불감이자의첨지   즉기존가지야

若乃悠悠四俗² 茫茫九土³에
약내유유사속 망망구토

誰家非我之倉儲이며 何人非我之子弟리요.
수가비아지창저   하인비아지자제

---

1. 여래십호如來十號는 여러 공덕에 따라 달리 불리는 부처님의 열 가지 명호를 말한다. 그 십호는 해와 달처럼 빛나는 여래, 공양을 받아야 할 응공, 모든 것을 아는 정변지, 지혜와 덕행에 밝은 명행족, 모든 것에 자유로운 선서, 세간의 이치를 아는 세간해, 완전한 인격의 무상사, 뜻대로 세상을 다스리는 조어장부, 하늘과 인간의 스승 천인사, 세상에서 가장 존경 받을 만한 불세존이다.
2. 사속四俗은 선비, 농부, 기술자, 장사꾼이며 유유悠悠는 이들이 많다는 것을 말한다.[四俗 士農工商 悠悠 言四俗之多]
3. 망망茫茫은 광활하여 끝이 없는 모습이니 온 천지가 넓고 넓은 것을 말한다.[茫茫 曠蕩貌 言九州之廣也] 구토九土는 구주九州이니 중국 땅 전체를 아홉 주로 나눈 것을 말한다.

이것으로 부처님의 자비로운 가르침이 지극하고 자비로운 신통력이 참으로 깊다는 것을 알 것입니다.

더구나 열 가지 명호를 지니신 부처님께서 저를 아들로 삼아 음덕으로 길러 주시고, 팔부천룡¹들이 저를 스승으로 삼아 받들어 모시는 데서야 무엇을 더 말할 필요가 있겠습니까.

임금이 존귀한 신분이더라도 감히 수행자를 신하로 붙잡아 두지 못하니 그 존귀함을 알 수 있습니다.

존엄하신 어버이가 소중하신 분이더라도 감히 자식된 도리로 우러러보지 못하게 하니 곧 그 존엄함을 알 수 있습니다.

온갖 세상 사람들이 살고 있는 넓고 넓은 온 천하 그 어느 집이 내 곳간이 아니겠으며, 그 누구인들 저의 자제들이 아니겠습니까.

---

1. 천룡팔부天龍八部는 불법을 수호하는 여덟 종류의 신장을 말한다. 팔부신장八部神將 가운데 천룡天龍이 으뜸이 되므로 이렇게 앞에 놓고 말하는 것이 마치 유가에서 시서육경詩書六經이라 말하는 것과 같다. 팔부八部는 천天·용龍·야차夜叉·건달바乾闥婆·아수라阿修羅·가루라迦樓羅·긴나라緊那羅·마후라가摩睺羅迦이다.

所以로 提盂入室하면 緘封之膳을 遽開하고
소이   제우입실   함봉지선   거개

振錫登衢[1]하면 施慢之容이 肅敬하나라.
진석등구   시만지용   숙경

古人은 以一飡之惠로 猶能效[2]節하고
고인   이일손지혜   유능효절

一言之顧로 尙或亡軀하나라.
일언지고   상혹망구

況 從頂至踵까지 皆如來之養乎이고
황 종정지종   개여래지양호

從生至死까지 皆如來之蔭乎리요.
종생지사   개여래지음호

---

1. 『근본잡사』에서 말하였다. "비구가 탁발하러 장자의 집에 무심코 들어갔다가 비난을 받았다. 비구가 이 일을 부처님께 아뢰니, 부처님께서 '사람이 온 것을 알리는 소리를 내어 찾아왔다는 것을 미리 알려야 한다.'라고 하였다. 이에 큰 소리로 찾아 온 것을 알리자 또 시끄럽다 하여 장자한테 편잔만 들었다. 부처님께서는 다시 '주먹으로 문을 두드리라고 하였지만, 집안 사람들이 괴이하게 여겨 '무슨 까닭에 우리 문을 두드려 부수려고 하는가?' 물으니, 비구들은 할 말이 없었다. 부처님께서는 '긴 지팡이를 만들어 위쪽에 둥근 옥고리를 달아 흔들어 소리를 냄으로써 탁발을 알려라. 두세 번 흔들어도 내다보는 이가 없을 때는 곧 다른 장소로 옮겨가야 한다.'라고 하였다."[根本雜事云 比丘乞食 入長者房 遂招譏謗 比丘白佛 佛言 可作聲警覺. 卽訶呵作聲 喧鬧招毁. 佛復制以拳打門 家人怪問何故 打破我門 比丘默爾無對. 佛言 應作錫杖 令杖頭安環子 搖振作聲而爲警覺 動可二三 無人問時 卽須行也]

2. 효效는 '바치다'의 뜻이 있다.[致也又獻也]

그러므로 발우를 들고 집안에 들어서면 깊숙이 간직했던 맛있는 음식을 서둘러 꺼내오고, 육환장을 들고 거리에 나서면 평소 거만하게 살던 얼굴들이 정중해지고 예의 바르게 되는 것입니다.

한 끼 음식을 받은 은혜 때문에 옛사람들은 절개를 바치기도 하였고,[1] 한마디 일러주는 가르침에도 자신의 몸을 바쳐 그 은혜를 보답하기까지 하였습니다.[2]

하물며 머리부터 발끝까지 먹고 입고 쓰는 모든 것에 부처님의 은혜 아닌 것이 없고, 태어나서 죽을 때까지 모든 것이 여래의 음덕을 입고 있었음에야 더 말할 필요가 있겠습니까.

---

1. 예상에서 굶주리다 음식 도움을 받고 그 보답으로 목숨을 구해주었던 영첩의 고사를 말한다.[翳桑餓人 靈輒事也] 예상은 지명으로 뽕나무가 많은 곳이었다. 춘추 때 진의 조순이 예상에서 사냥할 적에 굶주림에 지친 영첩을 보고 먹을 것을 주자 영첩은 반만 먹고 반은 남겼다. 그 이유를 물으니 3년 만에 부역을 마치고 집으로 돌아가는 길이니 반은 어머니에게 갖다드리려고 한다고 하자 이에 감동한 조순은 어머니께 갖다드릴 음식까지 싸주었다. 후일 영첩은 영공의 무사가 되었으나 영공이 조순을 죽이려하자 조순을 구하였다고 한다.
2. 히말라야 설산에서 수행하던 설산동자는 어디선가 들려오는 '모든 인연의 흐름은 무상無常한 것이니 무상이란 생겨났다 사라지는 법이니라[諸行無常 是生滅法]'라는 진리를 듣고 무한한 기쁨을 느꼈다. 설산동자는 나머지 구절까지 듣고자 이 구절을 들려준 나찰에게 몸을 바치겠다고 한다. '생겨났다 사라지는 법이 없어지면 이것이 적멸寂滅로서 즐거움이니라.[生滅滅已 寂滅爲樂]'라고 나찰이 다음 구절을 일러주자 환희심이 난 설산동자는 나찰의 먹이가 되고자 몸을 던졌으나, 나찰은 설산동자를 시험하기 위한 제석천의 화신으로 설산동자를 안전하게 받아 모셨다고 한다. 설산동자는 석가모니 부처님의 전생이다.

向使不遇佛法하여 不遇出家라면
향사불우불법　　　불우출가

方將曉夕犯霜露하고 晨昏勤隴畝니라.
방장효석범상로　　　신혼근롱무

馳騖萬端하며 逼迫^{1}千計하리라.
치취만단　　　핍박 천계

弊襜塵絮^{2} 或不足以盖形이요
폐첨진서　혹부족이개형

藿^{3}茹^{4}饌食 或不能以充口리라.
곽 여 찬식　혹불능이충구

何暇盱衡廣宇하고
하가우형광우

策杖閑庭 曳履淸談하며 披襟閒謔 避寒署擇甘辛하고
책장한정　예리청담　　　피금한학 피한서택감신

---

1. 맡은 일이 중하여 쉴 틈이 없는 것을 '핍逼'이라 하고, 억지로 부림을 당하는 것을 '박迫'이라 한다.[任重無替 曰逼 强力所使 曰迫]
2. 옷의 앞부분이 헐어진 것을 '첨襜'이라 한다.『설문』에 "서絮는 헐어진 면綿이다"고 하였다. 고치를 켜고 남은 것이 '서絮'가 되고 고치를 켜지 않은 것이 '면緬'이 된다. 고치를 켠다는 것은 누에고치를 풀어내어 실이 되게 하는 것이다. 또 '광纊'의 다른 이름이다. 정교한 것을 '면綿'이라 하고 거친 것을 '서絮'라 한다.[衣之弊前者曰襜. 說文 絮 弊綿也. 繰餘爲絮 不繰爲緬. 繰 繹繭爲絲也. 又纊之別名 精曰綿 麤曰絮]
3. '곽藿'은 두엽豆葉이니 콩잎을 말한다.
4. '여茹'는 나물 전체를 말할 때 쓰는 이름이다.[菜之總名]

지난날 불법을 만나 출가를 하지 못하였다면 아마도 아침저녁으로 찬 서리와 이슬을 맞고 부지런히 논밭 일이나 했을 것입니다. 온갖 일에 쫓기면서 천 가지 만 가지 생각을 일으켰을 것입니다.

헤진 홑옷, 때 낀 솜옷조차 몸뚱이를 가리기에 부족했을 것입니다. 거친 나물조차 반찬거리로 입을 채우기에는 충분하지 않았을 것입니다.

그러니 어느 겨를에 넓고 큰 집을 눈을 크게 뜨고[1] 바라볼 수 있었겠습니까.

한가로이 지팡이를 짚고 여기저기 다니며 정원에서 속되지 않은 맑은 이야기를 나눌 수 있었겠습니까.

옷깃을 헤치고 한가로이 농지거리를 할 수 있었겠습니까. 추위와 더위를 피하면서 달고 매운 음식을 가릴 수 있었겠습니까.

---

1. 우형肝衡은 눈을 크게 뜨고 눈썹을 치켜 올린다는 뜻인데, 눈을 크게 뜨고 상황을 관찰 분석하는 것을 말한다. 『좌태충부』에서 우형이고肝衡而誥라 하니, 이를 풀이하여 "우肝는 눈을 크게 벌리는 것이요 눈썹을 치켜 올린 것을 형衡이라 하니, 눈썹을 치켜 올려 눈을 크게 뜨는 것을 말한다. 고誥는 고告이다."라고 하였다.[左太沖賦肝衡而誥." 註 肝 張目也 眉上曰衡 謂擧眉揚目也. 誥 告也]

呵斥童稚 徵求捧汲이리오.
가 척 동 치 징 구 봉 급

縱意馬之害群 任情猿之矯樹也[1]라.
종 의 마 지 해 군 임 정 원 지 교 수 야

但三障雲聳하고 十纏縈結하여 癡愛亂心 狂愚患惱하리라.
단 삼 장 운 용   십 전 영 결   치 애 난 심 광 우 환 뇌

自悔自責하나 經瞬息而已遷이요
자 회 자 책   경 순 식 이 이 천

悲之恨之하나 歷旬朔[2]而俄變이라.
비 지 한 지   역 순 삭 이 아 변

---

1. 『여씨춘추』에서 "초왕 때 신통한 흰 원숭이가 있었다. 왕이 잡으려고 직접 활을 쏘았지만 나무 사이를 뛰어다니며 오히려 왕을 희롱하였다. 모든 신하들에게 활을 쏘게 하였으나 원숭이를 맞히지 못하였다. 다시 신궁 양유기에게 활을 쏘게 하여 화살을 들어 올리자, 원숭이는 피하지 못할 줄 알고 나무를 붙잡고 비통한 눈물을 흘렸다. 양유기는 화살을 쏘아 원숭이를 맞혔다."고 하였다. '교矯'는 속이고 업신여겨 희롱하는 것이다. 교수矯樹는 나무를 붙잡고 그 사이를 뛰어다니며 상대방을 희롱하는 것이다. '박搏'은 나무를 감싸 안은 것이다.[呂氏春秋云 楚王有神白猿 王自射之則矯樹而嬉 使群臣各射而未能中之 又使養由基射之 始調弓擧矢 猿擁樹而號 由基發箭能中之. 矯 詐也 矯樹 如搏樹而嬉也. 搏 抱也]
2. 순삭旬朔은 초하루와 초열흘을 말한다. 열흘 동안을 말하기도 하고, 열흘이나 한 달을 말하기도 한다.

버르장머리 없는 어린 아이들을 야단치거나 물리치면서 물을 떠다 바치는 일을 시킬 수 있었겠습니까.

제멋대로 날뛰는 마음이 대중들을 해치고, 감정들은 높은 나무 위에서 가만히 있지 못하는 원숭이처럼 수시로 바뀌었을 것입니다.

오직 탐욕과 성냄과 어리석음에서[1] 멍청한 짓거리만 크게 드러나고 온갖 번뇌가 얼기설기 얽혀[2] 어리석은 애욕에 마음을 어지럽히고 고뇌했을 것입니다.

이런 상황을 스스로 후회하고 자책하지만 순식간에 마음은 변해버릴 것이요, 슬퍼하고 한탄하더라도 그런 처지가 열흘이나 한 달만 지나면 싹 잊혀질 것입니다.

---

1. 삼장三障은 혹장惑障·업장業障·보장報障을 말한다. 중성의 탐욕, 성냄, 어리석음 때문에 바른 도를 장애하는 것이 '혹장'이고, 나쁜 마음이 드러나는 언어와 행위로 바른 도를 방해하는 것은 '업장'이며, 지옥·아귀·축생들의 과보를 받아 불법을 들을 수 없는 것이 '보장'이다.
2. 십전十纏은 무참無慚·무괴無愧·질투·간린·회悔·수면睡眠·도거掉擧·혼침昏沈·분忿·복覆인데, 이 열 가지 번뇌들이 중생의 몸과 마음을 얽어 묶는 까닭에 전纏이라 이름 붙인 것이다.

或復升堂致禮에 恥尊儀而雨泣하고
혹 부 승 당 치 례   치 존 의 이 우 읍

對格披文하며 慙聖敎而垂淚하나니라.
대 격 피 문   참 성 교 이 수 루

或鶉衣犬食 困辱而治之하고 損財去友 孤窮而苦之하나니라.
혹 순 의 견 식 곤 욕 이 치 지   손 재 거 우 고 궁 이 고 지

竟不能 屈慢山 淸欲火 捨麤弊之聲色하여
경 불 능 굴 만 산 청 욕 화 사 추 폐 지 성 색

免鑊湯之深誅하리니 豈不痛哉며 豈不痛哉아.
면 확 탕 지 심 주   기 불 통 재   기 불 통 재

所以常慘常啼[1] 酸辛而不拯이요
소 이 상 참 상 제   산 신 이 부 증

空藏地藏[2] 救接而無方일새니라.
공 장 지 장 구 접 이 무 방

---

1. 상참常慘은 누구인지 분명치 않다. 살타파륜은 '항상 운다'는 상제常啼라는 의미인데, 불법을 구하고자 7일 밤낮을 슬프게 운 인연으로 상제常啼라고 부른다. 『대반야경』에 이 내용이 다 갖추어져 있다.[常慘 未詳. 薩陀波崙 此云常啼 求佛法故 憂愁啼哭 七日七夜 因是號常啼. 具如大般若經]
2. 지장보살을 말하는데, 도리천에서 석존釋尊의 부촉을 받고 매일 아침 선정에 들어 중생을 제도하고자 중생의 근기根機를 관찰한다고 한다. 석존이 입멸하신 후 미륵불이 출세할 때까지 몸을 육도六途에 나타내어 천상에서 지옥까지 중생을 제도 교화한다는 대자대비하신 보살을 말한다.

간혹 다시 불당佛堂에 올라 부처님 앞에서 자신의 삶을 참회하고 부끄러워하며 비 오듯 눈물을 흘리기도 하고, 자세를 가다듬고 경전을 펼쳐 보면서 성스러운 가르침대로 살지 못한 자신의 삶을 부끄러워하여 눈물을 떨어뜨리기도 합니다.

간혹 물에 젖은 메추라기처럼[1] 낡아 헤진 옷을 입고 개밥처럼 보잘것없는 음식을 먹는 모진 수행으로 자신을 다스리기도 하고, 재물을 넘보지 않고 친한 벗들을 멀리 떠나 외롭고 궁핍하게 사는 고행을 일부러 하기도 합니다.

그러나 결국에는 산처럼 커다란 아만을 굴복시키지 못해 욕망의 불길을 끄지 못하고 못된 행실을 버리지 못하여 지옥의 가마솥에 삶기는 극심한 형벌을 면치 못할 것이니, 어찌 가슴이 아프고 아프지 않을 수 있겠습니까.

그 까닭은 중생들의 참상을 늘 마음 아파하는 상참常慘보살과 상제常啼보살이 중생들을 구하려고 아무리 고생을 하더라도 이런 우리들을 구할 수 없기 때문이요, 허공이나 지옥 중생들을 제도하는 허공장虛空藏보살과 지장地藏보살이 모든 중생을 다 구제하려고 해도 이런 우리들을 구제할 방법이 없기 때문입니다.

---

1. 자하子夏는 집이 가난하여 입고 있는 옷이 비 맞은 메추라기를 매달아 놓은 것처럼 낡아 헤졌다.[子夏家貧 衣若懸鶉] 자하는 공자의 제자이다.

余 又 反覆하여 求己하여 周旋自撫하니
여 우 반복   구기   주선자무

形容耳目은 不減於常流¹하고
형용이목   불감어상류

識悟神淸은 參差² 於名輩니라.
식오신청   참치 어명배

何福而生中國하고 何善而預出家오.
하복이생중국   하선이예출가

何罪而戒檢³ 多違하며 何釁而剛强難化리오.
하죄이계검 다위   하흔이강강난화

所以 縈紆日昃 佇歎中宵하나
소이 영우일측 저탄중소

莫識救之之方 未辨革之之術일새니라.
막식구지지방 미변혁지지술

---

1. 상류常流는 보통사람을 말한다.
2. 참치參差는 가지런하지 아니하여 들쭉날쭉한 것을 말한다.
3. 검檢은 잡도리하는 것이다. 계율로 몸과 마음을 잡도리하는 까닭에 계검戒檢이라 한다.[檢束也 以戒律檢束身心故 曰戒檢也]

저는 또 거듭 정체성을 찾으려고 이리저리 제 자신을 더듬어 보니, 몸이나 얼굴 등 이목구비耳目口鼻는 남한테 뒤떨어지지 않을 만한 정도는 되는 것 같았습니다.

마음 씀씀이는 그나마 깨끗하여 이름난 사람과 비교해보면 조금 나은 것 같기도 하고 못한 것 같기도 하였습니다.

이런 제가 무슨 복으로 이 좋은 세상에 태어나 어떤 선행으로 출가를 하게 된 것인지 참으로 궁금했습니다.

그럼에도 불구하고 무슨 죄를 지었기에 부처님의 절제된 아름다운 삶을 그리 많이 어겼으며, 무슨 허물로 쓸데없는 집착이 강하여 교화하기 어려운 건지 그 이유를 알고 싶었습니다.

그것은 하루 종일 번뇌 속에 살다가 뒤늦게 한밤중까지 내내 후회하고 탄식하면서도 자기 자신을 구제하여 스스로의 삶을 확연히 바꿀 방법을 알지 못하였기 때문입니다.

然이나 幼蒙庭訓[1]이어 早霑釋敎일새
연　　유몽정훈　　조점석교

頗聞長者之遺言하고 屢謁名僧之高論이라.
파 문 장 자 지 유 언　　누 알 명 승 지 고 론

三思之士[2]도 仮韋絃以是資[3]하고
삼 사 지 사　　가 위 현 이 시 자

九折之賓도 待箴銘而作訓하나라.
구 절 지 빈　　대 잠 명 이 작 훈

---

1. 공자가 홀로 앉아 있는데 공리가 성큼성큼 뜰을 지나가기에 "시詩를 배웠느냐?" 물으니, "시를 배우지 않았습니다."라고 하였다. 공자가 "시를 배우지 않으면 말할 만한 꺼리가 없느니라." 하니 공리가 그 자리를 물러나 시를 배웠다. 다른 날 공리가 또 성큼성큼 뜰을 지나가자 공자가 "예禮를 배웠느냐?" 물으니, "예를 배우지 않았습니다." 하므로, 공자가 "예를 배우지 않으면 남한테 내세울 만한 것이 없느니라." 하기에 공리가 물러나 예를 배웠다. 『잡기』에 이 내용이 나온다. 훗날 사람들이 집안에서 아버지에게 배우는 것을 일컬어 '정훈庭訓'이라 하였다.[夫子嘗獨坐 鯉趨而過庭 子曰 學詩乎 曰 不學詩 子曰 不學詩 無以言 鯉退而學詩. 他日 鯉又趨而過庭 子曰 學禮乎 曰不學禮 子曰 不學禮 無以立 鯉退而學禮. 出雜記. 後人 學於其親者 謂之庭訓]
2. 계문자는 모든 일을 세 번 생각한 뒤에 실천하였다.[季文子 每事三思而後行]
3. 한비자가 "서문표는 성격이 급하므로 부드러운 가죽을 차고 다녔고, 동안자는 성격이 느슨하므로 활시위를 메고 다녔다."고 말하고는, 풀이하기를 부드러운 가죽 끈은 행동을 느슨하게 할 것을 깨우쳐 주고, 활시위는 행동을 서둘 것을 깨우쳐 주었다고 하였다. 유이가 말하기를 "가죽이나 활시위가 말을 할 줄 아는 물건이 아니지만 옛사람들은 그 물건을 보고 스스로 잘못을 바로잡았으니, 신은 바라옵건대 가죽이나 시위에 비견되고자 합니다."라고 하였다.[韓非子曰 西門豹 性急故佩韋 董安于 性緩故佩弦. 註 韋 皮繩 喩緩 弦 弓弦 喩急. 劉廣曰 韋絃 非能言之物 而古人引而自匡 臣願比於韋絃] 동안자는 춘추시대 진晋나라 사람이고 서문표는 전국시대 위魏나라 사람이다. 현絃은 현弦과 뜻이 통한다.

256

그러나 저는 어릴 적부터 좋은 가정교육을 받아 일찍이 석가모니 부처님의 가르침에 젖어 살았기에, 어르신들이 남겨 놓으신 간곡한 말씀도 자주 듣고, 여러 번 이름난 스님들의 훌륭한 가르침을 찾아 배우기도 하였습니다.

먼저 세 번 정도 일을 잘 생각하고 나서 실천한다는 신중한 선비들 가운데에서도 서문표西門豹나 동안자董安子는 부드러운 가죽과 팽팽한 활시위의 모습에서 자신의 행실을 바로잡았고, 왕양王陽이나 왕준王遵처럼 험난한 고개를[1] 넘어가는 사람들도 마음속에 새겨야 할 글들을 자신의 가르침으로 삼았습니다.[2]

---

1. 구절판九折坂은 사천성 영경현榮經縣 서쪽 공래산邛峽山에 있는 비탈길인데, 대단히 꼬불꼬불해서 아홉 번을 꺾어 돌아야 하기 때문에 붙여진 이름이다.
2. 왕양이 익주 자사가 되어 험준한 구절판에 이르러 탄식하며 "이 몸의 터럭과 살갗조차 부모한테 받은 것인데 감히 상처 입게 할 수 없다." 하고는 그 자리에서 더 나아가지를 않았다. 이것은 효자의 입장에서 자신을 훈계한 것이다. 뒤에 왕준이 익주 자사가 되어 여기에 이르러 말을 모는 시종들을 독려하며 말하기를 "이 비탈길을 어찌 왕양이 두려워했겠는가? 뜻을 가진 선비는 그 근원을 잃게 됨을 잊지 않고, 용기 있는 사람은 봇도랑의 웅덩이에 버려진 일을 잊지 않는다." 고 하였다. 이것은 충신의 입장에서 자신를 훈계한 것이다.[王陽爲益州刺史 至九折坂 歎曰 身體髮膚 受之父母 無敢毁傷. 仍以不赴. 此以孝子作箴也. 後 王遵爲益州 至此 戒從驅策進曰 此豈王陽所畏乎 志士不忘喪其元 勇士不忘棄溝壑. 此以忠臣作訓也]

故로 乃詳求列代하고 披閱群編하여
고   내상구열대   피열군편

採同病之下流하고 訪迷津之野客하니라.
채동병지하류   방미진지야객

其有蔑聖言하고 輕業累하며 縱逸無恥하고 頑疎不檢을
기유멸성언   경업루   종일무치   완소불검

可爲懲勸者 並集而錄之하니라.
가위징권자 병집이록지

仍簡十科하고 分爲三軸하여 朝夕觀覽하며 庶裨萬一이라.
잉간십과   분위삼축   조석관람   서비만일

若乃坐¹成龍報 立²驗蛇身³ 牛泣登坡 駝鳴遶寺
약내좌 성용보 입 험사신   우읍등파   타명요사

---

1. 좌坐는 '드디어' 또는 '마침내'의 뜻도 있다.
2. '입立'은 즉야卽也이니 '즉각'이나 '곧'의 뜻도 있다.
3. 좌성용보坐成龍報의 고사는 무엇인가. 양무제의 극황후는 시샘과 질투가 많았다. 무제가 보위에 올라 미처 책봉을 못했는데 그로 인해 분을 이기지 못하고 갑자기 궁전 앞에 있던 우물로 뛰어 들었다. 사람들이 달려가 구하려고 했는데 이미 독룡이 되어 감히 가까이 다가가지 못했다는 이야기이다. 입험사신立驗蛇身은 『자경록』에 이르기를 "고려의 대흥륜사에 한 명의 비구가 있었다. 그의 이름은 도안인데 강의를 잘 하였다. 그런데 늘 절에서 대중 스님들을 비평하고 어린 스님들을 꾸짖으며 성을 많이 내었다. 뒷날 병을 얻어 산 채로 뱀이 되어 숲과 들녘을 돌아다니니 길이가 10여 장丈 남짓 되었다."고 하였다.[坐成龍報 梁武帝 郗皇后 性妬忌 帝初立 未及冊命 因憤怒 忽投殿前井 衆趨救之 已化爲毒龍 莫敢近之. 立驗蛇身 自鏡錄云 高麗有大興輪寺 有一比丘 厥名道安 善講說 恒居此寺 評量衆僧 呵斥童兒 大行嗔恚. 後因抱疾 生變蛇身 經出林野 長十丈餘]

그러므로 이에 유구한 역사 속에서 본받을 만한 귀감을 많은 책에서 뒤적여 찾아보면서 잘못된 삶으로 똑같은 아픔을 겪었던 사람들의 사례를 모으고, 어떻게 공부해야 할 지를 몰라 방황하고 있던 수행자의 삶들을 챙겨보았습니다.

거기서 성인의 가르침을 멸시하고 업보의 누적을 가볍게 여기며, 게을러도 부끄러움이 없고 무디고 거친 행실을 잡도리하지 않은 것들을 보았으므로, 여기서 경계하거나 권할 만한 일들을 모두 모아 기록하게 되었습니다.

이를 열 과목으로 정리하고 세 권의 책으로 만들어 아침저녁으로 살펴보면서 만에 하나라도 수행에 보탬이 되기를 바랐습니다.

양무제의 처가 왕비 책봉을 받지 못하자 분에 못 이겨 우물에 몸을 던졌다가 마침내 그 자리에서 독룡으로 변한 일, 고려의 대흥륜사大興輪寺에서 성질을 잘 부리던 도안 스님이 그 과보로 병에 걸려 산 채로 큰 뱀이 된 일, 죽어서 소가 되어 회한의 눈물을 흘리며 비탈길을 오르던 일, 죽어서 낙타가 되어 슬피 울며 절 주위를 빙빙 돌던 일,

或杖楚¹交 至遍體火燃 或戈戟去來 應時流血
혹장초 교 지변체화연 혹과극거래 응시유혈

或舌銷眉落 或失性發狂 或取把菜而作奴
혹설소미락 혹실성발광 혹취파채이작노

或侵束柴而燃足² 寄神園木 割肉酬施主之恩
혹침속시이연족 기신원목 할육수시주지은

托跡圜扉³ 變骨受謗人之罰
탁적환비 변골수방인지벌

昔不見이나 而今見하니 先不知而始知로다.
석불견   이금견   선부지이시지

號天叩地하여도 莫以追요 破膽摧肝하여도 非所及이니라.
호천고지   막이추   파담최간   비소급

---

1. 크고 기다란 막대기를 장杖이라 하고, 작고 짧은 막대기를 초楚라 한다.[大曰杖 小曰楚]
2. 『자경록』에서 말하였다. "예전에 어떤 사람이 달 밝은 봄날 흥에 겨워 친구 집에서 놀다가 몰래 나물 한 움큼을 가져 왔는데 죽어서 그 집의 노비가 되었다." 또 말하였다. "예전 낭주에 금일이란 사람이 있었다. 처음에 잘 살다가 뒤에 가난해져 끝내 권속도 없게 되었다. 그러다 폭설을 만나 추위를 견디지 못해 이웃집에서 장작 한 묶음을 훔쳐 몸을 녹이더니, 죽은 뒤 그 과보로 발을 태우는 환난을 겪게 되었다."[自鏡錄又云 昔有一人 春月夜 乘興遊友人之家 隱取一把之菜 死作厥家之奴也. 又云 昔 朗州有金鎰者 先富後貧 終無眷屬 時値雪不勝寒苦 於隣家竊一束之柴 死後遭燃足之患也]
3. 지옥의 제도는 북두칠성을 본 따서 담장을 환장圜墻이라 하고 문짝을 환비圜扉라 하며, 이 모든 것을 이름 하여 환토圜土라 한다. 이제 환비圜扉라고 한 것은 지하의 감옥을 말한다.[地獄之制 以象斗星 墻曰圜墻 扉曰圜扉 總以名之曰圜土. 今言圜扉 謂地下之獄]

혹은 곤장과 회초리로 번갈아 시뻘겋게 매질하여 몸 전체를 쑤시고 화끈하게 만든 일, 뾰족한 창이나 갈고리로 어지럽게 찔러대 피투성이를 만든 일,

혀가 녹아 없어지고 눈썹이 떨어져 없어진 일, 정신을 잃고 광기를 부린 일, 한 줌밖에 안 되는 나물을 훔쳤다가 그 과보로 노예가 된 일,

한 묶음 땔나무를 도둑질하다 그 과보로 발을 불로 지지는 고통을 당하던 일, 죽어서 나무에 붙은 버섯이 되어 그 살을 떼어내 시주의 은혜를 갚은 일, 죽은 뒤에 지옥에 떨어져서 다른 사람을 비방했던 벌을 뼈가 시리도록 받게 되는 일,

예전에는 듣지 못해 모르고 살았지만 이제 이런 사례들을 읽으면서 인과법은 한 치도 어긋남이 없어 결국 무서운 과보를 받게 된다는 것을 비로소 알게 되었습니다. 하늘을 우러러 땅을 치며 통곡해도 돌이킬 수 없는 일이요, 쓸개를 가르고 간을 도려내도 해결할 수 있는 일이 아니었습니다.

當此時也 父母百身而無贖이요
당차시야 부모백신이무속

親賓四馳而不救이며 貨賂委積¹而空陳이라.
친빈사치이불구   화뢰위적 이공진

左右撫膺而奚補리오.
좌우무응이해보

向之歡娛美樂 爲何在乎아.
향지환오미락 위하재호

向之朋流眷屬 爲何恃乎아.
향지붕류권속 위하시호

烏呼라 朝爲盛德이어 唱息於長廊이라가
오호   조위성덕   창식어장랑

夕爲傷子이어 哀慟於幽房이로다.
석위상자   애통어유방

---

1. 금과 옥을 화貨라 하고 뢰賂는 선물하는 것을 말한다. 위적委積은 모두 쌓아 두는 것이다.[金玉曰貨 賂遺贈也. 委積 皆蓄積也]

이때를 당하여서는 부모의 몸이 백 개라도 자식의 죄를 대신 속죄할 수 없는 일이요, 친한 사람들이 백방으로 노력해도 구제할 수 있는 일이 아니며, 재물을 산더미처럼 쌓아 놓았다 해도 부질없이 늘어놓은 일이 되어버립니다.

옆에서 아무리 좋은 말로 가슴을 어루만져 준들, 어찌 자신이 지은 과보를 벗어나는 데 도움이 될 수 있겠습니까.

지난날 기뻐하고 즐거워한 일들이 여기서 무슨 소용이 있겠습니까. 예전에 친한 벗들과 권속들을 여기에서 어떻게 믿고 의지할 수 있겠습니까.

아! 아침에는 온갖 복덕을 마음껏 누려 넓고 큰 집에서 즐겁게 지내다가, 저녁에는 상처받은 이가 되어 깊숙하고 어두운 방안에서 서럽고 슬프게도 우는구나.

匪斯人之獨有라 念余身兮 或當이니
비 사 인 지 독 유   염 여 신 혜   혹 당

儻百年而一遇라도 將恥悔兮 何央¹이리오.
당 백 년 이 일 우   장 치 회 혜   하 앙

可不愴乎아 可不懼乎아.
가 불 창 호   가 불 구 호

故로 編其終始하여 備之左右하고는
고   편 기 종 시   비 지 좌 우

佇勖書紳²之誡하여 將期戰勝之功³이라.
저 욱 서 신 지 계   장 기 전 승 지 공

其有名賢雅誥⁴ 哲人殊迹 道化之洿隆 時事之臧否일새
기 유 명 현 아 고   철 인 수 적   도 화 지 오 융   시 사 지 장 부

亦附而錄之하여 以寄通識이니라.
역 부 이 록 지   이 기 통 식

---

1. '앙央'은 급야及也이니 '멀리 미치다'는 뜻이다.
2. 『논어』에서 "자장이 듣기 원한 한 마디 말을 신紳에 기록하였다."고 했는데 신紳은 큰 허리띠이다.[論語 子張願聞一言 書諸紳. 紳 大帶也]
3. 『한비자』에서 말하였다. "자하가 처음에는 여위었다가 뒤에 살이 찌자 그 이유를 묻는 사람이 있으므로 답하기를 '제가 싸움에서 이겼습니다.'라고 하였다. 묻기를 '어떻게 싸움에서 이겼습니까?' 하니, 이르기를 '제가 들어가서는 공자님의 올바름이 영광된 것이라 보았지만 나와서는 부귀영화를 영광된 것이라고 보았습니다. 이 두 가지가 마음속에서 싸움을 한 까닭에 여위게 되었지만 지금 공자님의 올바름이 승리한 것을 보았으므로 살이 찐 것입니다.'라고 하였다."
[韓非子云 子夏始癯而後肥 有問之者 曰吾戰勝. 問 何爲戰勝 曰 吾入見夫子之義而榮之 出見富貴又榮之. 二者 戰於胸中 故癯 今見夫子之義勝 故肥]
4. '아雅'는 바르다는 것이며 '고誥'는 윗사람이 아랫사람을 훈계하는 말이다.[雅 正也 誥 上之警下之言也]

이 사람들에게만 있는 일들이 아니라 저의 몸도 행여나 여기에 해당되지 않을까 생각하니, 백 년에 한 번 닥칠 일이라도 장차 후회하고 부끄러워할 일이 어찌 멀리 있겠습니까.

그러니 제 처지를 슬퍼하고 두려워하지 않을 수 있겠습니까.

그러므로 처음부터 끝까지 그 모든 가르침을 엮어 곁에 두고는, 오래도록 이 내용을 잊지 않고 교훈삼아 장차 모든 '마구니 경계'에서 벗어날 공부로 삼았습니다.

그밖에 이름난 현인들의 올바르고도 우아한 가르침, 눈 밝은 사람의 뛰어난 행적, 부처님의 가르침이 쇠퇴하거나 융성해지는 일들, 그 당시에 잘 처리했던 일과 그렇지 못했던 일들이 있었으므로 이를 또한 덧붙여 기록하여 이 일들을 널리 알리려고 하였습니다.

古人 云하되 百年影徂이나 千載心在라하니
고인 운   백년영조   천재심재

實로 望하노니 千載之後라도 知余心之所在焉이니라.
실   망   천재지후   지여심지소재언

옛 어른께서 이르시기를 "그림자처럼 존재하지 않는 백 년밖에 못 살 이 몸이야 사라지겠지만 천년만년 이어질 이 마음은 그대로 있다."라고 하였으니, 진실로 천 년 뒤에라도 이 글을 쓰는 내 마음이 어디에 있는지를 후학들이 알아주기를 바랄 뿐입니다.

2. 禪林妙記 前序 京師 西明寺 釋玄則撰
선림묘기 전서 경사 서명사 석현칙찬

一切諸佛은 皆有三身이라 一者 法身이니 謂圓心所證이요
일체제불   개유삼신   일자 법신   위원심소증

二者 報身이니 謂萬善所感이며 三者 化身이니 謂隨緣所現이라.
이자 보신   위만선소감   삼자 화신   위수연소현

今 釋迦牟尼佛者 法身久證이어 報身久成이고 今之出現은 盖化
금 석가모니불자 법신구증   보신구성   금지출현   개화

身耳라. 謂於過去釋迦佛所에서 發菩提心하고 願同其號하니
신이   위어과거석가불소   발보리심   원동기호

故로 今成佛하여 亦號釋迦佛[1]이니라.
고   금성불   역호석가불

---

1. 『대론』에서 말하였다. "석가께서 전생에 기와공이었을 때 이름이 '대광명'이었다. 그 당시 부처님은 '석가문'이었고 제자들은 사리불·목련·아난 등인데 이들과 함께 기와공의 집에서 하루를 묵게 되었다. 이때 기와공이 풀방석과 등불 및 꿀을 보시하면서 서원을 세워 '제가 미래 성불하면 지금 부처님 명호처럼 될 것이며, 제자들 이름 또한 같을 것이다.'라고 하였다." 『바사론』에서 말하였다. "과거에 어떤 부처님이 세상에 나와 명호를 석가라고 하였다. 그 부처님께서 중생들을 늘 교화하러 다니다가 바람결에 피부가 메말라서 어깨와 등 쪽에 질병이 생겼다. 아난에게 '도공의 집에 가서 호마기름과 따뜻한 물을 구해 나를 씻겨달라.' 하니, 아난이 가서 구해 왔다. 당시 그 도공의 이름은 '광식'이었는데, 기름과 향수를 마련하여 부처님을 씻어드리니 풍질이 말끔히 나왔다. 부처님이 그를 위하여 법을 설하자 그는 법문을 듣고 원력을 세웠다.……"[大論云 釋迦先世作瓦師 名大光明. 時有佛 名釋迦文 弟子名舍利佛目連阿難 與弟子俱到瓦師舍一宿. 爾時 瓦師布施草座燈明蜜漿 便發願言 我於當來作佛 如今佛名 弟子名亦今時. 又 婆娑論云 過去有佛出世 號釋迦. 彼佛化導有情 恒涉道路 爲風所薄 肩背有疾 令阿難 往陶師家 求胡麻油及以煖水 爲吾塗洗. 侍者往求. 時彼陶師名曰廣識 辦油及香水 爲佛灌洗 風疾除愈. 佛爲說法 彼聞發願云云也]

2. 선림묘기[1] 서문 _ 서명사 현칙[2]

모든 부처님에게는 세 가지 몸이 있습니다. 첫 번째는 법신法身이니 오롯한 마음이 증득된 것이요, 두 번째는 보신報身이니 온갖 좋은 일이 다 감응된 것이며, 세 번째는 화신化身이니 인연 따라 그 모습이 드러난 것입니다.

지금 석가모니 부처님은 법신을 오래 전에 증득하여 보신도 오래 전에 갖추었고 이제 이 세상에 출현하신 부처님은 화신 뿐입니다.

이는 과거 석가모니 부처님의 처소에서 도 닦을 마음을 내고 그 석가모니 부처님과 명호가 똑같아지기를 발원하였으므로, 지금 세상에서 성불하여 '석가모니'라고 호칭하는 것입니다.

---

1. 『선림묘기禪林妙記』는 청봉고수靑峰高秀가 지은 것인데 전집前集과 후집後集 2권으로 되어 있다.
2. 서명사西明寺는 섬서성陝西省 장안에 있던 절이다. 석현칙釋玄則은 골주滑州 위남衛南 사람인데 호는 보은報恩이고 현칙玄則은 이름이다. 어려서 출가하여 처음 청봉靑峰에게서 공부하다 뒤에 청량정혜淸凉淨慧를 찾아가 언하에 문득 깨달았다. 남당南唐 후주後主가 명하여 금릉金陵 보은사報恩寺에서 개당설법 開堂說法을 하였다. 송宋 개보開寶 8년(975) 12월 20일 나이 76세에 입적하였다. 선사가 쓴 후서後序가 또 있다.

三無數劫 修菩薩行하고
삼 무 수 겁　수 보 살 행

一一劫中에 事無量佛하며 中間續遇 錠光如來하여
일 일 겁 중　사 무 량 불　　중 간 속 우　정 광 여 래

以髮布泥 金華奉上할새 尋蒙授記하여 得無生忍이라.
이 발 포 니　금 화 봉 상　　심 몽 수 기　　득 무 생 인

然이나 一切佛이 將成佛時 必經百劫 修相好業이니라.
연　　　일 체 불　장 성 불 시　필 경 백 겁　수 상 호 업

其釋迦 發心은 在彌勒後나 當以逢遇 弗沙如來하여
기 석 가　발 심　　재 미 륵 후　당 이 봉 우　불 사 여 래

七日翹仰하고 新新偈讚이라. 遂超九劫하여 在前成道[1]하니라.
칠 일 교 앙　　신 신 게 찬　　　수 초 구 겁　　재 전 성 도

---

1. 『본생경』에서 말하였다. 과거에 '불사'라고 하는 부처님께 '석가'와 '미륵'이라는 두 보살이 있었다. 부처님께서 석가는 아직 마음이 성숙되지 않고 나머지 제자들은 모두 마음이 순수한 것을 보고, '한 사람은 쉽고 빠르게 교화할 수 있지만 많은 사람들은 그렇게 다스리기 어려울 것이다.'라고 생각하였다. 곧 설산에 올라 보굴 안에 들어가 '불빛선정'에 들었다. 이때 석가보살이 외도선인이 되어 산에 올라와 약초를 캐다가 부처님을 보고 환희심을 내었다. 한 발로 서서 발돋움하여 부처님을 향해 손을 잡고 마음을 모아 부처님을 보되, 눈도 깜짝이지 않고 7일 밤낮을 계속 게송으로 부처님을 찬탄하였다. 이 복덕으로 과거 9겁을 초월하여 91겁 만에 깨달음을 증득하였다.[本生經云 過去有佛 名曰弗沙 有二菩薩 一名釋迦 一名彌勒. 是佛觀釋迦 心未成熟 其諸弟子 心皆純熟 如是思惟 一人之心 易可速化 衆人之心 難可疾治. 卽上雪山 入寶窟中 入火禪定. 時 釋迦菩薩 作外道仙人 上山採藥 見佛歡喜 翹一足立 叉手向佛 一心而觀 目未曾眴 七日七夜 以偈讚佛. 於是 超過去九劫 九十一劫得阿耨菩提]

석가모니 부처님은 과거 헤아릴 수 없는 세 번의 겁 동안 보살행을 닦고, 하나하나의 겁에서 헤아릴 수 없는 부처님을 섬기며 정광錠光[1]여래를 만나자 기다란 머리칼로 진흙땅을 덮어 정광여래께서 그 위로 걸어가시게 하고 황금 연꽃 일곱 송이를 바쳤습니다. 그 공덕으로 수기를 받아 '생멸이 없는 무생법인無生法忍'을 얻으셨습니다.[2]

그러나 모든 부처님이 성불하려고 할 때에는 반드시 백 겁 동안 상호相好를 다스리는 업業을 닦아야 합니다.

석가모니보살께서 도 닦을 마음을 낸 것은 미륵보살보다 훨씬 뒤였습니다. 하지만 불사여래弗沙如來를 만나 7일 동안 발뒤꿈치를 들고 간절히 우러러 새롭고 새로운 게송으로 부처님을 찬탄한 일이 있었습니다. 마침내 이 공덕으로 아홉 겁을 뛰어넘어 91겁 만에 미륵보살보다 앞서 부처님의 도를 이루게 되었습니다.

---

1. 『대론』에서 말하였다. 태자가 태어날 때 몸 전체가 등불처럼 빛이 났기에 '연등燃燈'이라 불렀다. 성불할 때 또한 '연등'이라 불렀고 또는 '정광錠光'이라 일컫기도 하였다. 등 밑에 발이 달려있는 것을 '정錠'이라 하고, 발이 없는 것을 '등燈'이라 한다.[大論云 太子生時 一切身邊 光如燈故 云燃燈. 以至成佛 亦名燃燈. 亦云錠光 有足名錠 無足名燈]
2. 공부할 때 선혜 선인이었던 석가모니가 항원왕의 법문 요청에 나아가던 연등불을 만나자 긴 머리털로 진흙길을 덮어 그것을 밟고 지나가게 하였다. 또 금빛 연꽃 일곱 송이를 공양하니 연등불이 수기하며 "너는 부처가 되어 '석가모니'라 불릴 것이다."고 하였다.[佛因地 作善慧仙人 遇燃燈佛赴隂怨王請 布髮掩泥 佛履而過之 又上金蓮華七枝 佛與記日 汝當得佛 號釋迦]

將欲成時 生兜率天[1]하니 號普明菩薩이라하고
장욕성시 생도솔천   호보명보살

盡彼天壽하여 下閻浮提하니 現乘白象하고 入母右脅하니라.
진피천수   하염부제   현승백상   입모우협

其母 摩耶 夢懷白象하자 梵仙 占曰하되
기모 마야 몽회백상   범선 점왈

若夢日月하면 當生國王이요 若夢白象하면 必生聖子하리라.
약몽일월   당생국왕   약몽백상   필생성자

母從此後 調靜安泰하니 慈辯 日異로다.
모종차후 조정안태   자변 일이

菩薩이 初生하자 大地 震動이라.
보살   초생   대지 진동

身紫金色에 三十二相 八十種好 圓光一尋이라.
신자금색   삼십이상 팔십종호 원광일심

---

1. 도솔천兜率天은 욕계 육천 가운데 네 번째 하늘이다. 수미산 꼭대기에서 12만 유순 되는 곳에 있는 하늘로 칠보로 된 궁전이 있고 하늘나라 사람들이 많이 살고 있다. 여기 내원內院은 미륵보살의 정토이고 외원外院은 하늘나라 사람들이 즐기며 사는 곳이다. 하늘나라 사람의 수명은 4000세이고 인간의 400세가 이 하늘의 하루밤낮이라고 한다. 사바세계 모든 부처님은 반드시 이 하늘에 계시다가 내려와서 성불한다.

이 세상의 부처님이 되려고 할 때 도솔천에 태어나니 보명보살普明菩薩이라 하였고, 그 하늘에서 수명이 다하여 염부제로 내려오니 흰 코끼리를 타고 마야부인의 오른쪽 옆구리로 들어가게 되었습니다.

마야부인이 꿈속에서 흰 코끼리를 품자 하늘에 머물고 있던 아사타阿私陀 선인이 내려와 예언을 하며 말하였습니다.

"해나 달의 꿈을 꾸었으면 나라의 왕이 되실 분을 낳을 것이요, 흰 코끼리의 꿈을 꾸었으면 반드시 성인이 되실 분을 낳을 것입니다."

마야부인은 그 뒤로 고요하고 편안한 마음으로 사니 자애로운 말씨들이 날로 늘어났습니다.

얼마 후 보살이 태어나자 대지가 진동하였습니다.

자줏빛 금색 몸에 삼십이상三十二相 팔십종호八十種好로 뛰어난 모습을 갖추고 둥그런 황금빛 광명이 두둥실 그 몸을 둘러싸고 있었습니다.

生已 四方 各行七步하며 爲降魔梵[1]하려 發誠實語하니라.
생이 사방 각행칠보   위강마범   발성실어

天上天下 唯我獨尊.
천상천하 유아독존

抱入天祠하니 天像悉起[2]라.
포입천사   천상실기

阿私陀仙이 合掌하며 歎曰하되
아사타선   합장   탄왈

相好明了하니 必爲法王이라. 自恨 當死에 不得見佛이로다.
상호명료   필위법왕   자한 당사   부득견불

---

1. 마범魔梵은 욕계 제육천의 마왕과 색계의 범천왕을 말한다.『구사광기俱舍光記』에 '마魔'는 타화자재천마他化自在天魔요 범범梵은 범왕梵王이라 하였다.
2.『인과경』에서 "칠보로 장식한 코끼리 수레에 태자를 태우고 성에 들어갈 때, 왕과 석가 종족들이 아직 삼보를 알지 못했기에 태자를 데리고 하늘 신을 모시는 사당으로 갔다. 태자가 사당에 들어가니 범천의 형상들이 모두 자리에서 일어나 태자의 발에 절을 하였다."고 말하였다. 다른 경전은 이러한 내용과 조금 다르다.[因果經云 置太子七寶象輿入城時 王及釋種 未識三寶 卽將太子 往詣天祠 太子 旣入 梵天形像 皆從座起 禮太子足. 餘經 與此小異]

태어나자마자 사방으로 일곱 걸음을 걸으면서, 욕계欲界의 마왕과 색계色界 범천왕의 항복을 받으려고 진실한 말씀을 하셨습니다.

"하늘 위와 하늘 아래 오로지 '참된 부처 나만 홀로 존귀하다.'"

태어난 태자를 품에 안고 하늘 신을 모신 사당에 들어가니, 하늘의 신상神像들이 공손하게 일어나 모두 태자의 발에 이마를 대고 절을 하였습니다.

아사타 선인이 두 손 모아 찬탄하며 말하였습니다.

"상호가 분명하시니 반드시 온갖 법의 주인인 법왕法王이 되실 것입니다. 그 일이 있기 전에 저는 죽기에 이 세상에서 부처님을 뵐 수 없다는 것이 스스로 한스러울 뿐입니다."[1]

---

1. 아사타 선인이 향산에 있을 때 그곳에서 태자가 있는 곳에 날아와 태자의 관상을 보고는 갑자기 슬피 울었다. 왕이 "무슨 불길한 일이 있기에 이처럼 우십니까?" 물으니, 선인이 "하늘에서 금강태산을 비 오듯 쏟아내려도 태자의 털끝 하나도 움직일 수 없을 것이니, 반드시 부처님이 되실 것입니다. 제가 이제 나이 들어 무색천에 태어나 부처님을 볼 수 없고 법을 듣지 못할 것`기에 제 스스로 슬퍼할 뿐입니다."라고 대답하였다.[阿斯陀仙在香山中 自彼飛來 詣太子所 相太子已 忽然悲泣. 王問 有何不祥 涕泣如是 仙言 仮使天雨金剛泰山 不能動其一毛 必當作佛. 我今年暮 當生無色天上 不得見佛 不聞其法故 自悲耳]

斯則 淨飯國王之太子也라.
사 즉 정 반 국 왕 지 태 자 야

字는 悉達多요 祖號는 師子頰이며 父는 名淨飯이요 母는 曰 摩耶니라.
자   실 달 다   조 호   사 자 협   부   명 정 반   모   왈 마 야

代代爲輪王이고 姓은 瞿曇氏이나 復因能事로 別姓 釋迦[1]니라.
대 대 위 윤 왕   성   구 담 씨   부 인 능 사   별 성 석 가

朗悟는 自然이고 藝術은 天備이며 雖居五欲[2]이라도 不受欲塵이라.
낭 오   자 연   예 술   천 비   수 거 오 욕   불 수 욕 진

遊國四門이라가 見老病死 及一沙門이라.
유 국 사 문   견 로 병 사 급 일 사 문

還入宮中에 深生厭離라
환 입 궁 중   심 생 염 리

忽於夜半 天神扶警하니 遂騰寶馬하고 踰城出家하니라.
홀 어 야 반 천 신 부 경   수 등 보 마   유 성 출 가

---

1. '석가'는 '능인能仁'이라 번역한다. 『장아함』에서 말하였다. "예전에 성씨가 '감자'라는 전륜성왕이 있었다. 계비의 참소를 듣고 네 명의 태자를 멀리 배척하니 태자들이 설산의 북쪽에 이르러 자신들이 직접 성을 쌓고 머물렀다. 덕행으로 사람들을 대하자 몇 년 안 되어 강국이 되었다. 부왕이 후회하고 사신을 보내 불러들였으나 네 아들은 사양하며 돌아가지 않았다. 부왕은 세 번씩이나 탄식하고 '나의 아들은 석가로다.' 하면서 그로 인하여 성씨를 지어 주었다."[釋迦 此翻能仁. 長阿含云 昔有輪王 姓甘蔗氏. 聽次妃之譖 擯四太子 至雪山北 自築城居 以德歸人 不數年間 蔚爲强國. 父王悔憶 遣使往召 四子辭過不還 父王三歎 我子釋迦 因命氏]
2. 오욕五欲은 재욕·색욕·식욕·명예욕·수면욕 다섯 가지를 말한다.

이 분이 곧 정반국왕의 태자입니다. 어릴 때 이름은 '실달다'요 할아버지 이름은 '사자협'이며, 아버지는 '정반'이요 어머니는 '마야'입니다. 대대로 그 집안은 전륜성왕이 되었고 성씨는 '구담'이었지만, 또 그들이 '걸림 없이 모든 일을 다 해낼 수 있다'는 뜻으로써 따로 성씨를 '석가'라고 하였습니다.

태자의 밝은 깨달음은 저절로 이루어지고 예술적인 감각은 천부적으로 갖추어져 있었으며 오욕의 삶에 머물러 있더라도 번뇌를 일으키는 욕망을 받아들이지 않았습니다.

청년이 되어 나라 안을 구경하려고 동서남북에 있는 성문을 지나다가 우연히 늙은 사람, 병든 사람, 죽은 사람, 출가한 사문들을 차례차례 보게 되었습니다.

태자는 궁으로 돌아왔지만 세속의 삶이 뼈저리게 싫어졌습니다. 홀연 한밤중에 하늘의 신들이 태자에게 잘못된 삶을 일깨워 주니, 마침내 평소 아끼던 말을 타고 카필라 성을 넘어 출가하였습니다.

苦行六年이니 知其非道하고 便依正觀하여 以取菩提하니라.
고행육년　지기비도　변의정관　이취보리

時 有牧牛女人이어 煮乳作糜에 其沸高涌이라.
시 유목우녀인　자유작미　기비고용

牧女驚異하여 以奉菩薩하니 菩薩食之하고 氣力充實이라.
목녀경이　이봉보살　보살식지　기력충실

入河洗浴[1]하고 將登岸時 樹自低枝하여 引菩薩上이라.
입하세욕　장등안시 수자저지　인보살상

菩薩從此 受吉祥草하여 坐菩提樹[2]하자
보살종차 수길상초　좌보리수

惡魔見已하고 生嗔惱心하며 云하기를
악마견이　생진뇌심　운

此人者 欲空我界로다.
차인자 욕공아계

---

1. 하수河水는 니련선하泥蓮仙河를 가리킨다.『화엄경』에서 말하였다. "보살이 목욕할 때 모든 천신들이 다투어 이 물을 하늘궁전으로 가지고 갔으며, 연못 속의 어류들은 이 물을 마시고는 천상에 태어났다. 보살은 이런 이익을 줄 수 있기 때문에 어류들을 제도하려 목욕을 한다."[華嚴經云 菩薩浴時 諸天競取此水 將還天宮 池中水族 飲此水已 得生天上. 菩薩爲利益故 度脫水族 示現洗浴]
2. 『서역기』에서 "니련하 서남쪽 10리쯤에 나무가 있는데 이름이 필바라이다."라고 했는데, 이것이 보리수이다.[西域紀云 泥蓮河西南十里有樹 名畢波羅. 是爲菩提樹也]

실달다보살은 고행을 6년이나 하였으나 그 수행이 올바른 도가 아님을 알고 바로 정관正觀에 의지하여 깨달음을 얻었습니다.

그 당시 소를 기르고 살던 '난타'라는 여인이 우유를 끓여 죽을 만들려고 할 때에 죽이 끓다가 갑자기 높이 솟아올랐습니다.

여인은 신기한 현상에 크게 놀라 그 죽을 보살에게 공양 올리니 보살이 이 죽을 먹고는 기운을 차렸습니다.

그리고 강물에 들어가 목욕을 하고 언덕에 오를 때 언덕 위에 있던 나뭇가지가 저절로 밑으로 내려와 보살이 잡고 올라갈 수 있게 도와주었습니다.

보살이 이곳에서 마른 길상초[1]를 공양 받아 보리수 밑에 푹신하게 깔고 앉자 악마가 이 모습을 보고는 성을 내며 말했습니다.

"이 사람이 나의 세계를 없애려고 한다."

---

1. 길상초吉祥草는 습기가 있는 땅이나 논에서 자라는 박하와 비슷한 풀이다. '길상'이란 이름은 석존이 이 풀을 깔고 보리수 밑에 앉아 도를 이루었다고 한데서 연유했다고도 하며, 또 이 풀을 석존에게 바친 사람이 '길상동자'라는 데서 연유했다고도 한다.

卽率官屬十八億萬하고 持諸苦具하여
즉솔관속십팔억만   지제고구

來怖菩薩하며 促令急起 受五欲樂이라.
내포보살   촉령급기 수오욕락

又 遣妙意天女三人하여 來惑菩薩하나라.
우 견묘의천녀삼인   내혹보살

爾時 入勝意慈定 生憐愍心하나라.
이시 입승의자정 생연민심

魔軍이 自然 墮落退散하고 三妙天女 化爲癭鬼하니 降魔軍已라.
마군 자연 타락퇴산   삼묘천녀 화위영귀   항마군이

於二月八日 明相出時 而成正覺이라.
어이월팔일 명상출시 이성정각

旣成佛已 觀衆生根하고 知其樂小하고 未堪大法이라.
기성불이 관중생근   지기요소   미감대법

곧 악마는 그를 따르는 수많은 마구니를 거느리고 보살을 괴롭힐 온갖 무기를 가지고 와 보살을 위협하며 빨리 일어나 세상을 즐길 '오욕락五欲樂'을 받아들이라고 다그쳤습니다.

보살이 꿈쩍도 않자 또 아름다운 '묘의천녀妙意天女' 세 명을 보내 보살을 유혹하기도 하였습니다.

이때 보살은 수승한 마음에서 드러나는 자비로운 선정 '승의자정勝意慈定'에 들어가 이들을 보고는 불쌍한 생각이 들어 안타까워했습니다.

그러자 마군이 저절로 무너져 흩어지고 아름다운 천녀들도 혹 달린 귀신 '영귀癭鬼'가 되어버리니 마군이 항복하였습니다.

2월 8일 동쪽하늘에서 먼동이 틀 때 바른 깨달음 '정각正覺'을 이루셨습니다.

성불한 뒤 중생들의 근기를 보고 그들은 소승의 법을 즐겼지 아직 큰 법을 감당하지 못할 근기라는 것을 아셨습니다.

卽趣波羅奈國[1] 度憍陳如等五人하여 轉四諦法輪하니
즉 취 바 라 내 국   도 교 진 여 등 오 인   전 사 제 법 륜

此則 三寶出現之始也라.
차 즉 삼 보 출 현 지 시 야

其後 說法度人之數 大集菩薩之會
기 후 설 법 도 인 지 수 대 집 보 살 지 회

甚深無相之談 神通示現之力이 經文具之矣니라.
심 심 무 상 지 담 신 통 시 현 지 력   경 문 구 지 의

又 於一時 昇忉利天[2]하여 九旬安居하며 爲母說法하니라.
우 어 일 시 승 도 리 천   구 순 안 거   위 모 설 법

---

1. 바라내국波羅奈國은 중인도 마갈타국 서북쪽에 있는 나라로 지금 '바라나시' 지방에 해당한다. 석존이 성도하신 지 삼칠일이 지난 뒤에 이곳에 있는 녹야원에서 처음 설법하여 교진여 등 다섯 비구를 제도하였다. 그 뒤 200년이 지나서 아육왕이 이곳을 성지로 표시하기 위하여 두 개의 석주를 세웠다.

2. 부처님이 78세 때이다.『서응경』에서 "마야부인이 태자를 낳은 뒤 7일 만에 임종하였지만 보살을 품은 공덕 때문에 도리천에 태어났다." 하였고, 또 이르기를 "태자는 자신의 복덕이 너무 커서 그 복덕을 예禮로 감당할만한 여인이 없음을 스스로 알고는, 그 까닭으로 곧 임종할 몸에 의탁하여 태어나셨다."라고 하였다.[時 如來年七十八歲.瑞應經云 摩耶産太子後七日 命終 以懷菩薩功德大故 生忉利. 又 太子自知福德威重 無有女人堪受禮者 因其將終託之而生]

곧 바라나시 녹야원으로 찾아가 이전에 함께 수행했던 교진여를 비롯한 다섯 비구를¹ 제도하여 사성제四聖諦 진리를 설파하시니, 이로써 삼보三寶가 세상에 출현하기 시작했습니다.

그 뒤로 법을 설파하며 제도한 수많은 사람들, 모든 보살들이 모인 대법회, 그 이치가 매우 깊고 깊어 어떤 모습으로도 설명할 수 없는 법담法談, 신통을 드러내 보인 것들이 경전에 다 갖추어 설해져 있습니다.

또 한번은 도리천에 올라가 90일 동안 안거하며 어머니를 위해 법을 설하시기도 하였습니다.

---

1. 오인五人은 석존이 출가한 곳에서 부왕의 명으로 태자를 모시고 함께 고행하던 사람들이다. 부처님이 도를 이루신 뒤 처음 교화를 베풀어 비구가 된 다섯 사람이니, 즉 교진여憍陳如·아습바阿濕婆·발제跋提·십력가섭十力迦葉·바사바婆沙婆 혹은 교진여憍陳如·아습바阿濕婆·발제跋提·마가남摩訶男·바사바婆沙婆를 말한다.

時 優塡國王 及波斯匿王이
시 우전국왕 급바사익왕

思慕佛德하여 刻檀畵氎 以寫佛形하니라.
사모불덕　　각단화첩 이사불형

於後 佛從忉利天下하자 其所造像이 皆起避席하니
어후 불종도리천하　　기소조상　개기피석

佛摩其頂하며 曰하되
불마기정　　왈

汝 於未來 善爲佛事하리라.
여 어미래 선위불사

佛像之興이 始於此矣니라.
불상지흥　시어차의

化緣將畢에 時從厭怠하자
화연장필　시종염태

佛便告衆하기를 却後三月 吾當涅槃하리라하며
불변고중　　　각후삼월 오당열반

復記後事는 如經具說이니라.
부기후사　여경구설

세상에 부처님이 안 계시자 우전국왕과 바사익왕이 부처님의 은덕을 사모하여 전단향나무에 부처님을 조성하고 비단 천에 부처님의 모습을 그려 성상을 만들었습니다.

뒷날 부처님이 도리천에서 내려오시자 조성해 둔 성상聖像들이 모두 자리에서 일어나 부처님께 자리를 내드리니, 부처님은 그들의 정수리를 어루만지며 말씀하셨습니다.

"그대들은 앞으로 오는 세상에서 중생들이 부처님과 인연을 맺는 일들을 잘들 하리라."

부처님의 성상을 만들기 시작한 것이 여기에서 비롯된 것입니다.

중생 교화의 인연들이 다해 갈 무렵 때로는 따르던 사람들이 수행을 싫어하기도 하고 게을러지기도 하자 부처님께서 대중들에게 일러 "3개월 뒤 나는 열반에 들리라."고 말씀하셨고, 또 부처님께서 다시 뒷일에 대해 일러두었던 것은 경전에서 다 갖추어 말하는 내용들과 같습니다.

然이나 如來實身은 常在不滅이니
연   여래실신   상재불멸

故로 法華 云하되 常在靈鷲山¹ 及餘諸住處라.
고   법화 운   상재영취산   급여제주처

今生 滅者 是佛化身이니
금생 멸자 시불화신

爲欲汲引하려 現同其類하니 所以로 受生하니라.
위욕급인   현동기류   소이   수생

復欲令知 有爲必遷하니 所以로 示滅하니라.
부욕령지 유위필천   소이   시멸

又 衆生根熟하니 所以로 現生하고
우 중생근숙   소이   현생

衆生感盡하니 所以로 現滅하니라.
중생감진   소이   현멸

---

1. 옛적 여래가 수행하던 시절 독수리가 되어 이 산중에서 부모를 모시고 살았다고 하여 얻은 이름이다. 또 성의 남쪽에 시체를 갖다 버리는 숲이 있는데 독수리들이 그곳에 모여 죽은 사람을 먹고 살았다. 사람들이 죽으려고 하면 독수리가 그 집을 빙빙 돌며 슬피 우는 소리를 내니, 사람들이 그로써 사람의 죽음을 미리 아는지라 이 때문에 '신령스런 독수리'라는 뜻으로 '영취'라 불렀다.[如來因時 嘗爲鷲鳥 於此山中 養育父母 由此得名. 又 城南有屍多林 鷲鳥居之 多食死人 人欲死者 鷲翔其家 悲鳴作聲 人以預知 故名靈鷲]

그러나 여래의 실상實相 법신法身은 영원하여 멸하지 않는 것이니, 그러므로 『법화경』에서 "부처님은 영취산¹과 다른 모든 곳에 언제나 있어 왔다네."라고 한 것입니다.

지금 세상에 왔다가 사라지는 부처님의 모습은 화신化身이니, 중생들을 부처님 세상으로 인도하기 위하여 그들과 똑같은 몸을 드러내야 하므로 중생의 몸을 받은 것뿐입니다.

그리고 다시 유위법有爲法은 반드시 변하는 것임을 알게 하려는 까닭에 열반에 드는 모습을 보여준 것입니다.

또 중생들이 법을 받을 만한 근기가 무르익은 까닭에 부처님의 몸을 드러내 보인 것이고, 중생들의 감응이 다한 까닭에 부처님의 몸이 사라지는 입멸入滅을 드러내 보인 것뿐입니다.

---

1. 영취산은 중인도 마갈타국 왕사성 동북쪽에 있는 유명한 불교 성지로 알려져 있다. 산 모습이 독수리처럼 생긴데다가 실제로 독수리도 많이 살고 있어서 붙게 된 이름인데 '영산靈山'이라고도 한다. 부처님께서는 이 산에서 『법화경』을 비롯한 많은 대승경전을 설하셨다고 한다.

佛 涅槃後 人天이 供養하여 起諸寶塔하니라.
불 열반후 인천 공양　　기제보탑

又 大迦葉 召千羅漢하여 結集經藏하니라.
우 대가섭 소천나한　　결집경장

阿難이 從鎖隙入하여
아난　종쇄극입

誦出佛經하며 一無遺漏일새 如瓶瀉水 置之異器로다.
송출불경　　일무유루　　여병사수　치지이기

一百年外 有鐵輪王 字阿輸迦 亦名阿育이니 役御神鬼하여
일백년외 유철륜왕 자아수가 역명아육　　　역어신귀

於一日中 天上人間에 造八萬四千舍利寶塔[1]하니라.
어일일중 천상인간　 조팔만사천사리보탑

其佛遺物 衣鉢杖等 及諸舍利에 神變非一이더라.
기불유물 의발장등 급제사리　 신변비일

---

1. 『육왕전』에서 말하였다. "왕이 계두마사에 이르러 상좌 야사의 앞에서 '내가 이제 염부제 안에 8만4천의 보탑을 건립하려 합니다.' 하니, 야사가 이르기를 '왕께서 일거에 탑을 짓고자 한다면 대왕께서 탑을 세울 때 제가 손으로 해를 가릴 것입니다. 그러니 나라 안에 두루 칙령을 내려 손으로 해를 가리고 있을 때, 다함께 일어나 탑을 세우라고 하시면 될 것입니다.'라고 하였다. 왕이 8만4천 보물 상자를 만들고 그 상자마다 사리 하나를 담았다. 야차 한 명에 사리함 하나씩을 들려 염부제에 두루 나누었는데, 사람들이 모두 1억 명이 있는 곳마다 보탑 하나씩을 일으키게 하였다."[育王傳云 王詣鷄頭摩寺 至上座耶舍前言 我今於閻浮提內 欲立八萬四千寶塔. 耶舍曰 王若欲一時作塔 我於大王作塔時 以手障日 可遍勅國界 手障日時 盡起立塔. 王造八萬四千寶篋 各盛一舍利 以一舍利付一夜叉 使遍閻浮 共有一億人處 起一寶塔.]

부처님께서 열반에 드신 뒤 사람들과 하늘의 신들은 온갖 공양을 올려 보배로운 탑을 세웠습니다.

또 대가섭은 천 명의 나한을 모이게 하여 부처님의 가르침을 모두 정리하였습니다.

이때 아난이 어렵게 이 모임에 들어가 부처님의 가르침을 외워내며 하나도 빠트리는 것이 없었기에 마치 병속의 물을 다른 그릇에 그대로 옮겨 놓는 것과 같았습니다.

그리고 백 년이 지난 뒤 '아수가' 또는 '아육'[1]이라고 불리는 전륜성왕轉輪聖王이 있었으니, 그 분은 지혜로운 신들을 부려 하루 만에 천상과 인간 세상에 8만4천 개나 되는 보배로운 사리탑을 조성하였습니다.

부처님이 남겨 놓으신 의발과 모든 사리에서 신통변화가 일어나는 일들도 하나둘이 아니었습니다.

---

1. 아육阿育은 범어 Asoka의 음역이다. 인도 마우리아왕조의 제3대 왕(재위 BC 272?~BC 232?)이다. 석가모니가 입멸한 지 백 년이 지나서 대인도제국을 건설한 마우리아(Maurya) 왕조의 아육왕은 불사리를 봉안한 8개의 탑을 발굴하여 다시 8만 4천으로 나누어 전국에 널리 사리탑을 세우고 불교의 가르침을 널리 알리고자 하였다.

逮漢明感夢 金軀日佩 丈六之容인데 一如 釋迦本狀이라.
체 한 명 감 몽 금 구 일 패 장 육 지 용   일 여 석 가 본 장

又 吳主孫權 燒椎舍利하나 無所變壞[1]로다.
우 오 주 손 권 소 추 사 리   무 소 변 괴

---

1. 오나라 적오 4년 강거국의 승려 '회會'가 건강에 이르러 불상을 모셔 놓고 불도를 실천하였다. 오나라 사람들이 처음 보고는 '괴이하다' 하니 관리들도 소문을 들었다. 왕이 불러 물으니, 회가 "부처님이 열반한 지 이미 천 년인데 영골사리의 신비로운 감응은 끝이 없습니다."라고 대답하였다. 왕이 "사리를 얻을 수 있다면 탑을 만들리라." 하니, 회가 틈을 내 7일 동안 간절히 구했으나 영험이 없었다. 그러다 21일째 새벽녘 금옥 같은 소리가 나니, 회가 "나의 원이 이루어졌다." 하고는 왕에게 바쳤다. 손권은 공경대부와 함께 이를 보고는 찬탄하며 "세상에 드문 상서로움이다."라고 하였다. 힘 센 사람이 그것을 망치로 내려쳐 잘게 부수려고 하였지만 밝은 빛을 뿜으며 조금도 변하지 않았다. 이에 탑과 건초사를 건립하여 회가 머물게 하였다.[吳.赤烏四年 康居國僧會 行至建康 說像行道 吳人初見 謂之妖異 有司聞之. 王詔問之 會曰 如來化已千年 靈骨舍利 神應無方. 主曰 可得舍利 當爲塔之. 會暇請七日 懇求無驗. 乃至三七日五鼓時 鏗然有聲 會曰 果吾願矣. 以進之. 權與公卿聚觀之 歎曰 希世之瑞也. 使力士椎之 砧碎而光明自若. 於時 建塔 立建初寺 使會居之]

한 나라 명제 때 황제가 꿈에서 황금색 몸에 찬란한 빛을 띤 걸출한 모습을 보았는데 석가모니 부처님의 본디 모습과 똑같았습니다.

또 오吳¹나라 임금 손권이 사리를 시험하려고 태우거나 망치로 내리쳐 보기도 했지만 사리는 타거나 부서지는 일이 없이 빛나고 있었습니다.

---

1. 오吳(229-280)는 중국 삼국시대에 손권이 강소, 절강, 안휘성 지방에 세운 나라이다. 도읍은 건업建業이고 건국한 뒤 4주主 59년 만에 서진西晉에게 멸망하였다. 손권孫權(182-252)은 중국 삼국시대 오나라의 왕인데 자는 중모仲謀이다. 형 손책의 뒤를 이어 강동을 차지하고 유비와 함께 조조를 적벽에서 격파하고 위魏와 제휴하여 임금 자리에 올랐다.

爰及浮江石像
원 급 부 강 석 상

泛海瑞容[1]
범 해 서 용

般若冥力
반 야 명 력

1. 『고승전』에서 말하였다. 진나라 함화 연간에 단양의 벼슬아치 고회高悝가 장후 교포에서 금불상을 얻었는데 광배와 연화대가 없었지만 아주 정교하게 만들어져 있었다. 앞쪽에 범서로 아육왕 네 번째 딸이 만든 것이라고 써져 있기에 고회가 장간사에 봉안하였다. 그 뒤 1년쯤 되었을 때, 어부 장계세가 바다 어구에서 물 위에 떠 있는 동으로 된 연화대를 건져 곧장 현으로 보냈다. 임금께 아뢰니, 금불상 발밑에 안치시키라고 하여 그대로 하니 짝이 되어 딱 맞았다. 뒷날 천축 승려 다섯 명이 고회를 찾아와 말하기를 '예전 천축에서 아육왕의 불상을 봉안했는데, 업에 이르러 난을 만났기에 강가에 감추어 두었습니다. 난이 끝난 뒤 찾았지만 있는 곳을 잃어버렸습니다. 최근 꿈에 고회라는 분이 모시고 있다기에 한번 예배를 올리고 싶습니다.'라고 하였다. 고회는 장간사로 모시고 갔다. 다섯 스님이 불상을 보고 절을 하며 눈물을 흘리자 불상에서 빛이 발하였다. 다섯 사람이 이르기를 '본디 둥근 광배가 있었으니 곧 먼 곳에서 찾아질 것입니다.' 하였다. 합포 사람 동종지가 불상의 광배를 얻고 자사가 임금께 이 일을 아뢰었다. 간문제가 칙서로 불상에 안치케 하니 걸어 맞추는 구멍이 같고 빛의 색깔이 불상과 한 종류였다. 무릇 40여 년 만에 동서에서 상서롭게 감응하여 광배와 연화대가 비로소 갖추어졌으니, 그 신령스럽고 기이한 것을 어찌 다 말할 수 있겠는가.[高僧傳云 晋咸和中 丹陽尹高悝 於張候橋浦得一金像 無光趺而製造甚工 前有梵書云育王第四女所造 悝奉安于張干寺. 後一年許 漁人張係世 於海口得銅蓮華趺浮在水上 卽取送縣 表上 勅使安像足下 符合無差. 後有竺僧五人 詣悝云 昔於天竺奉育王像 至鄴遭難 藏在河邊 亂後尋失所在 近感夢云爲高悝所得 欲一見禮拜. 悝引至長干 五人見像拜泣 像卽放光. 五人云 本有圓光 卽在遠處 亦尋至矣. 合浦人董宗之得一佛光 刺史表上 簡文勅施像 孔穴懸同 光色一種. 凡四十餘年 東西祥感 光趺方具. 其於靈異 可勝道哉]

또한 물 위에 떠서 바다에서 강으로 물결의 흐름을 타고 저절로 떠밀려온 두 분의 돌부처님 유위維衛와 가섭迦葉,[1]

천축에서 바다로 떠내려 온 금불상, 연화좌대, 광배에 관한 신비로운 이야기,

『반야경』을 독송하여 얻는 경이로운 위신력威神力,[2]

---

1. 서진 건흥 원년에 유위불과 가섭불이라는 두 석상이 바닷물에 떠서 송강 호독구까지 오게 되었다. 오현의 주옹이 평소에 정법을 받들었으므로 몇 사람과 함께 배를 타고 이 석상을 맞아들이려고 하자 석상이 물결의 흐름을 타고 저절로 떠밀려 왔다. 석상 뒤에 이름이 새겨져 있었는데 하나는 유위였고 하나는 가섭이었다. 배에 올릴 때 가볍기가 깃털 같았다. 통현사에 봉안하여 공양 올렸다.[西晋建興元年 有維衛迦葉二佛石像 泛海而至松江. 滬瀆口 吳縣朱膺素奉正法 同數人共迎石像於是 乘流自至 背有銘志 一名維衛 一名迦葉 登舟 其輕如羽 安于通玄寺供養]
2. 오나라 승려 지장은 개선사에 살았는데 지혜가 총명하고 뛰어난 사람이었다. 관상을 보는 어떤 사람이 점을 쳐서 말하기를 "스님은 지혜롭게 깨달았다 해도 받은 수명은 31세뿐입니다." 하였는데, 스님의 그때 나이는 29세였다. 스님은 이에 방에다 불상을 모시고 『반야경』을 늘 밤낮으로 외우면서 그치지를 않았다. 죽을 시점에 이르러 홀연히 공중에서 "그대는 『반야경』을 독송한 공덕으로 받은 수명이 배로 늘었다."라는 소리가 있었다. 스님은 그 말을 듣고 뛸 듯이 기뻐하며 전보다 경전을 더 열심히 읽었다. 뒷날 점쟁이를 만나니 놀라면서 말하기를 "스님이 어찌 아직까지 살아 계십니까?"라고 물었다. 그 연유를 다 일러주니 점쟁이가 찬탄하며 말하기를 "불법의 영험은 세상의 지혜로 추측할 바가 아닙니다."라고 하였다.[吳僧智藏居開善寺 聰慧鋒銳. 有相者占曰 師雖慧悟 乃報年可至三十一矣. 師時年方二十九 師乃營室設像 誦般若經 常晝夜不輟. 至期 忽有空中聲曰 汝以般若功 得倍報年. 師聞之喜躍 功倍於前. 後遇相者 驚曰 師何尚存 卽具述其由 相者歎曰 佛法之靈 非世智之所擬議]

觀音密驗(관음밀험)이 別記具之(별기구지)이나 事多(사다)이어 不錄(불록)하노라.

讚弗沙佛偈
찬 불 사 불 게

天上天下無如佛　十方世界亦無比.
천상천하무여불　시방세계역무비

世間所有我盡見　一切無有如佛者.
세간소유아진견　일체무유여불자

---

1. 송나라 때 구나발타는 오명五明의 주술에 정통하지 않은 것이 없었다. 초왕이 『화엄경』 강의를 해달라고 청하였지만 구나발타는 자신이 송나라 말을 잘하지 못한다는 것을 알고 있었다. 아침저녁으로 근심에 싸여 항상 '관음다라니'를 외우면서 감응을 구했는데, 홀연히 꿈에 흰 옷을 입은 사람이 칼을 지닌 채 사람의 머리 하나를 들고 와서 말하기를 "무슨 일로 근심하는가?" 하므로, 구나발타가 사실대로 다 말하였다. 흰 옷을 입은 사람이 말하기를 "걱정하지 말라" 하고는, 곧 칼로 머리를 떼어내 새 머리로 바꾸어 안치시키고는 머리를 돌려보라 말하면서 "머리가 아프지는 않느냐?" 하기에, "아픈 곳이 없습니다."라고 대답하였다. 깬 뒤에 마음이 상쾌하고 송나라 말을 다 깨우쳤기에 이에 강좌를 열어 크게 불법을 전파하였다.[宋時 求那跋陀 五明呪述無不該精 譙王欲請講 華嚴經 陀自知未善宋語 旦夕有憂 常誦觀音陀羅尼 以求冥應 忽夢白衣人 持劍擎一人頭來言 何事有憂 陀以事具告 神曰 無憂 卽以刀易首 更安新頭 語令回轉曰 得無痛否 答曰 無傷. 覺心快然 備曉宋言 於是開講大弘佛法]

관음보살의 비밀스런 영험 등이 하나하나 기록되어 다 갖추어져 있으나, 그런 일들이 하도 셀 수 없이 많아 여기에서 더 이상 나열해 쓰지는 않겠습니다.

불사佛沙 부처님을 게송으로 찬탄하겠습니다.

하늘 위나 하늘 아래 부처님이 제일이니
시방세계 어떤 분도 따라갈 수 없나이다.
이 세간에 존재하는 성인 현자 다 보아도
부처님과 같으신 분 찾아볼 수 없더이다.

3. 覺範洪[1]禪師 送僧乞食序
각 범 홍 선 사 송 승 걸 식 서

曹溪六祖도 初以居士服으로 至黃梅하여
조계육조   초이거사복   지황매

夜舂 以石墜腰하니라.
야용 이석추요

牛頭[2]는 衆乏糧이라 融은 乞於丹陽하여
우두   중핍량   융   걸어단양

自負米斛八斗하고 行八十里하니 朝去暮歸 率以爲常하니라.
자부미곡팔두   행팔십리   조거모귀 솔이위상

隆化惠滿은 所至에 破柴制履하니라.
융화혜만   소지   파시제리

---

1. 각범홍覺範洪(1071-1128)은 강서성 서주瑞州 사람으로 성은 팽彭씨이고 각범覺範은 자字이며 홍洪은 덕홍德洪이니 이름이다. 처음 이름이 혜홍慧洪이었으며 스스로를 적음존자寂音尊者라 불렀다. 14세에 출가하여 진정극문眞淨克文의 법을 이었다. 저서에『임간록林間錄』『선림승보록禪林僧寶錄』『고승전高僧傳』『지증전智證傳』『법화합론法華合論』『기신론해의起信論解義』『석문문자선石門文字禪』 등이 있다.
2. 우두牛頭(594-657) 성은 위韋씨이고 이름은 법융法融이며 우두牛頭는 호이다. 처음에 유교 공부를 하다가 뒤에 불교에 귀의하였다. 19세에 모산茅山의 영법사靈法師에게 출가하였다. 당唐 정관貞觀 17년(643) 우두산 유루사幽樓寺 북암北巖에 선실을 짓고 좌선을 하고 있었다. 이때 사조도신四祖道信이 와서 법을 일러주어 심인心印을 깨달았다. 이로부터 사방에서 승속이 모여 들어 교화를 하게 되었다.

3. 탁발을 내보내며 _ 각범홍 선사

조계육조曹溪六祖 스님도 황매산에 계신 오조홍인 대사를 처음 찾아갔을 때 행자생활을 하며 밤중에 허리에 돌을 짊어지고 디딜방아를 찧었습니다.[1]

우두牛頭 스님은 공부하는 대중들의 양식이 부족하자 단양丹陽에서 탁발하여 자신이 직접 쌀 18말을 짊어지고 80리 길을 걸어 다니면서 날랐으니, 아침에 화주하러 갔다가 저녁에 돌아오는 일은 예삿일이었습니다.

융화혜만隆化惠滿[2] 스님은 가는 곳마다 밥값으로 장작을 패고 짚신을 만들기도 하였습니다.

---

1. 육조 스님이 황매 문하에서 행자로 있을 때 몸이 가벼워 방아가 잘 찧어지지 않자 무거운 돌을 짊어지고 방아를 찧었다는 이야기다.
2. 융화혜만隆化惠滿은 성이 장張씨이고 융화隆化는 호이며 혜만慧滿은 이름이다. 승나僧那 선사의 가르침을 받고 오직 바늘 두 개만 지니고 살았다. 겨울에는 걸식하며 누더기를 꿰매 입고 이르는 곳마다 밥값으로 장작을 패고 짚신을 만들었다. 당唐 정관貞觀 16년(642) 4월 12일 나이 70세로 대장간에서 일을 하다 입적하였다.

百丈涅槃^{1}은 開田說義하니라.
백 장 열 반   개 전 설 의

墜腰石은 尙留東山^{2}이고 破柴斧는 猶存鄴鎭^{3}이라.
추 요 석   상 유 동 산   파 시 부   유 존 업 진

江陵^{4}之西에 有負米莊이고 車輪^{5}之下에 有大義石이라.
강 릉 지 서   유 부 미 장   거 륜 지 하   유 대 의 석

衲子 每以爲遊觀하니 不可誣也니라.
납 자 매 이 위 유 관   불 가 무 야

---

1. 백장열반百丈涅槃은 백장회해百丈懷海의 제자이다. 호는 열반이며 이름은 법정法正이다. 일찍 출가하여 성姓씨와 고향을 물으면 번번이 머리를 흔들면서 대답을 하지 않았다. 뒤에 '일일부작一日不作 일일불식一日不食'을 먼저 실천에 옮기니 대중들이 그를 따랐고 고령古靈·황벽黃檗 등 많은 스님들이 모두 그를 높이 추앙하였다. 뒤에 백장 선사가 입적하니 대중들이 그 법좌法座를 계승해 주기를 청했다. 백장산 열반 법정 스님은 언제나 『열반경』을 외웠기에 그 당시 '열반 화상'이라 불렸다. 하루는 대중들에게 "그대들이 나와 함께 밭을 일구면 내가 그대들에게 대의大義를 증명하리라."고 말하였다.[百丈山涅槃法正和尙 常誦涅槃經 時呼涅槃和尙也. 一日謂衆曰 汝等與我開田 我與汝證大義]
2. 동산東山은 황매산黃梅山을 달리 부르는 이름이다.
3. 업진鄴鎭은 하남성 임장현臨漳縣에서 서남쪽 40리쯤에 있는 지명이다.
4. 강릉江陵은 지금 호북성 강릉현江陵縣이다.
5. 거륜車輪은 상남성湘南省 상음현湘陰縣의 북쪽에 있다.

백장열반百丈涅槃 스님은 백장회해 스님의 정신을 이어받았기에 밥값으로 언제나 밭을 갈며 법의 이치를 대중들에게 설파하였습니다.

허리에 짊어졌던 돌은 아직도 황매산에 남아 있고 장작을 패던 도끼는 여전히 업진에 그대로 있습니다.

강릉의 서쪽에는 쌀을 짊어지고 날랐던 곳간이 여전히 남아 있고 거륜산 아래에는 열반 스님이 불법의 이치를 설파하던 대의석大義石이 그대로 있습니다.

납자들이 만행을 다닐 때마다 볼거리로 여기고 있으니, 이런 이야기들은 엉터리로 말할 수 있는 것들이 아닙니다.

世遠道喪에 而妄庸寒乞之徒 入我法中이라.
세 원 도 상   이 망 용 한 걸 지 도   입 아 법 중

其識은 尙不足以匡欲인데 其可荷大法也아.
기 식   상 부 족 이 광 욕   기 가 하 대 법 야

方疊花制韈 以副絲絇^{1}하니 其可夜舂乎아.
방 첩 화 제 말 이 부 사 구   기 가 야 용 호

纖羅剪袍 以宜小袖하니 其可破柴乎아.
섬 라 전 포 이 의 소 수   기 가 파 시 호

升九仞之峻에 僕夫汗血인데도 不肯出輿하니 其可負米乎아.
승 구 인 지 준   복 부 한 혈   불 긍 출 여   기 가 부 미 호

方大書其門 云하되 當寺는 今止掛搭^{2}이라하니
방 대 서 기 문 운   당 사   금 지 괘 탑

其肯開田說義乎아.
기 긍 개 전 설 의 호

---

1. 『예기』에 "새끼로 만든 짚신에는 '구絇'가 없다."고 하였다. '구絇'는 신 앞부분에 있는 줄이니 신발의 장식이다. '부副'는 돕는다는 것이다.[禮云 繩履無絇. 絇 履頭 繩. 履飾也. 副 佐也]
2. 괘탑掛搭은 괘발掛鉢 또는 괘석掛錫이라고도 한다. '괘掛'는 석장錫杖을 '탑搭'은 바리때를 걸어 두는 것이다. 곧 승려가 다른 절에 머무는 것을 표현하는 말이다.

세월이 흐르면서 불도佛道가 많이 쇠퇴함에 춥고 배고픔을 견디지 못해 절집에서 밥을 얻어먹으려는 용렬하고 허망한 무리들이 우리 불법문중에도 많이 들어오게 되었습니다.

이들의 식견으로는 잘못된 욕심을 바로잡기에도 오히려 부족한데, 이들이 부처님의 대법大法을 짊어질 수 있겠습니까.

바야흐로 꽃무늬를 여러 겹 수놓은 꽃버선을 신고 신발에다 비단실을 덧붙여 아름답게 장식하기도 하니, 그런 차림으로 육조 스님처럼 밤중에 디딜방아를 찧을 수 있겠습니까.

아주 고운 비단으로 옷을 만들어 입기도 하니, 이런 차림으로 혜만 스님처럼 장작을 팰 수 있겠습니까.

하인들이 무거운 가마를 메고 굽이굽이 높은 산길을 피땀을 흘려가며 올라가고 있는데도 가마에서 내리지를 않으니, 이런 사람이 대중을 위하여 우두 스님처럼 쌀을 짊어질 수 있겠습니까.

급기야 절문 앞에 크게 써 놓기를 "당 사찰은 이제 먹을거리가 없어 공부하실 스님들을 받지 않습니다."라고 하니, 이런 사람이 즐거이 밭을 갈며 대중들에게 법의 이치를 설파할 수 있겠습니까.

余嘗 痛心撫膺하며 而嘆者也라.
여상 통심무응   이탄자야

屢因弘法致禍하여 卒爲廢人이나 方幸生還[1]하여 逃遁山谷하니라.
누인홍법치화   졸위폐인   방행생환   도둔산곡

而衲子 猶以其嘗親事雲庵이라하여 故來相從이나
이납자 유이기상친사운암   고래상종

余蓄之無義이고 拒之不可일새 卽閉關堅臥하니라.
여축지무의   거지불가   즉폐관견와

有扣其門而言者 曰
유구기문이언자 왈

---

1. 스님이 처음 강녕 청량사에 머물 때 아무 일도 꾸미지 않았는데 미친 승려의 무고로 억울한 누명을 쓰게 되었다. 장승상이 국정을 맡자 다시 득도하여 이름을 '덕홍'이라 바꾸었다. 뒷날 황룡산에 있을 때, 승상이 자리에서 물러나자 선사를 다시 남해의 섬으로 귀양을 보냈는데 3년 만에 사면을 받았다.[師初住江寧淸凉寺 坐爲狂僧誣告抵罪. 張丞相當國 復度爲僧 易名德洪. 後住黃龍山 會丞相去位 復竄師南海島上 三年遇赦]

이렇게 돌아가는 절집의 모습에 저는 일찍이 마음 아파하며 가슴을 어루만지면서 탄식했던 것입니다.

저는 여러 차례 불법을 펴다 화를 당하여 갑자기 아무 활동도 할 수 없는 폐인이 되기도 하였지만 다행히 살아 돌아와서 산골짜기에 숨어 살고 있었습니다.

그러나 납자들은 제가 일찍이 운암[1] 선사를 직접 모셨다고 하여 일부러 찾아와서 저를 따르려고 하였으나,

제 형편에 그들을 거두어 공부시킨다는 것은 이치에 맞지 않는 일이었고 그렇다고 거절할 수 있는 처지도 아니었으므로, 곧 문을 걸어 잠그고 방안에서 그냥 누워 있기만 하였습니다.

닫혀 있는 문을 두드리며 납자들이 말하였습니다.

---

1. 진정극문眞淨克文(1025-1102) 선사를 말한다. 속성은 정鄭씨이고 호는 운암雲庵이며, 그가 주석했던 곳의 지명을 따라 늑담극문, 보봉극문으로도 불리운다. 192쪽 주 참고.

雲庵은 法施如智覺하고 愛衆如雪峰[1]인데 出其門者 今皆不然이
운암   법시여지각   애중여설봉   출기문자 금개불연

라. 道未尊이나 而欲人之貴己하고 名不曜이나 而畏人之挨己하며 下
   도미존   이욕인지귀기   명불요   이외인지애기   하

視禪者 如百世之寃하고 諂事權貴 如累劫之親하나라.
시선자 여백세지원   첨사권귀 여루겁지친

師皆笑蹈此汚而去하니 庶幾雲庵爪牙[2]矣라.
사개소도차오이거   서기운암조아 의

---

1. 설봉雪峰(822-908) 의존義存 스님은 당나라 스님으로서 복건성 사람이며 호가 설봉雪峰이다. 어려서부터 종소리를 듣거나 불전에 쓰는 물건을 보면 좋아 하였고, 파와 마늘 냄새를 꺼렸다. 독실한 불교 집안에서 자라 아홉 살 때 출가하려고 했으나 허락을 받지 못하다가 열두 살 때 부모를 따라 옥윤사玉潤寺에 갔다가 경현慶玄 율사를 스승으로 모시게 되었다. 열일곱 살 때 머리를 깎고 유주幽州 보찰사寶刹寺에서 구족계具足戒를 받았다. 참선을 시작한 뒤 먼저 염관鹽官 스님에게 갔고, 투자投子 스님에게 세 번, 동산洞山 스님에게 아홉 번을 찾아 갔으나 얻은 바가 충분치 못했다. 덕산 스님에게 법을 묻다가 한 방망이 맞고 깨친 바 있었지만 아직 투철하지 못했는데, 사형되는 암두巖頭 스님이 꾸짖는 데서 깨달음을 얻게 된다. 그 뒤 무릉武陵 덕산德山에 있던 선감 스님을 찾아가 그의 법을 이었다. 890년 복주福州 상골산象骨山에 올라 암자를 세우고 법을 폈다. 그 산은 풍광이 매우 아름다웠으며 겨울이 되기도 전에 먼저 눈이 내렸고 한여름에도 추위를 느낄 정도였다. 그러므로 그 산은 설봉雪峰이란 호칭까지 얻었고 스님의 호도 되었다. 의존 스님이 법을 펼 때 사부대중들이 구름처럼 모여들어 대중들의 숫자가 매번 1천 5백여 명이 넘었다. 법을 이은 제자도 56명이나 되었는데 그 중에는 신라의 대무위大無爲 선사와 고려의 현눌玄訥과 영조靈照 선사가 있었고 그 제자 장경혜릉長慶慧陵에게서 신라의 구산龜山 화상이 나왔다. 후량後梁 태조太祖 2년 87세로 입적하였다. 희종僖宗이 진각 대사眞覺大師라고 시호를 내리면서 자줏빛 가사 한 벌을 공양 올렸다. 그의 제자로는 운문종 시조로 알려진 운문문언雲門文偃이 아주 유명하다. 저서에『설봉록雪峰錄』이 전한다.
2. 조아爪牙는 손톱과 발톱인데 자기를 잘 보필해 주는 사람을 말한다.

"운암雲庵 스님께서는 법을 베푸시기를 지각智覺[1] 선사처럼 하셨고 대중을 아껴주기를 설봉雪峰 선사처럼 하셨습니다.

그런데 그 밑에서 공부한 문중 사람들이 지금 모두 그렇게 하고 있지를 않습니다.

도가 높지 않은데도 사람들이 자신을 귀하게 여겨주기를 바라고, 이름이 빛을 발하지 않았는데도 사람들이 자신을 배척할까 두려워하고 있습니다.

참선하는 사람들을 백세百世의 원수처럼 무시하고, 권력과 부귀를 오랜 세월 친히 모셔왔던 어버이처럼 아첨하며 섬기고 있습니다.

선사께서는 이 모든 것에 웃으시며 명예를 더럽히고 욕되는 일이라고 물리치시니, 아마도 운암 문중에서 의미 있는 일을 앞장서서 하실 분입니다."

---

1. 당말오대唐末五代 스님인데 법안종 제3조이면서도 정토종淨土宗 제6조이고 법명은 연수이다. 서른 살에 출가하여 천태덕소의 법을 받았다. 영명사에서 하루 일과를 정해 놓고 꼬박꼬박 실행하는 것 가운데 하나로 염불을 매일 10만 번 독송하였다고 한다. 스님은 유식, 화엄, 천태종 스님들을 모아 놓고 이 스님들이 인도와 중국의 성현 200여 명의 저서를 열람하면서 서로 묻고 답한 내용들을 정리하여 「종경록宗鏡錄」 백 권을 만들었다. 저서로는 「종경록宗鏡錄」 백 권, 「만선동귀집萬善同歸集」 6권, 「유심결唯心訣」 1권, 「신서안양부神棲安養賦」1권이 있고, 이 밖에도 많은 저서가 있다.

余 於是에 蹶然¹而起하여 曰하되
여 어시 궐연 이기   왈

然則 無食 奈何오.
연즉 무식 내하

曰하기를 當從淨檀²行乞이라 亦如來大師之遺則也라.
왈   당종정단 행걸   역여래대사지유칙야

老人肯出則 庶使叢林으로 知雲庵典型尙存이라.
노인긍출즉 서사총림   지운암전형상존

余嘉其言하여 因序古德事로 以慰其意하니 當有賞音³者耳니라.
여가기언   인서고덕사   이위기의   당유상음 자이

---

1. 궐연蹶然은 자리를 박차고 벌떡 일어나는 모양이다.
2. 정단淨檀은 맑고 깨끗한 마음으로 시주하는 사람을 말한다.
3. 상음賞音은 풍류와 운치 있는 일을 알고 이해하며 즐기는 것이다.

저는 이 말에 자리를 박차고 일어나 물었습니다.

"그렇더라도 대중이 먹을 식량이 없는데 나를 코고 어찌 하란 말이냐?"

"맑고 깨끗한 마음을 지니고 있는 사람들을 찾아 시주를 청할 것이니 이 또한 부처님께서 남겨 놓으신 법도입니다. 노스님께서 기꺼이 법을 위하여 나오신다면, 아마도 총림의 대중들에게 운암의 법도가 아직까지 남아 있음을 알게 할 것입니다."

제가 그 말을 가상히 여겨 학식과 덕망이 뛰어난 옛 어른들의 자취를 서문으로 써 그 뜻을 위로하니, 마땅히 이런 마음을 잘 알아주는 사람도 있을 것입니다.

4. 釋門登科記序
석문등과기서

三代僧史는 十科取人하고 讀誦一門功業을 尤重이라.
삼대승사   십과취인   독송일문공업   우중

皇朝著令하여 帝王誕辰에 天下度僧으로 用延聖祚[1]하니
황조저령   제왕탄신   천하도승   용연성조

尊崇吾敎하여 宣布眞風이라.
존숭오교   선포진풍

自古 皆然이나 於茲에 尤盛하니 方今州縣에 淨侍寔繁[2]이니라.
자고 개연   어자 우성   방금주현   정시식번

---

1. 주나라 임금이 절 3만 3백 곳을 없애고 진주에 있는 대비상大悲像을 헐어 돈을 주조할 때, 세종이 친히 도끼를 잡고 그 가슴을 내리쳤다. 그 과보로 4년이 채 되지 않아 가슴에 종기가 나서 썩어 문드러졌다. 송나라 태조는 그 일을 목격했던 까닭에 즉위한 첫 해에 널리 불교사찰을 건립하고 해마다 승려 8천 명을 득도 시켰으며, 또 임금의 생일에는 온 천하의 승려들에게 설법의 자리에 올라 천수天壽를 축원하는 것을 법도로 삼게 하였으니 임금을 축원하는 것이 여기에서 비롯되었다.[周主廢佛寺三萬三百所 毀鎭州大悲像鑄錢 世宗親秉鉞 洞其膺 不四年 痕潰于膺. 宋祖目擊其事故 卽位元年 廣建佛寺 歲度僧八千 又誕聖節 於天下命僧陞座 祝天算爲準 祝聖始此]

2. 삭발하고 물들인 옷을 입어 승려가 된 사람들을 보통 '정시淨侍'라고 한다. 『서역기』에서 "경전 1부를 강설하면 소임을 면제하고, 2부를 강설하면 토방과 가구를 갖추어 주며, 3부를 강설하면 시자를 보내 공경히 받들게 하고, 4부를 강설하면 정인淨人을 보내 주며, 5부를 강설하면 가마 타는 것을 허락한다."고 말하였다. 승려가 되면 맑고 깨끗하게 필요한 물품을 공급해 주고 시중을 들어 주는 까닭에 정시淨侍라 말한 것이다.[凡削染爲僧者 通謂淨侍. 西域記云 講一部則免知事 講二部則加土房資具 講三部則差侍者祗承 講四部則給淨人 講五部則許乘輿. 謂爲僧者 爲淸淨給侍故 云淨侍]

4. 세월을 낭비하지 말라

승가의 역사를 정리한 양梁나라 혜유慧皎의 『고승전高僧傳』, 당唐나라 선율사宣律師의 『속고승전續高僧傳』, 송宋나라 통혜通慧 대사의 『대송고승전大宋高僧傳』은 내용을 열 가지 과목으로 나누어 거기에 합당한 인물들을 수록하고,[1] 특히 경전을 독송하는 공덕을 매우 중요시하고 있습니다.

조정에서는 영을 내려 제왕의 탄신일에 천하의 승려들을 득도시키고 그 복덕으로 황제 자리를 오래 유지시키려 하고 있으니, 이는 부처님의 가르침을 존중하고 숭앙하여 참된 교화의 바람을 세상에 널리 펴려는 뜻입니다.

예로부터 모두 그러하였지만 지금에 와서 불법이 더 번성하니, 바야흐로 주州나 현縣을 가릴 것 없이 곳곳에 스님들이 참으로 많아지고 있습니다.

---

1. 양나라 혜유는 『고승전』을 지었고, 당나라 도선율사는 『속고승전』을 지었으며, 송나라 통혜대사는 『대송고승전』을 지었다. 모두 열 가지 과목으로 나누어 고승들의 이야기를 골라 취했으니 승려의 역사이다.[梁慧皎作高僧傳 唐宣律師作續高僧傳 宋通慧大師作大宋高僧傳 咸分十科 以取高僧 是僧史也]

每歲選人하고 必量經業하며
매세선인　필량경업

開場考試하여 合格精通 公榜星羅니라.
개장고시　합격정통 공방성라

獎平生之勤苦하여 綸¹恩露墜하니 許畢世以安閑이라.
장평생지근고　윤은로추　허필세이안한

外被田衣하고 內懷戒寶하며 爲法王子 作人天師라.
외피전의　내회계보　위법왕자 작인천사

不事耕桑이라도 端受信施니라.
불사경상　단수신시

棲心物外하고 旅泊寰中²이니 釋子之榮이 豈復過此리오.
서심물외　여박환중　석자지영　기부과차

---

1. 『예기』에 "왕의 말이 실마리가 되어 임금의 은혜를 받는 것이 '윤綸'과 같다." 하고는 풀이하기를, '윤綸'은 실을 꼬아서 만든 굵은 줄 같은 것이라고 하였다. 경전에 정통한가를 시험하여 합격하면 왕의 은택을 입는 것이 마치 하늘에서 이슬이 내려 온 세상의 풀이나 나무를 적시는 것과 같다.[禮記 王言如系 其出如綸. 注 綸 如宛轉繩也. 試以科經精通而應選則 王澤之及身如露下而霑草木]
2. 나그네란 객점에서 잠시 있다 가는 사람과 같으니 어찌 오래 머물 수 있겠는가. 정박은 배가 가다 밤에 닻줄을 내린 것과 같으니 밝으면 다시 닻줄을 풀 것이다. '환寰'은 사람들이 사는 영역이다. '환중寰中'이란 인간 세상을 말하는 것과 같으니 인간 세상에서 걸림 없이 살다 가는 것을 말한다.[旅如客店暫住 豈可久居 泊如舟行夜纜 天曉復放. 寰 人寰也 寰中 猶言人間也 言無滯累於人間也]

해마다 스님들을 가려 뽑아 반드시 경전에 대한 깊이를 헤아리며, 시험을 치러¹ 부처님의 가르침에 정통한 사람들의 이름을 나라의 게시판에 올리고 있습니다.

평생 부지런히 공부한 노고를 치하하여 감로수 같은 임금의 은혜를 내려주니 이 삶을 마칠 때까지 편안하고 한가롭게 지내는 것을 허락해 주고 있습니다.

몸 밖으로는 복덕을 심는 가사를 입고 몸 안으로는 보물 같은 계율을 품은 채, 법왕의 아들이 되고 인천人天의 스승이 됩니다.

밭을 갈거나 누에 먹이는 일에 종사하지 않더라도 단정히 앉아 신도의 시주를 받고 살아갑니다.

마음을 챙기면서 세상일을 잊고 나그네처럼 세상에 잠시 머물다 갈 뿐이니, 부처님의 제자들이 누리는 영화가 어찌 이것뿐이겠습니까.

---

1. 건륭 3년 조서를 내려 매년 어린 수행자들에게 시험을 보게 하여 『법화경』 7권에 능통한 사람에게는 사부祠部에서 도첩을 주어 머리를 깎게 하였다. 태종 태평흥국 원년에 조서를 내려 천하의 비구 비구니들에게 다시 경과經科에 응시하게 하였다.[建隆三年 詔每年試童行 通蓮經七軸者 給祠部牒披剃. 太宗太平興國元年 詔天下僧尼 復試經科]

近世出俗이 多無正因이니
근세출속 다무정인

反欲他營하고 不崇本業이라.
반욕타영 불숭본업

唯圖進納하고 濫預法流하니라.
유도진납 남예법류

或倚恃宗親하고 或督迫師長이라.
혹의시종친 혹독박사장

至有巡街打化 袖疏干求하고
지유순가타화 수소간구

迻惠追陪하며 强顏趣謁하니라.
송혜추배 강안추알

頻遭毀辱하고 備歷艱辛하여
빈조훼욕 비력간신

爲者 百千이나 成無數十이니라.
위자 백천 성무수십

요즈음 세속을 떠나 출가한 사람들이 대부분 확고한 출가동기가 없이 스님이 되니, 올곧은 삶과는 반대로 다른 사람의 사찰이나 운영할 욕심을 내고, 본디 전념해야 할 본업本業을 숭상하지 않고 있습니다.

오직 관리에게 뇌물이나 바치고 외람되게 출가한 사람들의 자리에 끼어들 뿐입니다.

그리고는 승려 생활을 하면서 종친이나 의지하고, 혹은 자신만의 이익을 위하여 스승과 어른을 압박하고 다그치기도 합니다.

심지어 마을로 돌아다니면서 '화주化主 한다' 하여 소매 속에 권선문勸善文을 들고 다니면서 세상 사람들의 시주를 바라기도 하고, 돈 많은 신도들이 절에 찾아오면 특별히 무슨 혜택이나 주는 척하면서 따라다니기도 하며, 뻔뻔한 얼굴로 이리저리 바빠 이익을 좇아 세도가의 집이나 찾아다니고는 합니다.

수백 수천의 사람들이 이런 처신으로 인해 빈번히 다른 사람들한테 험담이나 욕을 먹고 모진 고생을 하며 자신의 뜻을 이루고자 하나 정작 그 뜻을 이루는 사람은 고작 몇 명도 안 됩니다.

豈信 有榮身良策 安樂法門이리오.
기신 유영신양책 안락법문

斯由當者 昧出家心이나
사유당자 매출가심

抑亦爲人에 無丈夫志이니라.
억역위인　무장부지

況蓮華妙典은 鷲嶺極談이니
황련화묘전　취령극담

大事因緣으로 開佛知見이라.
대사인연　　개불지견

是諸佛降靈本致이니 實로 群生悟入津途니라.
시제불강령본치　　실　군생오입진도

無量國中이더라도 不知名字인데
무량국중　　　　부지명자

幸而聞見하니 那不誦持리오.
행이문견　　나불송지

豈獨孤恩하고 誠爲忘本이리오. 奉勉이어다.
기독고은　　성위망본　　　봉면

이런 이들이 어찌 몸을 영화롭게 하는 좋은 방편과 안락한 법문이 있다는 것을 믿을 수 있겠습니까.

이런 것은 모두 당사자가 출가하는 마음가짐에 대하여 어둡거나, 아니면 그 사람의 됨됨이에 대장부의 뜻이 없기 때문입니다.

더구나 『법화경』이라는 오묘한 경전은 영취산에서 설한 부처님의 지극한 가르침이니, 모든 중생을 제도해야 하는 일대사인연一大事因緣으로 부처님의 지견知見을 드러내는 것입니다.

이는 모든 부처님께서 이 세상에 내려오시는 근본 취지이니, 실로 모든 중생들이 깨우쳐 들어가는 길목이 되는 경전입니다.

수없이 많은 나라가 있더라도 이 경전의 이름조차 모르고 있는 나라도 있는데, 다행히 우리는 이 경전의 존재를 듣고 보고 있으니, 어찌 읽고 외워 지니지 않을 수 있겠습니까.

어찌 홀로 특별한 은혜를 저버리고 참으로 그 근본을 잊을 수 있겠습니까. 그러니 이 경전을 받들고 애써 공부해야 합니다.

未度者 宜加精至하여 早冀變通하고
미도자 의가정지　조기변통

已達者 莫廢溫尋하고 終爲道業이리니
이달자 막폐온심　종위도업

百金供施라도 實亦能消요
백금공시　실역능소

四輩瞻依라도 諒無慙德하리라.
사배첨의　양무참덕

幻軀有盡이나 實行不亡이라.
환구유진　실행불망

아직 득도하지 못한 사람은 지극한 정성으로 공부에 더욱더 매진하여 어서 빨리 도에 통하기를 바라야 합니다.

이미 통달한 사람이라도 더욱더 깊이를 더해가는 공부를 중단하지 말고 끝까지 도업을 이루어야 합니다.

그래야 천금의 가치에 해당하는 공양물과 시주물의 복덕을 진실로 감당해 낼 수 있을 것이요, 사부대중들이 우러러 의지하더라도 참으로 덕이 없음을 부끄러워하는 일이 없을 것입니다.

환幻 덩어리인 이 몸은 마지막이 있더라도 참다운 행行은 없어지지 않는 법입니다.

故로 有舌相粲^{1}若紅^{2}이고 遺身骨碎如珠顆이니라.
고　유설상찬 약홍　거신골쇄여주과

具書傳錄이니 識者 備聞이라.
구서전록　식자 비문

況般若有經耳之緣이고 法華校隨喜之福이리오.
황 반야유경이지연　법화교수희지복

---

1. 곱고도 좋은 모양이다. 짐승이 세 마리 모이면 무리[群]가 되고 사람이 세 명 모이면 대중[衆]이 되며 여자가 세 명 모이면 아름다운 꽃무리[粲]가 된다.[鮮好貌. 獸三爲群 人三爲衆 女三爲粲]
2. 임소에 사는 왕범행은 어려서 소경이 되었다. 어머니는 애틋한 생각에서 『법화경』을 읽어 주었더니, 베옷을 입고 채식을 하며 참선한 채 경전을 외우는데 틀린 곳이 없이 17,000번이나 경전을 외웠다. 뒷날 가부좌를 틀고 임종을 맞으며 자신의 시신을 들녘에 내어 놓으라고 유언하였다. 세월이 흘러 피부와 살점이 다 없어졌는데도 오직 혀만 그대로 남아 붉은 연꽃처럼 색이 선명했다. 또 당나라 승려 유속은 『법화경』을 1천 번이나 외웠다. 질병으로 임종을 맞아 친구에게 이르기를 "내가 평생에 경전을 외우며 영험이 있기를 희망했다. 만약 착하게 살았다면 혀는 상하지 않을 것이니 10년 매장한 뒤에 파보아라." 하는 말을 마치고 임종하였다. 그 뒤 10년이 지나 관을 열어 보니 혀가 과연 그대로 상하지 않고 그대로 있었다. 『법화경』을 외워 그 과보로 혀가 상하지 않고 그대로 있는 사람들이 앞뒤 역사에서 찾아보면 참으로 많았다.[臨沂.王梵行 少瞽 其母慈念 口授法華 布衣蔬食 禪誦無缺 計誦經一萬七千部. 後 跏趺而逝 遺言露屍林野. 久之 皮肉旣盡 惟舌不壞 色如蓮華. 又唐僧遺俗 誦法華千遍 因疾告友曰 某平生誦經 意希有驗 若生善道 舌根不壞 可埋十年 發視. 言訖而寂. 後十年啓視 舌果不壞. 誦法華而舌根不壞者 前後甚衆]

그러므로 혀 모양이 맑고 선명하여 붉은 연꽃 같아지고 몸의 뼈가 잘게 부수러져 영롱한 구슬 같아지는 것입니다.[1]

모두 책에 기록되어 전해지므로 식자들은 이 이야기를 하나도 빠짐없이 듣고 있습니다.

더구나 『반야경』에는 불법이 귀에 스치는 소중한 인연이 있다고 하였고, 『법화경』에는 좋은 인연을 따라서 기뻐하는 복덕이[2] 있다고 가르치고 있으니, 여기에 무엇을 더 말할 필요가 있겠습니까.

---

1. 당나라 승려 신오가 어려서 악질에 걸렸다. 부처님 전에 손가락을 사르며 참회하였더니 고통이 순식간에 치유되어 이것을 인연으로 출가하였다. 매번 법화도량에서 90일 동안 예불하고 경을 읽었는데 죽은 뒤 화장하여 사리를 얻었다. 사리가 겹겹이 쌓여 영롱하게 빛나니, 그 숫자를 헤아릴 정도였다. 이와 같았던 사람들이 고금에 헤아릴 수 없이 많았다.[唐僧神悟幼嬰惡疾 爇指懺悔 所苦頓愈 因出家. 每入法華道場 九旬禮念 逝後闍維得舍利 累累粲然可數 如是者古今無數也]
2. 수희隨喜에서 '수隨'는 다른 사람들이 착한 인연을 닦고 익히는 것을 따르고 '희喜'는 다른 사람들이 좋은 과보를 갖게 되는 것을 기뻐하는 것이다.[隨 他修習善因 喜 他感得善果]

幸依聖訓이니 勿棄時陰하라.
행 의 성 훈   물 기 시 음

近期於削髮爲僧하고 遠冀於破魔成佛이라.
근 기 어 삭 발 위 승   원 기 어 파 마 성 불

若能如此라면 夫復何言이리오.
약 능 여 차   부 부 하 언

所患 爲僧에 不應於十科하면 事佛도 徒消於百載니라.
소 환 위 승   불 응 어 십 과   사 불   도 소 어 백 재

古賢이 深誡하니 寧不動心哉리오.
고 현   심 계   영 부 동 심 재

다행히 그대들은 부처님의 가르침에 의지하였으니 세월을 낭비하지 마십시오.

가까운 시일 안에 삭발하여 승려가 되기를 기약하고 기필코 마군을 격파하여 부처님이 되기를 바랍니다.

이와 같이 할 수 있다면 여기에 다시 무슨 말을 더 하겠습니까.

다만 승려가 되어 훌륭한 수행자가 되지 못한다면, 부처님을 섬기면서도 헛되이 한평생을 보낸 것이 될 것이므로 이를 걱정할 뿐입니다.

옛 성현들이 깊이 훈계하는 것이니, 이 말을 듣고 어찌 마음이 움직이지 않을 수 있겠습니까.

제 8 장

발원문

願文

1. 怡山然禪師 發願文[1]
이 산 연 선 사 발 원 문

歸命十方調御師
귀 명 시 방 조 어 사

演揚淸淨微妙法 三乘四果解脫僧하오니
연 양 청 정 미 묘 법 삼 승 사 과 해 탈 승

願賜慈悲하여 哀攝受하소서.
원 사 자 비 애 섭 수

但某甲 自違眞性 枉入迷流이어
단 모 갑 자 위 진 성 왕 입 미 류

隨生死以飄沈하고 逐色聲而貪染하며
수 생 사 이 표 침 축 색 성 이 탐 염

十纏十使[2]로 積成有漏之因이라.
십 전 십 사 적 성 유 루 지 인

---

1. 연然은 혜연惠然이다. 이산연怡山然 선사는 생몰연대 및 전기 미상이다. 원문願文은 발원문發願文의 약칭이다.
2. 십전十纏은 무참無慚·무괴無愧·질투嫉妬·간慳·회悔·수면睡眠·도거掉擧·혼침昏沈·분忿·복覆을 말하며, 이 열 가지 번뇌들은 중생의 몸과 마음을 얽어 묶는 까닭에 전纏이라 이름 붙인 것이다. 십사十使는 항상 마음을 어지럽히는 10가지 번뇌에 부림을 당한다는 뜻으로 그 성품이 질기고 둔탁하여 끊기 어려운 다섯 가지 번뇌 오둔사五鈍使와 이치를 어둡게 하는 다섯 가지 삿된 견해 오리사五利使로 나눈다. 오둔사는 탐貪·진瞋·치癡·만慢·의疑를 말하고, 오리사에는 신견身見·변견邊見·사견邪見·견취견見取見·계금취견戒禁取見이 있다.

1. 이산혜연 선사 발원문 _ 이산혜연 선사

모든 중생 제도하는 거룩하신 부처님들
크나큰 길 밝게 비친 깨끗하고 묘한 법문
삼계고초 벗어나서 자재하신 스님들께
지극정성 다하여서 목숨 바쳐 절하오니

대자대비 베푸시어 애틋하게 거두소서.

이 자리에 무릎 꿇은 어리석은 저희들이
참된 성품 등지옵고 어둔 길에 잘못 들어
나고 죽는 물결 따라 색과 소리 물이 들고
심술궂고 욕심내어 온갖 번뇌 쌓았으며

六根六塵으로 妄作無邊之罪하여 迷淪苦海 深溺邪途하니
육근육진　망작무변지죄　　미륜고해 심익사도

着我耽人 擧枉措直하여 累生業障 一切愆尤로다.
착아탐인 거왕조직　　누생업장 일체건우

仰三寶以慈悲하며 瀝一心而懺悔하오니
앙삼보이자비　　역일심이참회

所願 能仁拯拔하고 善友提携하여
소원 능인증발　　선우제휴

出煩惱之深源 到菩提之彼岸이어다.
출번뇌지심원 도보리지피안

此世福基命位 各願昌隆하고 來生智種靈苗 同希增秀하며
차세복기명위 각원창륭　　내생지종영묘 동희증수

生逢中國 長遇明師하여 正信出家 童眞[1] 入道하리라.
생봉중국 장우명사　　정신출가 동진 입도

---

1. 『석명』에서 "아이가 15살이면 동童이라 한다."고 말하였다. '동童'이란 '독獨'이니 곧 이성과의 접촉이 있기 전까지이다. 7살부터 15살 까지를 모두 '동童'이라 하는 것은 음양 이전의 기운인 태화太和가 아직 흩어지지 않아 색色에 물들지 않은 까닭에 이름하여 동진童眞이라 한다.[釋名云 兒年十五曰童. 童者 獨也. 自七歲至十五歲 皆稱童者 以太和未散 於色不染 名曰童眞]

보고 듣고 맛봄으로 한량없는 죄를 지어
잘못된 길 갈팡질팡 생사고해 헤매나니
나와 남을 집착하고 그른 길만 찾아다녀
여러 생에 지은 업장 크고 작은 모든 허물

삼보님의 자비심에 일심참회 하옵나니

바라옵건대
부처님들 이끄시고 선지식의 도움 받아
고통바다 헤어나서 열반언덕 가사이다.

이 세상에 명과 복은 길이길이 융성하고
오는 세상 밝은 지혜 묘한 심령 빛이 나며
좋은 나라 태어나서 큰 스승을 항상 만나
철석같은 바른 신심 어린 이 몸 스님 되어

六根通利 三業純和하여 不染世緣하고 常修梵行이어
육근통리 삼업순화　　　불염세연　　　상수범행

執持禁戒 塵葉不侵이로다.
집지금계 진엽불침

嚴護威儀하여 蜎飛無損하리라.
엄호위의　　연비무손

不逢八難[1] 不缺四緣[2] 하니
불봉팔난　불결사연

般若智以現前하고 菩提心而不退하여
반야지이현전　　　보리심이불퇴

修習正法 了悟大乘하고 開六度之行門 越三祇之劫海[3] 로세.
수습정법 요오대승　　　개육도지행문 월삼지지겁해

建法幢於處處하여 破疑網於重重하고
건법당어처처　　　파의망어중중

降伏衆魔하여 紹隆三寶하며 承事十方諸佛에 無有疲勞로다.
항복중마　　　소륭삼보　　승사시방제불　　무유피로

---

1. 팔난八難은 부처님을 만나 법法을 듣지 못하게 되는 여덟 가지 어려움이다. ① 지옥地獄 ② 아귀餓鬼 ③ 축생畜生 ④ 울단월鬱單越(북구로주北拘盧州) ⑤ 장수천長壽天 ⑥ 농맹음아聾盲瘖啞 ⑦ 세지변청世智辨聽 ⑧ 불전불후佛前佛後.
2. 사연四緣인 네 가지 인연이란 첫 번째 착한 벗을 가까이 하는 것이요, 두 번째 바른 법을 직접 듣는 것이요, 세 번째 그 뜻을 곰곰이 생각하는 것이요, 네 번째 말한 대로 수행하는 것이다.[四緣 一 親近善友 二 親聞正法 三 思惟其義 四 如說修行也]
3. 삼지三祇는 삼아승지겁三阿僧祇劫의 약칭인데 보살이 수행해야 하는 오랜 세월을 말한다. 겁해劫海는 겁劫의 수가 많은 것을 큰 바다에 비유한 말이다.

귀와 눈이 총명하고 말과 뜻이 진실하여
세상일에 물 안 들고 깨끗한 행 닦고 닦아
서리같이 엄한 계율 털끝인들 범하리까.

태산 같이 높은 위의 천상천하 거울 되어
이 내 목숨 아끼잖고 모든 생명 구하오리.

온갖 재난 피해 가고 불법 인연 구족하니
반야지혜 드러나고 큰 깨달음 견고하여
바른 법을 잘 닦아서 큰 진리를 깨달은 뒤
육바라밀 실천하여 그 자리서 성불하세.

곳곳마다 법을 설해 천 겁 만 겁 의심 끊고
마구니들 항복 받아 불법승을 받들면서
부처님을 섬기는 일 잠깐인들 쉬오리까.

修學一切法門하여 悉皆通達하니 廣作福慧하여 普利塵沙하며
수학일체법문   실개통달   광작복혜   보리진사

得六種之神通하여 圓一生之佛果로다.
득육종지신통   원일생지불과

然後 不捨法界 徧入塵勞하니
연후 불사법계 편입진로

等觀音之慈心이요 行普賢之願海니라.
등관음지자심   행보현지원해

他方此界 逐類隨形하여
타방차계 축류수형

應現色身하니 演揚妙法이라.
응현색신   연양묘법

泥犁[1] 苦趣 餓鬼道中에 或放大光明 或現諸神變하니
니리 고취 아귀도중 혹방대광명 혹현제신변

其有見我相 乃至聞我名은 皆發菩提心하여 永出輪廻苦하리라.
기유견아상 내지문아명 개발보리심   영출윤회고

---

1. '니리泥犁'는 지옥을 말한다. '니리'란 '없다'라는 뜻이니 기쁨과 즐거움이 없다는 것이다. 혹은 '타락'이라 말하거나 혹은 '없는 곳'이라고 하니 '더 이상 용서받을 수 없는 곳'이란 뜻이다.[泥犁 此云無有 無有喜樂. 或言墮落 或言無處 更無赦處]

온갖 법문 다 배워서 모든 공부 통달하니
복과 지혜 함께 늘어 온갖 중생 제도하며
여섯 가지 신통[1] 얻어 연꽃 부처 이루리라.

그런 뒤에 모든 삶이 부처님 법 품안이니
관음보살 대자비로 온갖 중생 보살피고
보현보살 행원으로 뭇 삶 모두 제도하리.

지옥 아귀 내 집 삼고 그들 모두 내 벗 삼아
중생 따라 몸 나토니 묘한 법문 끝이 없네.

무서워라 저 지옥과 가련하온 아귀들에
백종오색 광명 놓고 천변만화 신통 내니
내 모습을 보는 이나 내 이름을 듣는 이는
빠짐없이 깨달아서 윤회 고통 벗어나리.

---

1. 육종신통六種神通은 여섯 가지 신통으로 천안통天眼通·천이통天耳通·타심통他心通·숙명통宿命通·신족통神足通·누진통漏盡通을 달한다.

火鑊氷河之地 變作香林하고
화확빙하지지 변작향림

飮銅食鐵之徒 化生淨土하며
음동식철지도 화생정토

披毛戴角 負債含怨 盡罷辛酸이어 咸霑利樂이어다.
피모대각 부채함원 진파신산 함점이락

疾疫世에 而現爲藥草이어 救療沉痾하고
질역세 이현위약초 구료침아

飢饉時에 而化作稻粱이어 濟諸貧餒¹하되
기근시 이화작도량 제제빈뇌

但有利益이어 無不興崇이어다.
단유이익 무불흥숭

---

1. 부처님께서 전생에서 제석이었을 때 흉년을 만났다. 질병은 만연하고 치료는 효험이 없기에 길에는 굶어 죽은 시체가 널려 있었다. 제석이 안타까워 구제할 방법을 생각하다 몸집이 큰 이무기로 변하여 냇가 골짜기로 떨어져 죽었다. 그리고 허공에서 이 일을 두루 알리니 듣는 사람들이 모두 기뻐하며 서로 달려와 이무기 고기를 베어 먹었다. 고기를 베어 먹는 대로 새살이 그대로 돋아나니 병들고 굶주렸던 모든 사람들이 치료되고 배고픔을 면했다. 보살이 세상을 구제하는 것들의 예가 대체로 이와 같다. '근뇌'은 『좌전』에서 '굶주려 길에서 죽은 사람'이라 하였다.[佛 昔爲帝釋時 遭飢歲 疾疫流行 醫療無功 道殣相屬. 帝釋悲愍 思所救濟 乃變其形爲大蟒身 僵尸川谷 空中徧告 聞者咸慶 相率奔赴 隨割隨生 療飢療疾. 菩薩救世 例多如此. 殣左傳云 路死人也]

끓는 물과 얼음 바다 향기로운 숲이 되고
구리물과 무쇠 물에 고통 받던 저 중생들
연꽃으로 화하여서 극락세계 왕생하며
나는 새와 기는 짐승 원수 맺고 빚진 이들
갖은 고통 벗어나서 좋은 복락 누릴지라.

모진 질병 돌 적에는 약풀 되어 치료하고
흉년드는 세상에는 쌀이 되어 구제하되
중생에게 이익 된 일 한가진들 빼오리까.

次期 累世冤親 現存眷屬
차기 누세원친 현존권속

出四生之汩沒하여 捨萬劫之愛纏하고
출사생지골몰　　사만겁지애전

等與含生 齊成佛道하소서.
등여함생 제성불도

虛空有盡이언정 我願無窮하리니
허공유진　　아원무궁

情與無情은 同圓種智하소서.
정여무정　　동원종지

천 겁 만 겁 내려오던 원수이든 친구이든
이 세상의 권속들도 누구누구 할 것 없이
육도 윤회 벗어나서 얽히었던 애정 끊고
시방세계 모든 중생 함께 성불 하옵소서.

끝이 없는 저 허공은 가는 끝이 있을망정
크나 큰 나의 원력 끝낼 날이 없으리니
기는 벌레 섯는 바위 함께 성불 하여지다.

2. 山谷居士 黃太史[1] 發願文
　　산곡거사　황태사　　발원문

昔者 師子王은 白淨法으로 爲身하고
석자 사자왕　　백정법　　　위신

勝義空谷中에서 奮迅及哮吼니라.
승의공곡중　　　분신급효후

念弓明利箭 被以慈哀甲하고
염궁명리전　피이자애갑

忍力[2]不動搖이어 直破魔王軍이라.
인력　부동요　　　직파마왕군

三昧常娛樂하고 甘露爲美食하며 解脫味爲漿
삼매상오락　　　감로위미식　　　해탈미위장

---

1. 태사 황정견(1045-1105)은 자字가 노직이요 호가 산곡 거사이다. 원통수 선사를 처음 찾아뵙고는 마침내 발원문을 지었다. 술과 음욕에 관한 계율에 대하여 절실하게 느낀 바가 있었으므로 매일 죽과 밥만 먹으면서 간절하게 공부하였다. 뒷날 회당 스님에게 의지하여 공부하면서 하루는 스님을 모시고 산행을 하다 목서화 향기를 맡고 공부에 대한 의심이 풀리며 깨닫게 되었다. 목서화는 계수나무 꽃이다.[太史黃庭堅 字魯直 號山谷居士. 初謁圓通秀禪師 遂著發願文 痛戒酒色 日惟粥飯 銳志參求. 後依晦堂 一日 侍堂山行次 聞木犀花香 釋然了悟. 木犀花 桂花也]
2. 『아함경』에 여섯 종류의 힘이 있는데, 어린아이는 우는 것으로 힘을 삼고, 여인은 성을 내며 바가지 긁는 것으로 힘을 삼으며, 국왕은 제멋대로 하는 것으로 힘을 삼고, 나한은 정진하는 것으로 힘을 삼으며, 모든 부처님은 자비로 힘을 삼고, 비구는 인내로 힘을 삼는다.[阿含有六種力 小兒 啼爲力 女人 嗔爲力 國王 憍爲力 羅漢 進爲力 諸佛 悲爲力 比丘 忍爲力]

2. 산곡 거사 발원문 _ 산곡 거사

옛날 부처님께서는 맑고 맑은 법으로 몸을 삼았고
수승한 이치 텅 빈 공空 자리에서 사자후를 떨치셨습니다.

굳센 생각과 예리한 지혜로 무장하고
자비로운 마음으로 갑옷을 삼은 채
인욕의 힘으로 흔들림이 조금도 없이
곧바로 마왕의 군대를 격파하셨습니다.

선정삼매를 늘 즐기시고
감로법문을 맛있는 음식으로 삼았으며
해탈의 맛을 음료수로 삼으셨습니다.

遊戲於三乘하며
유희어삼승

安住一切智하여 轉無上法輪[1]하니라.
안주일체지　　전무상법륜

我今稱揚稱性實語하고
아금칭양칭성실어

以身口意 籌量觀察하며 如實懺悔하옵니다.
이신구의 주량관찰　　여실참회

我從昔來 因癡有愛로 飮酒食肉하여 增長愛渴하고
아종석래 인치유애　음주식육　　증장애갈

入邪見林일새 不得解脫하니 今者 對佛에 發大誓願하옵니다.
입사견림　　부득해탈　　금자 대불　발대서원

願컨대 從今日로 盡未來世 不復淫欲하오리다.
원　　 종금일　진미래세 불부음욕

願컨대 從今日로 盡未來世 不復飮酒하오리다.
원　　 종금일　진미래세 불부음주

---

1. 윗부분은『화엄경』이세간품離世間品에 있는 게송인데 조금 다른 점이 있다.
　 [上 華嚴離世間品偈 有小異處]

삼승三乘을 거침없이 드나들며
모든 것을 아는 지혜에 편히 머물러서
쉬지 않고 최고의 법문을 설파하셨습니다.

이제 저는 참된 성품에 있는 진실한 말을 찬양하고
몸과 입과 뜻으로 지은 업을 헤아려 관찰하며
한 점도 속임 없이 진실 되게 참회 하옵니다.

저는 예로부터 어리석은 애욕 때문에
술을 마시고 고기를 먹어 애욕의 갈증을 늘게 하고
삿된 견해 속에 들어가 살았기에 해탈을 얻지 못하였으니
이제 부처님 앞에서 참회하고 큰 서원을 세우고자 하옵니다.

원하옵건대 저는 오늘부터
오는 세상이 다할 때까지
다시는 이성異性을 탐하지 않겠습니다.

원하옵건대 저는 오늘부터
오는 세상이 다할 때까지
다시는 술을 입에 대지 않겠습니다.

願컨대 從今日로
원   종금일

盡未來世 不復食肉하오리다.
진미래세 불부식육

設復淫欲하여 當墮地獄 住火坑中에 經無量劫이라도
설부음욕   당타지옥 주화갱중   경무량겁

一切衆生 爲淫亂故로 應受苦報를 我皆代受하오리다.
일체중생 위음란고   응수고보   아개대수

設復飮酒하여 當墮地獄 飮洋銅汁에 經無量劫이라도
설부음주   당타지옥 음양동즙   경무량겁

一切衆生 爲酒顚倒로 應受苦報를 我皆代受하오리다.
일체중생 위주전도   응수고보   아개대수

設復食肉하여 當墮地獄 吞熱鐵丸에 經無量劫이라도
설부식육   당타지옥 탄열철환   경무량겁

一切衆生 爲食肉故로 應受苦報를 我皆代受하오리다.
일체중생 위식육고   응수고보   아개대수

원하옵건대 저는 오늘부터
오는 세상이 다할 때까지
다시는 고기를 먹지 않겠습니다.

설사 제가 다시 이성을 탐하여 지옥에 떨어지고
지옥의 불구덩이에서 오랜 세월 머물게 되더라도
모든 중생들이 이성을 탐한 까닭으로
지옥에서 받아야 할 온갖 고통을
제가 모두 그들을 대신하여 받겠습니다.

설사 제가 다시 술을 마시고 지옥에 떨어져
벌겋게 달구어진 구리물을 오랜 세월 마시게 되더라도
모든 중생들이 술로 인하여 잘못된 까닭으로
지옥에서 받아야 할 온갖 고통을
제가 모두 그들을 대신하여 받겠습니다.

설사 제가 다시 고기를 먹어 지옥에 떨어져서
벌겋게 달구어진 쇳덩이를 오랜 세월 삼키게 되더라도
모든 중생들이 고기를 먹은 까닭으로
지옥에서 받아야 할 온갖 고통을
제가 모두 그들을 대신하여 받겠습니다.

願컨대 我以此盡未來際에
원   아이차진미래제

忍事誓願으로 根塵淸淨하여 具足十忍[1]하고
인사서원   근진청정   구족십인

不由他教 入一切智 隨順如來하여
불유타교 입일체지 수순여래

於無盡衆生界中에 現作佛事하리라.
어무진중생계중   현작불사

恭惟하건대
공유

十方洞徹 萬德莊嚴이시여
시방통철 만덕장엄

於刹刹塵塵에서 爲我作證하소서.
어찰찰진진   위아작증

---

1. 십인十忍은 보살이 무명번뇌를 끊고 온갖 법이 본래 텅 비어 있음을 깨달을 때 생기는 열 가지 지혜를 통해 얻게 되는 편안한 마음을 말한다. 곧 음성인音聲忍·순인順忍·무생인無生忍·여환인如幻忍·여염인如焰忍·여몽인如夢忍·여혜인如慧忍·여영인如影忍·여화인如化忍·여공인如空忍이다. 『인왕경仁王經』천태소天台疏에서 말한 열 가지 인忍도 있으니 곧 계戒·지知·견見·정定·혜慧·해탈解脫·공空·무원無願·무상無相·무생無生이다.

바라옵건대 저는 오는 세상이 다할 때까지
온갖 욕망을 참아내는 원력으로
몸과 마음이 맑아져서 온갖 지혜를 다 갖추고
곧바로 '모든 것을 다 아는 지혜'로 들어가
부처님을 따라 그 끝이 없는 중생계에서
모든 불사佛事를 다 이루어 내도록 하겠사옵니다.

공손히 엎드려 바라옵건대
시방세계 어디라도 빠짐없이 환하게
온갖 공덕으로 장엄하신 불보살님이시여!
중중무진 삼천세계 어느 국토에서라도
저를 위하여 이 원력을 증명하여 주시옵소서.

設經歌羅邏身¹에 忘失本願이더라도
설 경 가 라 라 신   망 실 본 원

惟垂加被²하여 開我迷雲하소서.
유 수 가 피   개 아 미 운

稽首如空하여 等一痛切하나이다.
계 수 여 공   등 일 통 절

---

1. 『명의집』에 태아가 형성되는 다섯 단계를 밝혀 놓았다. 첫 주를 '가라라'라 하니 응활凝滑 또는 박락薄酪이라 한다. 모습이 깨끗하고 매끄러운 우유에 얇은 막이 엉겨 있는 것 같다. 둘째 주를 '알부담'이라 하니 '포疱'라 한다. 모습이 살에 물집이 일어난 것과 같다. 셋째 주를 '폐시'라 하니 응결凝結이라 한다. 모습이 엉긴 피와 같다. 넷째 주를 '건남'이라 하니 응후凝厚라 한다. 점차 견고하게 굳어지기 때문이다. 다섯 째 주를 '발라사거'라 하니 모든 형태를 갖추었기 때문이다.[名義集 明胎五位 初七日 名歌羅邏 此云凝滑 又云薄酪 狀如凝酥 二七日 名頞部曇 此云疱 狀如瘡疱 三七日 名蔽尸 此云凝結 狀如凝血 四七日 名健南 此云凝厚 漸堅硬故 五七日 名鉢羅奢佉 具諸形故]
2. 가피加被는 가호加護라고도 한다. 불보살이 자비를 베풀어 중생을 이롭게 해주는 일이다.

설사 몸을 받는 과정에서 본디 원력을 잊었더라도
오직 대자대비로 베푸시는 부처님의 가피를 입어
먹장구름 같은 저의 어리석음을 깨우쳐 주옵소서.

허공과도 같은 부처님께 머리 숙여
흐트러짐이 없는 간절한 마음으로 예배드리옵니다.

찾아보기

인용경전

『고승전高僧傳』 40, 292, 309
『광운』 166
『구사광기俱舍光記』 274
『구사론俱舍論』 156
『근본잡사』 246
『금장집』 160
『논어』 264
『대론』 268, 271
『대반야경』 252
『대송고승전大宋高僧傳』 309
『대지도론』 105
『맹상군전』 166
『명의집』 344
『바사론』 268
『반야경』 293, 319
『법화경』 142, 158, 287, 311, 315, 318
『법화문구』 177
『본생경』 270
『비라삼매경』 241
『사기』 166, 226
『사분율』 24, 100, 240
『사십이장경』 34
『사제론』 208
『서역기』 278, 308
『서응경』 282
『석명』 326
『석씨요람釋氏要覽』 34
『선림묘기禪林妙記』 269

『설문』 248
『속고승전續高僧傳』 309
『수신기』 175
『승기율』 240
『심지관경心地觀經』 34
『십송』 93
『아함경』 336
『여씨춘추』 250
『열반경』 142
『예기』 166, 300, 310
『오분율』 103
『유마경』 142
『유원』 58, 64
『육왕전』 288
『인과경』 274
『인왕경』 342
『자경록』 258, 260
『잡기』 256
『장복의』 103
『장아함』 276
『조정사원』 95, 106
『좌전』 332
『좌태충부』 249
『지도론智度論』 156
『천락명공집』 210
『초』 24
『한비자』 264
『해룡왕경』 102
『화엄경』 142, 278, 294, 338
『효경』 49

가

가섭 180
가타伽陀 26
가피加被 344
가호加護 344
각범홍覺範洪 296
간관諫官 150
갈마羯磨 24
갈마사 24
강릉江陵 298
강우江右 172
개당開堂 95
개선開善 110
개전盖纏 230
거륜車輪 298
거불고상擧拂敲床 191
겁해劫海 328
게찬偈讚 13
경장經藏 235
경행經行 175
경훈警訓 12
계검戒檢 254
계경契經 26
계고稽考 13
계수稽首 22
계수족啓手足 107
고기송孤起頌 26
『고승전高僧傳』 40, 292, 309

공륜空輪 218
공무변처정空無邊處定 186
공문空門 52
공생空生 177
공수供須 142
공왕空王 22
공적空寂 189
관사觀使 136
『광운』 166
괘탑掛搭 300
교법敎法 190
교수敎授 24
교수矯樹 250
교수사 24
교수아사리 24
『구사광기俱舍光記』 274
『구사론俱舍論』 156
구십육도九十六道 103
구절판九折坂 257
구정九定 186
구족九族 50
구중현句中玄 190
구토九土 244
궐연蹶然 306
귀물鬼物 170
규봉밀圭峰密(780-841) 32
규환叫喚 82
『근본잡사』 246
근진根塵 189

근재 332
금륜金輪 218
『금장집』 160
급급汲汲 34, 242
기로岐路 56
기문記文 12
기야祇夜 26
기용제시機用齊施 190
길상초吉祥草 279

나·다

남곡신藍谷信 241
남악회양南嶽懷讓(677-744) 182, 214
남양충南陽忠(? - 775) 134
남염부제南閻浮提 218
녹낭漉囊 98
『논어』 264
논의論議 26
논장論藏 235
누갈縷褐 31
누진무소외漏盡無所畏 186
늑담泐潭 192
능인能仁 276
니련선하泥蓮仙河 278
니리泥犁 330
니타가尼陀伽 26
니타나尼陀那 26

당두當頭 191
대기원응大機圓應 190
대령岱嶺 42
『대론』 268, 271
『대반야경』 252
대비大悲 186
대사大事 142
『대송고승전大宋高僧傳』 309
대승가 234
대용직절大用直截 190
대중부 234
『대지도론』 105
대지조大智照(1048-1116) 99
도리천忉利天 161
도마죽위稻麻竹葦 122
도솔종열兜率從悅 171, 180
도솔천兜率天 272
도안인연道眼因緣 191
동비제가東毘提訶 219
동산東山 298
동산양개洞山良价(807-869) 46, 47
동안자童安子 256, 257
동중서 94
동진童眞 326

마

마범魔梵 274

마조馬祖(709-788)　182
마하목건련摩訶目犍連　65
말후일구末後一句　191
망망茫茫　244
망명亡名　36
매복梅福　184
『맹상군전』　166
맹종　58
면면綿綿　68
면학勉學　12
멸겁滅劫　156
멸병滅病　189
멸진정滅盡定　186
명감明鑑　150
『명의집』　344
명행족　244
목련目連존자　65
몰공어지沒空於地　158
몰지어공沒地於空　158
무간無間　34
무명無明　230
무문자설無問自說　26
무상無常　247
무색유無色有　49
무생법인無生法忍　271
무생화無生話　116
무소유처정無所有處定　186
무아무외無我無畏　186
무염족왕無厭足王　130

무주撫州　148
무진거사無盡居士(?-1122)　149
무착문희無着文喜　164
문수사리　180
물고物故　170
미간未間　132
미세유주微細流注　188, 189
미증유법未曾有法　26
밀암겸密庵謙(1089-1163)　110

바

바라내국波羅奈國　282
바리때　105
『바사론』　268
바수밀녀婆須密女　130, 131
『반야경』　293, 319
반야해탈문　130
발초참현撥草參玄　91
발초첨풍撥草瞻風　91
방거사龐居士　116
방광方廣　26
방등方等　26
방복方服　34
방촌方寸　70
방포方袍　91
백장百丈(720-814)　174, 182
백장열반百丈涅槃　298, 299

법경삼매法鏡三昧　191
법계法界　142
법무아무외法無我無畏　186
법무외法無畏　186
법본法本　26
법신法身　269
법약法藥　152
『법화경』　142, 158, 287, 311, 315, 318
『법화문구』　177
변계사견遍計邪見　188
변설辯說　240
보봉극문寶峰克文　192
보시　157
보신報身　269
보은報恩　198
보장報障　251
복심福深　183
복재覆載　46
본사本事　26
『본생경』　270
본생本生　26
부사의不思議　142
북당北堂　60
북울단월北鬱單越　219
불사여래弗沙如來　271
불성佛性　142
불요의不了義　189
불이不二　151
불지견佛知見　142

『비라삼매경』　241
비불략毗佛略　26
비상비비상처정非想非非想處定　186
비식시非食時　242
빈주賓主　210

사

사각분捨覺分　187
사과성인四果聖人　159
『사기』　166, 226
사념주四念住　187
사다함　159
사대계四大界　154
사대四大　130, 131, 155
사료간四料揀　191
사무량심四無量心　127
사무소외四無所畏　186
사병四病　189
『사분율』　24, 100, 240
사생四生　154
사선정四禪定　186
사성제四聖諦　283
사소상四小相　154
사속四俗　244
사수斯須　91
사신정四神定　187
『사십이장경』　34

사연四緣　328
사은四恩　34
사자師資　98
사정근四正勤　187
『사제론』　208
사제四諦　186
사청詞淸　240
삼계도三計圖　33
삼대아승지겁三大阿僧祇劫　155
삼덕三德　240
삼문三門　210
삼보三寶　283
삼부三部　234
삼사三師　25
삼산三山　116
삼생三牲　48
삼선정三禪定　186
삼십이상三十二相　273
삼십칠조도품　187, 189
삼아승지겁三阿僧祇劫　328
삼염주三念住　186
삼유三有　49
삼육三六　186
삼장三藏　235
삼장三障　251
삼재三才　152
삼지三祇　328
삼해탈문　210
삼현삼요三玄三要　191

상로회중常老會中　148
상류常流　254
상원上元　222
상음賞音　306
상제常啼　252
상종相宗　190
상좌부　234
색유色有　49
서구야니西瞿耶尼　218
서문序文　12
서문표西門豹　257
『서역기』　278, 308
『서응경』　282
서장書狀　12
서천사칠西天四七　215
석가　277
『석명』　326
『석씨요람釋氏要覽』　34
석현칙釋玄則　269
『선림묘기禪林妙記』　269
선무외善無畏　186
선문禪文　13
선불당選佛堂　183
선사先師　150
선신善信　202
선자先子　148
선종禪宗　190, 191
『설문』　248
설봉雪峰(822-908)　304

찾아보기 _ 353

설산동자　247
설장도무소외說障道無所畏　186
설진고도무소외說盡苦道無所畏　186
섭蹋　166
성상星霜　56
성행당省行堂　140, 143, 145
세간해　244
소겁小劫　156
소광韶光　230
소성紹聖　150
소승　234
소흥임오紹興壬午　96
『속고승전續高僧傳』　309
수경아사리　24
수계아사리　24
수기授記　26
수다라修多羅　26
수다라장修多羅藏　188
수다원　159
수륜水輪　218
수보리　177
수시隨侍　92
『수신기』　175
수영守榮　226
수유須臾　91
수희隨喜　319
숙세夙世　62
순삭旬朔　250
숭녕崇寧　183

승가리　101
승기율　234
『승기율』　240
승열勝熱　130, 131
승의자정勝意慈定　281
시중示衆　13
식마識馬　38
식모息耗　94
식무변처정識無邊處定　186
신무외身無畏　186
신상출수身上出水　158
신상출화身上出火　158
신하출수身下出水　158
신하출화身下出火　158
심원心猿　38
『심지관경心地觀經』　34
십력十力　186
십무외十無畏　186
십사十使　324
『십송』　93
십이부경　26
십이시十二時　25
십인十忍　342
십전十纏　230, 251, 324
십팔변十八變　158
십팔불공법十八不共法　186
쌍림대사雙林大師(497-569)　232, 235

354

아

아나함 159
아라한 159
아미산 212
아부타달마阿浮陀達磨 26
아비阿鼻 34
아수가 289
아육 289
『아함경』 336
아형阿兄 58
안시랑顔侍郎 118
안타회 101
양결 232
양미순목揚眉瞬目 191
업장業障 251
업진鄴鎭 298
여래 244
여래십호如來十號 244
여세勵世 184
『여씨춘추』 250
여의해탈문 130
연등燃燈 271
연수당延壽堂 140, 143
열로悅老 180
『열반경』 142
열중悅衆 93
염각분念覺分 187
영계靈溪 66

영귀癭鬼 281
영첩의 고사 247
영취산 287
『예기』 166, 300, 310
오간십일가五間十一架 226
5개盖 230
오둔사五鈍使 324
오력五力 187
오리사五利使 324
『오분율』 103
오사五事 108
오악五嶽 38, 116
오역五逆 51
오吳(229-280) 291
오온五蘊 194
오욕락五欲樂 281
오욕五欲 276
오음五陰 77, 194
오인五人 283
오중五衆 194
온蘊 선사 224
와어공중臥於空中 158
왕상 58
왕양王陽 257
왕준王遵 257
외대外臺 198
욕서辱書 118
욕유欲有 49
우두牛頭(594-657) 296

찾아보기 _ 355

우란분재 65
우바리優婆離 144
우바제사優婆提舍 26
우바타나阿婆陀那 26
우타나優陀那 26
우협출수右脅出水 158
우협출화右脅出火 158
우형盱衡 249
우형이고盱衡而誥 249
운니雲泥 135
운니지차雲泥之差 135
운암雲庵 305
울다라승 101
원각圓覺 189
원문願文 13
원우元祐 171
원조본圓照本 98
원조元照 99
위빈渭濱 36
위적委積 262
유계遺誡 12
유나維那 93
유마거사 180
『유마경』 142
『유원』 58, 64
유위법有爲法 287
유유悠悠 244
유정有情 48
유현幽顯 194

육근六根 186
육도六度 186
육물六物 99
육바라밀六波羅蜜 186
육식六識 186
『육왕전』 288
육입六入 77
육전陸佃 176
육정六情 38
육종신통六種神通 331
육진六塵 186
윤왕輪王 158
윤장輪藏 232
율장律藏 235
융화혜만隆化惠滿 297
응공 244
응기應器 105
응송應頌 26
응암화應庵華(1103-1163) 90
의마意馬 38
의지아사리 24
이당李唐 122
이류異類 176
이산연怡山然 324
이선정二禪定 186
이수여지履水如地 158
이십오원통二十五圓通 128
이십오행二十五行 128
이욕해탈문 130

이장二障　188
이제왈다가伊帝曰多伽　26
이지여수履地如水　158
인경구불탈　191
인경구탈　191
『인과경』　274
인시寅時　33
『인왕경』　342
일대사인연一大事因緣　142
일체지무소외一切智無所畏　186
일화오엽一花五葉　123
임병任病　189
임천臨川　148
입험사신立驗蛇身　258

자

『자경록』　258, 260
자비희사慈悲喜捨　126
자은慈恩(632-682)　23
자하子夏　253
작병作病　189
잠명箴銘　12, 22
『잡기』　256
잡록雜錄　13
『장복의』　103
『장아함』　276
전대법륜轉大法輪　178

전륜왕轉輪王　158, 159
전륜장轉輪藏　232
전삼삼후삼삼前三三後三三　164
전삼前三　164
전의田衣　30
정각분定覺分　187
정각正覺　281
정견正見　187
정관正觀　279
정광錠光　271
정념正念　187
정단淨檀　306
정람精藍　162
정명正命　187
정법안장正法眼藏　193
정변지　244
『정선현토치문』　11
정사가람精舍伽藍　162
정사精舍　162
정사正思　187
정시淨侍　308
정어正語　187
정업正業　187
정원情猿　38
정정正定　187
정정진正精進　187
정진각분精進覺分　187
정훈庭訓　256
제각분除覺分　187

조령금趙令衿   140
조아爪牙   304
조어장부   244
『조정사원』   95, 106
존회尊懷   52
종사宗師   190
좌성용보坐成龍報   258
좌어공중坐於空中   158
『좌전』   332
『좌태충부』   249
좌협출수左脅出水   158
좌협출화左脅出火   158
주어공중住於空中   158
주周(557-580)   36
주희朱喜   110
죽림정사竹林精舍   162, 220
중생계   154
중송重頌   26
증겁增劫   156
증계사證戒師   24
지각연수智覺延壽   304
지당知堂   143, 145
『지도론智度論』   156
지병止病   189
지승知丞   110
지장 스님   293
지장보살   252
지현영중智賢永中   9
진정眞淨(1025-1102)   192, 302

진종유陳宗愈   148

차

참치參差   254
척서尺書   52
천괴지차天壞之差   135
천괴天壞   135
천득薦得   146
『천락명공집』   210
천룡팔부天龍八部   245
천인사   244
천지天地   135
천취薦取   146
청량산   212
체중현體中玄   190
초선정初禪定   186
초연거사超然居士   140
『초』   24
춘경추확春耕秋穫   240
출가아사리   24
『치림보훈緇林寶訓』   9
치수錙銖   34
친척親戚   54
칠각지七覺支   187
칠규七竅   38
칠증七證   24, 25

358

타·파

탁립卓立　192
탈경불탈인　191
탈인불탈경奪人不奪境　191
택법각분擇法覺分　187
팔난八難　328
팔부천룡　245
팔십종호八十種好　273
팔정도八正道　187
평등무외平等無畏　186
평등성지平等性智　220
평실平實　191
풍륜風輪　218
핍박逼迫　248

하

하수河水　278
한비자　256
『한비자』　264
함령含靈　48
함생含生　48
함식含識　48
항룡발　30
해공제일解空第一　177
『해룡왕경』　102
행각行脚　96

행어공중行於空中　158
향리鄕里　144
향상일로向上一路　191
헌승軒乘　242
현대복소現大復小　158
현대신만허공現大身滿虛空　158
현요玄要　190
현중현玄中玄　190
혜과慧果　226
혜명慧命　92
호법護法　13
혹장惑障　251
홍진紅塵　178
화상사　24
화상和尙　24
화신化身　269
『화엄경』　142, 278, 294, 338
화엄지식華嚴知識　128
환비圜扉　260
환장圜墻　260
환중寰中　310
환토圜土　260
황정견(1045-1105)　336
회뢰賄賂　48
『효경』　49
희각분喜覺分　187
희론戲論　189
희유법稀有法　26

치문

제2권 수행은 중생의 복밭

초판 발행 | 2009년 8월 15일
초판 2쇄 | 2018년 3월 31일
펴낸이 | 열린마음
저자 | 원순

펴낸곳 | 도서출판 법공양
등록 | 1999년 2월 2일·제1-a2441
주소 | 03150 서울시 종로구 삼봉로 81
두산위브파빌리온 836호
전화 | 02-734-9428
팩스 | 02-6008-7024
이메일 | dharmabooks@chol.com

ⓒ 원순, 2018
ISBN 978-89-89602-42-2
ISBN 978-89-89602-40-8(전3권)

값 20,000원

부처님의 가르침을 올바르게 _ 도서출판 법공양